세상을 변화시키는 52주 구역공과

치유하는 구역

편찬위원회

치유하는 구역

구역부흥은 교회부흥

구역

이름

주소

교회 전화

치유하는 구역
성장하는 교회

교육 이념

1. 하나님의 영광을 높이는 구역
2. 하나님의 교회를 섬기는 구역
3. 하나님의 사랑을 실천하는 구역
4. 행복한 가정을 이룩하는 구역
5. 변화하는 시대를 선도하는 구역

구역공과 일러두기

성경 속에서 암울한 시대에 등장하는 예레미야 선지자는 "그들이 내 백성의 상처를 심상이 고쳐주며 말하기를 평강하다 평강하다 하나 평강이 없도다."(렘 6:14)라고 하면서 거짓 선지자들은 백성들의 깊은 영적 상처를 고치지 못한다고 말씀합니다. 그 이유는 단지 징후만을 다루기 때문이라고 지적합니다. 성경에 나오는 '라파' 는 '치유하다' 라는 뜻으로 창세기 20장 17절에 "… 하나님이 아비멜렉과 그 아내와 여종을 치료하사…"라는 구절에 처음 등장합니다. 그리고 히브리어 성경에는 65회나 나옵니다. 이 말은 '고치는 것' 즉 '정상으로 회복시키는 것' 을 말합니다. 이 행위는 하나님께서 전형적으로 수행하시는 행동입니다. 오늘날 교회 안에 침투한 사단의 공격에 상처받은 이들을 치유해 주어야 할 책임이 교회에 있으며, 작게는 구역에 있는 것입니다. 세상에는 어느 곳에도 근본적인 치유는 없습니다. 오직 예수 그리스도로 뿐입니다. 그러기 때문에 일선 목회자가 목회의 현장에서 상처받은 이들을 주안에서 치유해 주어야 합니다.

가장 성경적인 치유의 방법들을 실제 목회현장에 적용할 수 있는 유일한 구역공과가 바로 『치유하는 구역』입니다. 일선 목회자가 현장에서 상처받은 심령들을 치료해 줄 말씀의 주제만을 골라 교육과정이 구성되어져 교회마다 아무 때나 쉽게 적용할 수 있습니다.

교회의 부흥은 '일꾼을 잘 키우고, 건강한 일꾼으로 가꿔가도록' 하면 됩니다. 필진은 그간 절찬리에 다루셨던 교재 '말씀의 생활화' 를 구현하기 위한 시도로 7년 커리큘럼으로 성경을 통독하도록 주간 경건의 시간(Q. T)의 본문을 설정하고, 읽은 말씀을 중심으로 구역 공과를 편찬해왔습니다. 바로 『부흥하는 구역』·『생동하는 구역』·『전진하는 구역』·『결실하는 구역』·『파송하는 구역』·『일꾼을 키우는 구역』·『건강한 구역』입니다. 이 교재는 각 교회마다 명실공히 '부흥 성장하는 교회' 로 만들었습니다. 그리고 이어 『화목하는 구역』을 만들었으며, 금번 『치유하는 구역』을 만들었습니다. 이를 통하여 교회의 근본적인 치유와 부흥은 농부가 농사를 짓듯 사랑과 온정으로 보살펴야 목적을 이룰 수 있음을 가르쳐 줍니다.

농사를 잘 지으려면 첫째, 좋은 종자를 고르고, 둘째, 좋은 땅에 심고, 셋째, 관심과 꼼꼼한 손질이 필요합니다. 교회부흥은 원하는 만큼 정성을 다하여 실천하면 틀림없이 영적 풍년농사를 기약해 줄 것입니다. 좋은 교재를 골라서 말씀 을 교육하고 성장을 지향(志向)할 때, 주안에서 뿌리와 줄기가 튼튼히만 자란다면 열매도 견

실이 맺을 수 있습니다. '내가 곧 교회부흥의 주역이다' 라는 책임감을 가지고,

첫째, 하나님의 말씀을 날마다 겸손히 듣고(행 10:38),
둘째, 말씀을 매일 부지런히 읽으며(신 17:19),
셋째, 말씀을 체계적으로 공부하십시오(행 17:11; 딤후 2:15).
넷째, 말씀을 암송하십시오(시 119:11).
다섯째, 말씀을 묵상하고 적용하십시오(수 1:8).

본 교재는 평신도 지도자가 목회자 입장에서 목회해가는 심정으로 일년 열두 달, 매월 교회 성장목표를 정하여, 매일 "한 주간의 묵상 자료"(가정 예배 자료)와 함께 매일 '가정예배' 와 연계한 구역성경공부교재입니다. 쉽고 간편하게 인도자와 구역원 온 교우가 함께 쓰는 교재로 집필했습니다. 전교우 가정에 한 권 씩 준비해 놓으시고, 가정예배 시 '주간성경교재' 로, 구역예배 시 성도들이 교재를 통해 은혜 받도록 했습니다. 이 교재를 통하여 '말씀의 생활화' 로 '성경을 배워, 예수님의 좋은 일꾼' 으로 성장하시기를 기도드립니다. 여러분들의 가정과 구역이 말씀으로 치유받아 진정 하나님의 은혜가 넘치며, 성령의 은총으로 섬기는 교회마다 변화와 부흥이 넘치시기를 기원합니다.

2007년 12월

구역 공과 편찬위원회

구역공과 교재 사용법

– 찬송 · 묵도 · 신앙고백(사도신경) · 찬송 · 기도 –

1. 먼저 '성경' 본문을 찾아 함께 읽으십시오.
2. '요절' 을 3회 큰 소리로 함께 읽고 암기합시다.
3. 공과 '교재의 목표' 를 읽고 마음에 새기십시오.
4. '시작하는 말' 은 구역 인도자가 읽음으로 함께 이해하십시오.
5. '오늘의 말씀' 은 한 대지씩 구역원이 돌아가면서 읽으십시오.
6. '함께 읽어요'는 모든 구역원이 한 목소리로 읽으십시오.
7. '정리하는 말' 은 구역장이 읽으십시오.
8. 구역원 모두에게 성령께서 함께 하사 기도로서 말씀을 우리의 생활에 적용할 수 있도록 하십시오.

–합심기도, 헌금, 가정을 위한 기도, 새 구역원 소개, 찬송, 주기도문
–※ **상기 사용법 4, 5, 6, 7번은 각 교회의 구역지침에 따라 진행하십시오.**

구역부흥은 교회부흥

성공적인 구역 운영 요령

1. 효과적인 개인전도 7가지 방법

- 영혼을 사랑하는 마음을 가져라.
- 전도 대상자를 확실히 정 하라
- 상대를 위하여 충분한 기도로 준비하라.
- 인격적인 교제를 가져라.
- 상대에게 무엇이 필요한가를 파악하라.
- 문제점에 대하여 간증으로 권유하라.
- 결신 후 최소한 3개월간을 영적으로 보살펴라.

2. 구역배가를 위한 5가지 기도제목

- 믿지 않는 가족을 위한 기도
- 병든 자를 위한 기도
- 개인이나 가정의 문제 해결을 위한 기도
- 각자의 소원 응답을 위한 기도
- 성령 충만을 위한 기도

3. 효과적인 구역원 상담의 5가지 방법

- 상대에게 되도록 많이 말할 기회를 주라
- 관심을 주변 환경에서 신앙생활로 전환시켜라
- 말씀에 입각하여 근원적인 해답을 제시하라
- 함께 기도하고 상담을 마무리 하라
- 확신을 갖고 말로 시인케 하라

4. 구역 운영 3가지 주의사항

- 이단 사설에 현혹됨을 예방하라
- 성도간의 금전 문제에 주의 하라
- 신앙적인 이야기 외에 무익하고 부덕한 말을 피하라

구역공과 교육과정(제 1, 2 학기)

학기	월	목표	과	제 목	본 문	요 절	묵상의 말씀
1학기	1	새마음의 달	1	치유의 믿음을 갖자	막 5:25-43	막 5:34	막 1: - 7:
			2	열린 마음을 갖자	왕상 19:1-21	요일 1:9	요일 1:-요삼1:
			3	뜨거운 열정을 갖자	계 3:14-22	계 3:20	계 1: - 7:
			4	희망·꿈·목표를 갖자	창 28:10-22	창 28:22	창 25: - 31:
	2	기도 간구의 달	5	시간을 투자해 기도하라	단 1:1-16	단 1:8	단 1: - 7:
			6	열심을 투자해 기도하라	왕상 17:1-24	왕상 17:22	왕상 16:-22:
			7	확신을 더하여 기도하라	눅 18: 1-8	약 1:6	약 1:-벧전 2:
			8	성령 충만하여 기도하라	고전 14:13-20	고전 14:15	고전 10::-15:
	3	구령 열심의 달	9	영혼을 뜨겁게 사랑하자	마 18: 1-14	마 18: 14	마 15: - 21:
			10	상한 마음을 치유하자	창 39:19-23	약 5:16	창 33: - 39:
			11	영적건강을 회복하자	사 40:27-31	사 40: 31	사 38: - 44:
			12	육적건강을 회복하자	왕하 20:1-11	시 107: 9-20	왕하 18:-22:
			13	전도 열정을 회복하자	딤후 4:1-5	딤후 4: 5	딤전 4:-딤후 4:
2학기	4	교회 치유의 달	14	교회사랑 회복하자	시 84:1-12	시 84: 4	시 81: - 87:
			15	충성을 회복하자	고전 4 : 1-2	고전 4: 2	고전 1: - 7:
			16	사랑으로 치유받자	요일 4: 1-10	요일 4: 8	벧전 3:-벧후3:
			17	믿음으로 치유받자	약 5: 13-18	약 5:14	히 7:- 히 13:
	5	가정 치유의 달	18	자녀를 사랑과 정으로 키우자	잠언 2:1-8	잠언 1: 8	삼상 1: - 7:
			19	삶에서 부모를 공경하라	엡 6 : 1-3	엡 6 : 1	삼상 8: - 14:
			20	부부애를 되살리자	아 4 : 7-12	아 4 : 10	아가 1 : - 7:
			21	행복한 가정의 가장이 되자	엡 5:25-30	엡 5 : 25	삼상 15: -21:
	6	이웃 사랑의 달	22	이웃과 대화를 회복하자	약 3 : 1-10	약 3 :10	삼상 22: -28:
			23	이웃의 상처를 치유하자	사 40:1-8	사 40 : 1	고후 8: - 13:
			24	이웃의 허물을 용서하자	마 18:23-35	마 18 : 35	마 8: - 14:
			25	이웃에게 선을 행하자	잠언 3:27-33	롬 13 : 3	잠언 1 :- 7:
			26	치유의 원천은 사랑이다	고전 13:1-13	고전 13:13	요 15: - 21:
절기	53. 고난주간			기쁘게 십자가를 져라	마 27: 32-44	마 27 : 37	마 24: - 27:
	54. 부 활 절			부활의 산 소망	고전 15:35-49	고전 15:49	눅 21:- 24:

*절기교육 내용은 분문내용의 마지막 부분에 있습니다.

구역공과 교육과정(제 3, 4 학기)

학기	월	목표	과	제 목	본 문	요 절	묵상의 말씀
3 학기	7	치유 교육의 달	27	말씀이 교육에 유익하다	딤후 3:14-17	딤후 3: 16	딤후 4: - 몬 1:
			28	십자가 사랑으로의 치유	사 53:4-9	사 53 : 5	사 50: - 56:
			29	치유 받는 믿음 교육	마 9:27-34	마 9 : 28	요 1: - 7:
			30	성령은 치유의 생수다	요 7:37-39	요 7 : 37	요 8: - 14:
	8	건강 치유의 달	31	가정 건강, 교회 건강	창 21:1-7	시 90 : 10	창 15 : 21:
			32	크리스천의 웰빙 건강법	막 7:15-23	막 7:18	막 8: - 14:
			33	영·육간 질병을 치유받자	눅 7:1-10	눅 13: 12-13	눅 15: - 21:
			34	마음 건강, 육체 건강	왕하 5:8-14	잠언 14:30	왕하 1: - 7:
			35	건강 위해 투자하라	사 58:4-11	사 58 : 9	사 57 : - 63:
	9	영성 치유의 달	36	영적 감각을 회복하자	눅 7:29-35	눅 7 : 32	눅 1: - 7:
			37	언어의 영성을 회복하자	출 4:10-13	약 3 : 2	출 1: - 7:
			38	영적 리듬을 회복하자	단 6:10-13	요 4:24	단 8 :- 12:
			39	잃은 영권을 회복하자	눅 10:17-20	눅 10:19	눅 8: -14:
4 학기	10	말씀 치유의 달	40	사람은 말씀으로 산다	마 4:1-11	마 4 : 4	마 1: - 7:
			41	말씀은 순결하게 합니다	시 119:9-16	시 119 : 9	시 119:-121:
			42	빛의 자녀처럼 행하라	엡 5:1-14	엡 5 : 8	엡 4:- 빌 4:
			43	성장 법칙을 지키며 살자	빌 4:4-9	빌 4 : 9	히 1:- 히 7:
	11	정신 치유의 달	44	정신적 빈혈을 치유받자	고전 16:13-18	고전 16:13	렘 15: - 21:
			45	건강 회복제는 감사다	합 3:17-19	합 3:18	나 3:- 습 3:
			46	평화와 화해는 치유제	사 9:6-7	사 9 : 6	사 3: - 9:
			47	침묵의 선행이 치유제	눅 10:30-37	눅 10: 37	잠 25: -31:
			48	건강의 리듬을 회복하라	엡 1:1-6	엡 1 : 12	시 29: -35:
	12	지식 치유의 달	49	다른 복음을 경계하자	갈 1:6-10	갈 1 : 7	갈 1: - 6:
			50	바른 복음을 전하자	롬 1:8-17	롬 1 : 17	롬 1: - 7:
			51	지혜로운 선택을 하자	골 4:2-6	엡 5 : 16	골 1:-살전 3:
			52	바른 복음을 간직하자	고후 4:1-12	고후 4 : 7	고후 1: - 7:
절기	55. 감 사 절			감사절에 진정으로 감사드리자	민 28:26-31	민 28:26	민 27 : - 33 :
	56. 성 탄 절			성탄절을 맞는 올바른 태도	마 2:1-12	마 2:6	마 1:-2:, 눅 1:-2:

*절기예배 공과내용은 분문 내용의 마지막 부분에 있습니다.

치유하는 구역
성장하는 교회

세상을 변화시키는 52주 구역공과

치유하는 구역

치유하는구역

구역부흥은 교회부흥

1단원 새 마음의 달

제1과

치유의 믿음을 갖자

찬송 / 544, 357, 354/ 통일 343, 397, 394

성경 / 마가복음 5:25-43

요절 / 마가복음 5:34

"예수께서 가라사대 딸아 네 믿음이 너를 구원하였으니 평안히 가라 네 병에서 놓여 건강할 지어다."

목표/ 새로운 마음으로 살아가는 믿음과 태도를 기른다.

시작하는 말

오늘날은 불신이 기승을 부립니다. 그러나 크리스천은 마음의 치유를 통해 믿음직하고, 정직한 세상을 만들어가야 합니다. 크리스천은 안되는 세상을 믿음을 통해 형통케 하면서 살아가야 합니다. 우리의 믿음은 세상을 이기신 예수 그리스도의 승리의 믿음을 가리킵니다(요 16:33). 따라서 그리스도의 승리를 믿는 자는 자신도 그 믿음으로 말미암아 하나님의 능력으로 날마다 세상을 이겨 나갈 수 있는 것입니다. 분명하게 성경은 "세상을 이긴 이김은 이것이니 우리의 믿음이니라."(요일 5:4) 말씀했습니다. 이 세상에서 믿음으로 치유함 받아 새 마음으로 새로운 출발을 하도록 해야 합니다. 여러분! 주님 주신 '믿음과 함께 새 마음'으로 한 해를 시작하시기 바랍니다.

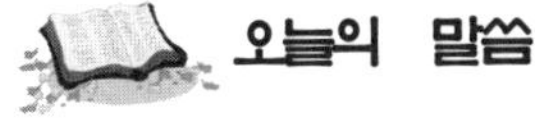

오늘의 말씀

1. 믿음의 사람은 주 안에서 여유를 가져야 합니다(막 5:35-36)

성경본문에서 사경을 헤매는 어린 딸을 위해 예수님을 모시고 가던 회당장 야이로는 중간에 생각지도 않던 혈루증 앓는 여인이 나타나 시간이 지체되자 마음이 조급했습니다. 그러나 생사를 다투는 그 시간에 그는 성급치 않고 예수님과 그 여인과의 대화가 끝나기를 기다렸습니다. 그러나 그 만남이 마무리되기도 전에 어린 딸이 죽었다는 전갈이 왔습니다. 가슴이 철렁 내려앉았습니다. 그때 주님께서는 야이로에게 "두려워 말고 믿기만 하라."고 말씀 하십니다. 이처럼 급한 성격, 급한 마음을 믿음으로 치유 받아 여유 있는 마음으로 살아가시기를 바랍니다. 성령이 주시는 평온함과 새 마음으로 마음의 여유를 가지시기 바랍니다.

· 함께 읽어요 : 요한일서 5장 4-5절

"4 대저 하나님께로서 난 자마다 세상을 이기느니라. 세상을 이긴 믿음은 이것이니 우리의 믿음이니라. 5 예수께서 하나님의 아들을 믿는 자가 아니면 세상을 이기는 자가 누구뇨?"

2. 믿음의 사람은 하나님의 역사를 기다려야 합니다(:37-40)

본문에서 예수께서 주시는 진리의 교훈은, 믿음에는 인내가 있어야 한다는 것입니다. 일에는 하나님께서 정하신 때가 있습니다(전도서 3:1-8). 하나님께서는 무계획적으로가 아니라 계획을 세워 놓으시고 그 계획에 따라 역사하시는 분이십니다. 따라서 성도는 하나님께서 일하시는 때를 기다려야 합니다. 대부분의 성도들은 주님의 뜻을 좇아간다고 말하면서도 하나님께 묻기도 전에 자신이 먼저 방향을 정해 놓고 그리로 향해 급히 달려갑니다. 그러나 성공할 확률이 얼마나 되겠습니까? 여러분! 일이 급할수록 기도보다 마음이 앞서지 말고, 믿음으로 하나님께서 일하실 수 있도록 인내로 그분의 뜻을 기다리십시오. 그러면, 다 이루어 주실 것입니다.

· 함께 읽어요 : 잠언 16장 3절

"너의 행사를 여호와께 맡기라 그리하면 너의 경영하는 것이 이루리라."

3. 믿음의 사람은 주님께 전적으로 맡기고 말씀을 붙잡아야 합니다 (:25-34, 신 8:2-3)

'두려워말고 믿기만 하라'는 예수님의 말씀 속에는 예수님께서 모든 것을 책임지겠다는 강한 의지가 내포되어 있습니다. 다시 말해서 모든 것은 '내가 책임질 테니 너희 모든 것을 다 맡기라'는 것입니다. 그러면, 주님이 역사하시는 치유하는 믿음이란 어떤 믿음입니까?

첫째, 삶을 전폭적으로 주님께 내어 맡기는 믿음입니다. 믿는다고 하면서도 삶의 전체를 내어 맡기지 못하는 것을 우리는 '믿음'이라고 부르지 않습니다.

둘째, 말씀을 붙잡아야 합니다. 본문에서 예수님의 명령 속에는 우리가 그 명령을 붙잡아야 한다는 것을 강하게 암시하고 있습니다. 환경을 보아서는 안 된다는 것입니다. 환경은 우리의 마음을 쉽게 무너뜨리기 때문입니다. 그래서 히브리서 기자는 '예수님을 바라보라'(히 12:2)고 했습니다. 광야에서 이스라엘 백성들은 40년 동안 하나님만 의지하면서 하나님의 만나로 양식을 공급받았습니다(신 8:3). 말씀을 붙잡을 때 하나님께서 책임져 주십니다. 그 사실을 믿으시기 바랍니다.

셋째, 긍정적인 사고를 동반해야 합니다. '두려워말고 믿기만 하라'는 예수님의 명령 속에는 온갖 부정적인 생각을 다 버리고 긍정적인 생각을 가지라는 것입니다. 회당장 야이로나 혈루증 여인은 이러한 긍정적인 생각을 믿음으로 바꾸었기 때문에 죽었던 딸이 다시 살아나고, 혈루증의 근원이 깨끗이 치유된 것입니다. 이러한 믿음을 가지셔서 금년 한 해 문제들을 해결 받고, 영·육간에 치유 받고, 새 마음으로 주님을 기쁘시게 하시기 바랍니다.

· 함께 읽어요 : 신명기 8장 2-3절

"2 네 하나님 여호와께서 이 사십년 동안에 너로 광야의 길을 걷게 하신 것을 기억하라 이는 너를 낮추시며 너를 시험하사 네 마음이 어떠한지 그 명령을 지키는지 아니 지키는지 알려하심이라 3 너를 낮추시며 너로 주리게 하시며 또 너도 알지 못하며 네 열조도 알지 못하던 만나를 네게 먹이신 것은 사람이 떡으로만 사는 것이 아니요 여호와의 입에서 나오는 모든 말씀으로 사는 줄을 너로 알게 하려 하심이니라."

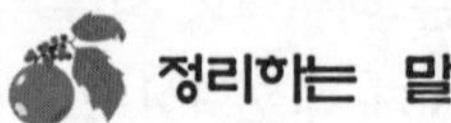

정리하는 말

치유하는 믿음은 성령충만한 믿음입니다. 따라서 신앙에 여유를 가지고, 인내하면서 말씀만 붙잡고 긍정적인 사고로서 주님께 자신을 전폭적으로 맡기시기 바랍니다. 이런 신앙태도가 여러분의 가정과 이웃과 교회를 살리고 치유받게 할 것입니다. 사랑하는 성도 여러분! 새해에는 여러분들의 삶의 현장에서 치유의 믿음과 새 마음으로 문제들을 다 해결해 가시기를 소원합니다.

평가와 결심

1. 치유하는 믿음의 3가지 요소는 무엇입니까?
   ① 주 안에서 여유를 갖고, ② 인내로, ③ 주님께 전적으로 맡겨야 한다.
2. 주님이 역사하시는 믿음에는 무엇이 필요합니까?
   ① 온전히 내어 맡겨라. ② 말씀을 붙잡아라.
   ③ 긍정적인 사고를 가져라.

주간 경건의 시간 <1> · 날마다 말씀과 함께

요일 / 내용	월(Mon)	화(Tue)	수(Wed)	목(Thu)	금(Fri)	토(Sat)
찬송	545 / 344	511 / 263	287 / 205	365 / 484	386 / 439	542 / 340
성경	막 2:	막 3:	막 4:	막 5:	막 6:	막 7:
적용	믿음을 보시고	전도도 하며	언약궤 앞에서	네 믿음이 너를 구원	안심하라 두려 말라	에바다 열리라

* 계획은 사람이 하지만 이루는 이는 하나님이시다. <영·미 격언>

*매일 찬송 숫자에서, 앞 숫자는 새로운 찬송가/ 뒤는 통일찬송가 장수입니다.

1단원 새 마음의 달

제2과

열린 마음을 갖자

찬송 / 325, 280, 279/ 통 359, 338, 337

성경 / 열왕기상 19:1-21

요절 / 요한일서 1:9

"만일 우리가 우리 죄를 자백하면 저는 미쁘시고 의로우사 우리 죄를 사하시며 모든 불의에서 우리를 깨끗케 하실 것이요."

목표/ 열린 마음으로 서로 교제하며 살아가는 습관과 태도를 기른다.

시작하는 말

근래 자살하는 사람이 부쩍 늘었습니다. 통계에 의하면 하루 평균 38.39명에 이르고 매년 늘어나는 추세입니다. 신경정신과 전문의에 따르면 자살자가 대부분이 우울증과 고립감 속에서 자살충동을 느낀다고 합니다. 천성을 향해 가는 성도들의 삶은 이 세상에서 나그네와 같습니다. 길 가는 나그네의 삶에서 상담자와 동행자가 있다면 얼마나 다행이겠습니까? 주님이 우리와 동행하시며 사랑의 교제를 나누신다면 얼마나 큰 위로가 되겠습니까? 하나님께서는 범죄 한 인간에게 구약에서는 '제사'를 통해서 만나주시고, 신약시대에는 신령(성령)과 진정(진리)으로 '예배하는 자'(요 4:23)들을 찾으시며 만나주십니다. 예배를 통해 열린 마음으로 하나님과 이웃과의 교제를 회복하시기를 바랍니다.

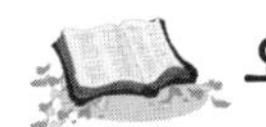

오늘의 말씀

1. 고독과 우울증을 이기십시오(왕상 19:1-7)

이세벨 왕후는 엘리야에게 '내일 이맘때에 너를 죽이겠다.'고 통보했습니다. 이 통보를 받고 두려움에 쌓였습니다. 그래서 그는 광야로 도망가 로뎀나무 아래에 앉아 죽기를 구하였습니다. 불과 몇 시간 전만 해도 엘리야는 바알과 아세라 선지자 850명과 대결하여 혼자서 대승을 거두었습니다. 그런데 지금은 죽고 싶을 정도로 고독과 우울증으로 떨고 있습니다. 하나님의 능력의 종들도 때로는 이런 고독과 공포와 두려움이 엄습해 올 때가 있는데 어떻게 해야 하겠습니까? 이런 때 성도들에게 필요한 것은 하나님의 말씀을 통한 진실한 교제가 있어야 치유 받을 수 있습니다. 금년 한해 우울증을 하나님과의 진실한 사랑과 기도의 밀어(密語)를 통해 하나님과 관계 회복과 치유함을 받으시기를 바랍니다.

· 함께 읽어요 : 요한계시록 3장 20절

"볼지어다. 내가 문밖에 서서 두드리노니 누구든지 내 음성을 듣고 문을 열면 내가 그에게로 들어가 그로 더불어 먹고 그는 나로 더불어 먹으리라."

2. 만나 주시는 하나님을 찾으십시오(왕상 19:8-14, 렘 33:2-3)

이사야 55장 6절에는 "너희는 여호와를 만날 만한 때에 찾으라. 가까이 계실 때에 그를 부르라"고 하셨습니다. 엘리야가 이세벨의 칼날을 피해 도망한 로뎀나무 아래에는 그 누구도 없었습니다. 그러나 하나님만은 거기에 계셨습니다. 복음의 밀수꾼 이삭목사가 있었습니다. 공안당국에 붙잡혀 모진 고문을 받을 때 그는 "그렇게 고문을 받을 때 하나님은 어디서 무엇을 하고 계셨습니까?"라고 반문했습니다. "나, 거기서 일하고 있었지." 그렇습니다. 그렇게 혹독한 전기고문, 냉동실고문, 물고문으로 죽어가고 있었을 때 거기 계셔서 그들을 하나님의 일꾼 삼기 위해 일하시고 계셨던 것입니다. 15년 후 그곳을 다시 방문했을 때 그들은 목사가 되고, 그들 가정은 복음의 가정이 되어 있었습니다. 엘리야를 떡과 물로 먹이시고, 40주야를 달려 호렙산으로 가게 하시고, 거기서 크고 강한 바람과 큰

지진, 불 속에 보이시지 않으시던 하나님께서는 나타나셔서 '세미한 소리' 가운데 사명을 주셨습니다. 고독과 우울증에 시달리는 엘리야를 치유해 군센 하나님의 일꾼으로 세워주셨습니다. 엘리야처럼 하나님을 만나셔서 문제해결을 받으시기 바랍니다.

· 함께 읽어요 : 예레미야 33장 2-3절

"2 일을 행하는 여호와, 그것을 지어 성취하는 여호와, 그 이름을 여호와라 하는 자가 이같이 이르노라 3 너는 내게 부르짖으라. 내가 네게 응답하겠고 네가 알지 못하는 크고 비밀한 일을 네게 보이리라 ."

3. 기도와 찬송을 통한 예배로 치유함을 받읍시다(요일1:9)

회개기도는 하나님과의 통로를 여는 지름길입니다. 찬송은 이웃과의 통로를 여는 지름길입니다. 그래서 히브리서 13장 15절에는 성도가 드려야 할 제사 중에 '찬미의 제사'를 말하고 있습니다. 교회마다 예배시작 전에 찬양을 통해 예배 자들의 마음을 조성하고 준비합니다. 진지하고 간절하게 찬양을 하다보면, 세상 일로 번잡했던 마음도 어느새 하나님을 사모하는 경건한 열망으로 변함을 체험합니다. 시편기자는 "이스라엘의 찬송 중에 거하시는 주여! 주는 거룩하시니이다."(시 22:3)라고 고백했습니다. 성도가 합심하여 기도하고, 아름다운 화음으로 찬송을 드릴 때 사탄의 적진은 무너지고 하나님의 진지가 구축되어집니다. 군대가 군가를 합심하여 부를 때 그 사기가 천지를 찌르듯 충천함 같이 성도들의 찬송은 큰 능력과 담대한 믿음으로 소생케 하고 마귀를 물리칩니다. 구역 예배 때에나 공 예배 때에 성도들이 합심하여 찬송을 소리 높여 부를 때 성도의 마음은 열려지고 고독과 우울증은 치유될 것입니다. 성경은 "할렐루야 우리 하나님께 찬양함이 선함이여 찬송함이 아름답고 마땅하도다."(시 147:1)라고 말씀합니다. 주께 간절히 기도하며 힘차고 아름다운 찬송으로 마음 문이 열려, 소원성취 하시기 바랍니다.

· 함께 읽어요 : 시편 50편 15절
"환난 날에 나를 부르라 내가 너를 건지리니 네가 나를 영화롭게 하리로다."

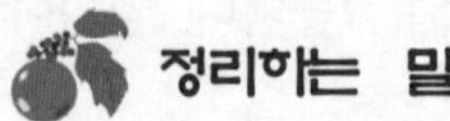

정리하는 말

현대인들의 감기와 같은 고독과 우울증을 기도와 찬송과 사랑의 교제로 치유함을 받으시기를 바랍니다. 사랑하는 성도여러분! 말씀과 기도, 그리고 찬송의 생활로 날마다 어디서든 예배의 생활화로 닫혀 진 마음들이 열려져 고독과 우울증을 이기시고 고침 받아 하나님 나라의 소망을 이루시기 바랍니다.

평가와 결심

1. 고독과 우울증의 치유방법 첫째가 무엇입니까?
   (계 3:20, 말씀과 기도와 찬송으로 열린 마음을 가져야 함)
2. 고독과 우울증의 치유방법 둘째가 무엇입니까?
   (사 55:6, 사랑의 하나님을 만나야 함)
3. 마음 문을 여는 방법이 무엇입니까?
   (요일 1:9, 회개의 기도로 마음 문이 열림)

주간 경건의 시간 <2> · 날마다 말씀과 함께

요일 / 내용	월(Mon)	화(Tue)	수(Wed)	목(Thu)	금(Fri)	토(Sat)
찬송	417 / 476	411 / 473	410 / 468	397 / 454	204 / 379	174 / 161
성경	요일 2:	요일 3:	요일 4:	요일 5:	요이 1:	요삼 1:
적용	사랑의 새 계명	행함과 진실함	하나님은 사랑이심	성령과 물과 피	진리에 행함	범사가 잘 됨

* 고난이 크면 클수록 그 영광도 크다. <마르쿠스 툴리우스 키케로, 로마 웅변가>

1단원 새 마음의 달

제3과

뜨거운 열정을 갖자

찬송 / 346, 53, 248/ 통 211, 9, 550

성경 / 요한계시록 3:14-22

요절 / 요한계시록 3:20

"볼지어다. 내가 문밖에 서서 두드리노니 누구든지 내 음성을 듣고 문을 열면 내가 그에게로 들어가 그로 더불어 먹고 그는 나로 더불어 먹으리라."

목표/ 신앙의 미적지근함을 벗어나 뜨거운 열정을 갖는 습관을 기른다.

시작하는 말

성도들은 무슨 일을 하든지 뜨거운 열정을 품고 일을 해야 열매도 맺고, 하나님께 영광을 돌리게 되어집니다. 신앙생활은 밥을 짓는 것과 비교가 되어집니다. 아무리 좋은 쌀을 가지고 밥을 안쳤어도 끓기 전에는 밥이 되지 않습니다. 여기에서 인생이나 신앙생활의 깨달음을 줍니다. 매년 초(初)가 되면 누구나 한번쯤은 금년에는 내가 신앙생활 한번 뜨겁게 해 보겠다고 다짐을 합니다. 그러나 시간이 가고 세월이 흘러가면서 열정이 식어지면 죽도 밥도 되지 않습니다. 빠른 세월 탓하지 말고, 하나님과 이웃과 교회를 위해 뜨거운 열정으로 섬기시고, 모든 영광을 하나님께 돌리면서 보람찬 신앙생활 하시기를 바랍니다. 그렇다면 뜨거운 열정을 품으려면 어떻게 해야 하겠습니까?

오늘의 말씀

1. 믿음을 고백하고, 믿음의 행위를 가져야 합니다(계 3:14-15)

라오디게아 교회의 사자에게 "아멘이시오 충성되고 참된 증인이시요. 하나님의 창조의 근본이신 이"가 말씀하십니다. "네 행위를 아노니 네가 차지도 아니하고 더웁지도 아니하도다. 네가 차든지 더웁든지 하기를 원하노라."고 권면했습니다. 오늘날 한국은 전인구의 25%가 개신교 신자라고 자부하고 있습니다. 그러나 진실로 뜨거운 사랑과 믿음을 가져야 주님의 백성이요. 하나님의 사랑받는 자임을 명심해야 합니다. 요사이 직장 생활에서 친구들 사이에 "나는 예수를 믿는다."고 확실하게 고백하는 성도는 참으로 복된 성도입니다. 진짜 믿음은 고백할 때 인정받게 되는 것입니다. 그때부터 믿음의 행위가 자신을 초월한 타인에게 나타나게 됩니다. 사랑을 고백하듯 믿음을 고백하시기를 바랍니다. 뜨거운 믿음의 행위로 자신의 젊음을 불태우시기 바랍니다.

· 함께 읽어요 : 로마서 10장 10절
"사람이 마음으로 믿어 의에 이르고 입으로 시인하여 구원에 이르느니라."

2. 미지근한 상태의 믿음은 타파해 버리십니다(계 3:16-20)

부모는 자녀를 사랑하기 때문에 때로는 책망과 징계를 합니다. 그리스도께서도 그의 교회를 사랑하시기에 책망과 징계를 하십니다. 라오디게아교회가 비록 영적으로 잠자고 있는 상태라 할지라도 그리스도께서 피로 세우신 교회임에는 틀림이 없습니다. 때문에 그리스도께서 책망하시는 것이 당연합니다. 오늘날 교회들은 이 책망을 우리 자신에게 하시는 것으로 알고 겸손히 받아들여야 합니다. 그리스도께서는 회개치 아니하며 열심이 없고 미지근한 교회를 토하여 내치실 것입니다. 사랑하는 성도 여러분! 미지근한 신앙생활을 버리시고 뜨거운 열정으로 신앙생활을 영위 하시기를 바랍니다.

'난로 속의 불' 이란 책이 있습니다. 난로라는 틀은 있는데 그 속에 불이 없는 빈 난로였습니다. 신앙이란 틀만 가지고서는 도무지 세상을 변화시킬 수 없습니다. 난로 속에 불이 있어야 하듯이 우리의 심령도 열심 있는 신앙을 가져야 합니다. 스펄전 목사님은 열심히 복음을 전파 하면서 "나에게 12명의 열심 있는 신앙인을 달라. 그리고 나를 어느 지역이든지 내려놓아라. 그러면 나는 하나님의 은혜로 즐거이 일 할 것이다. 마음에 열심이 없는 사람 전체를 나에게 주어본들, 내가 무엇을 할 수 있겠는가?"라고 외쳤습니다. 열심이 없는 사람들은 오히려 열심이 있는 사람까지 싸늘하게 만드는 방해물이 되기 때문입니다. 열심으로 복음의 촉진제가 되시기 바랍니다.

· 함께 읽어요 : 요한계시록 3장 19절
"무릇 내가 사랑하는 자를 책망하여 징계하노니 그러므로 네가 열심을 내라 회개하라."

3. 주님과 더불어 먹고 마시기를 바랍니다(계 3:20-22)

본문 21절에서 예수 그리스도께서는 라오디게아 교회에게 "이기는 그에게는 내가 보좌에 함께 하여주기를 내가 이기고 아버지 보좌에 함께 앉은 것과 같이 하리라."고 약속하셨습니다. 이것은 뜨거운 믿음을 지킨 성도에게 주는 상급이기도 합니다. 여기 라오디게아 교회와 그리스도께서 모든 시험을 이기고 승리한 성도에게는 찬란한 미래를 약속하셨습니다. 라오디게아 교회가 이길 시험은 부에 대한 자만입니다. 오늘날 교회들이 빠져가고 있는 문제가 바로 풍요와 물질적인 시험입니다. 환난과 역경 속에 있을 때는 열심히 기도하면서 이겼습니다. 오늘날도 깨어 있어서 뜨거운 믿음으로 이겨야 합니다. 그리고 그것을 이긴 자에게 주는 약속은 사랑이요, 영광의 보좌입니다. 뜨거운 믿음과 사랑을 회복하셔서 주님과 함께 먹고 마시기를 주님의 이름으로 기원합니다.

· 함께 읽어요 : 요한계시록 3장 20절

"볼 지어다! 내가 문밖에 서서 두드리노니 누구든지 내 음성을 듣고 문을 열면 내가 그에게로 들어가 그로 더불어 먹고 그는 나로 더불어 먹으리라."

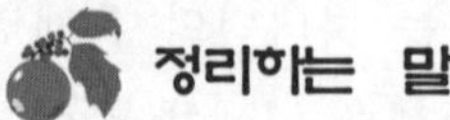

정리하는 말

라오디게아 교회가 당면한 가장 큰 문제요 비극은 바로 자기는 부요하다고 하면서 실제적으로는 빈곤한 데 있었습니다. 세상 적으로 볼 때 소 아시아에서 라오디게아보다 더 번창한 도시는 없었습니다. 그러나 영적으로는 라오디게아보다 더 빈곤한 교회도 없었습니다. 이것이 세상의 풍요 속에 영혼의 빈곤인 것입니다. 복음으로 세상을 변화시키는 뜨거운 열정을 회복하셔서 모든 영광을 하나님께 돌리시기 바랍니다.

평가와 결심

1. 뜨거운 열정 회복의 첫째 방법은 무엇입니까?
   (롬 10:10, 믿음 고백, 믿음 행위 가져야함)
2. 뜨거운 열정 회복의 둘째 방법은 무엇입니까?
   (계 3:19, 미지근한 것을 버려야 함)
3. 뜨거운 열정 회복의 셋째 방법은 무엇입니까?
   (계 3:20, 주님과 더불어 먹고 마셔야 함)

주간 경건의 시간 <3> · 날마다 말씀과 함께

요일 / 내용	월(Mon)	화(Tue)	수(Wed)	목(Thu)	금(Fri)	토(Sat)
찬송	423/ 213	298/ 35	184/ 173	365/ 484	426/ 215	421/ 210
성경	계 2:	계 3:	계 4:	계 5:	계 6:	계 7:
적용	처음 사랑 회복	열심을 내라	성령에 감동	향 성도의 기도	어린양의 진노	어린양의 피

* 그리스도인은 인간의 가장 고상한 모형이다. <에드워드 영, 1683-1765,영국 시인>

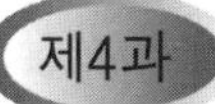
제4과

희망 · 꿈 · 목표를 갖자

찬송 / 338, 354, 186/ 통 364, 394, 176

성경 / 창세기 28:10-22

요절 / 창세기 28:22

"내가 기둥으로 세운 이 돌이 하나님의 전이 될 것이요 하나님께서 내게 주신 모든 것에서 십분 일을 내가 반드시 하나님께 드리겠나이다 하였더라."

목표/ 주안에서 희망 꿈 목표를 가지고 살아가는 태도를 가지게한다.

시작하는 말

개인이나 국가를 막론하고 미래의 희망과 꿈을 가져야 합니다. 본문에서 야곱은 형들의 분노를 피하여 부모 곁을 떠나 하란을 향하여 가던 도중에 벧엘이란 곳에서 하룻밤을 지내게 되었습니다. 이 밤은 야곱에게 두려움과 쓸쓸함으로 가득 찬 밤이었습니다. 그러나 그곳에서 하나님께서는 야곱에게 나타나셨고, 그에게 새로운 희망과 꿈과 목표를 주셨습니다. 절망했던 야곱에게 새로운 용기를 주시고, 축복의 말씀으로 함께 하셔서 절망과 낙담했던 야곱은 비로소 자기와 함께 하시는 하나님을 찬양하며 큰 꿈과 희망을 가지게 되었습니다.

오늘의 말씀

1. 인생은 누구나 나그네입니다(창 28:10-11, 벧전 2:11)

본문 11절 말씀에 야곱이 처한 곤핍한 정황을 잘 설명해주고 있습니다.

"한 곳에 이르러는 해가 진지라 거기서 유숙하려고 그곳의 한 돌을 취하여 베개하고 거기 누워 자더니"라고 말입니다. 야곱은 아버지 이삭을 속이고, 형님 에서가 받을 축복을 빼앗고, 형의 분노를 피하여 피난 가는 매우 고달픈 여정에 처해 있었습니다. 밤이 되어 한 곳에 이르렀습니다. 우리는 이런 '한 곳'에 이르러 뜻밖의 경험을 하게 됩니다. 인생은 누구에게나 이런 장소가 있습니다. 이곳이 하나님께서 만나주시는 장소요. 기도의 장소인 것입니다. 스스로 약다고 생각하며 모든 죄인들과 같이 야곱은 속임수로 점철된 생애를 통하여 성공을 바라고 있었습니다. 이와 같은 생애는 항상 초조하게 발각될 것 같은 두려움 속에서 살아야 하는 고달픈 인생인 것입니다. 사랑하는 성도여러분! 희망의 등불이 꺼져가고 불안하십니까? 주님이 주시는 믿음으로 확신을 갖고 조용히 주님을 부르십시오. 나그네 인생길에는 주님의 손길이 꼭 필요합니다.

· 함께 읽어요 : 베드로전서 2장 11절

"사랑하는 자들아 나그네와 행인 같은 너희를 권하노니 영혼을 거스려 싸우는 육체의 정욕을 제어하라."

2. 하늘에 닿은 사닥다리를 바라보아야 합니다(창 28:12-, 히 12:2)

본문 28장 12절에는 "꿈에 본즉 사닥다리가 땅위에 섰는데, 그 꼭대기가 하늘에 닿았고, 또 본즉 하나님의 사자가 그 위에서 오르락내리락하고" 라고 했습니다. 생각지도 못한 새로운 길이 하나님 자신에 의하여 야곱에게 계시되었습니다. 그것은 '길과 진리와 생명이 되신' 주님의 사랑스러운 모형입니다. 예수 그리스도의 십자가처럼 이 사닥다리는 땅위에 섰습니다. 이 사실은 사람이 하나님께 가까이 나아갈 수 있는 길이 되고 있음을 가리키고 있습니다. 여기서 중요한 사실은 '오르락내리락'이라는 표현에서 이미 우리에게 와 계시는 주님임을 깨닫게 됩니다. 이미 내려 오셔서 함께 계신 주님을 발견해야 됩니다. 영성이란 것은 이미와 계신 하나님을 구체적인 성령으로 깨달아야 하는 것입니다. 이사야 43장 1절 하반절에 "너는 두려워 말라 내가 너를 구속하였고, 내가 너를 지명하여 불렀나니 너는 내 것이라."고 했습니다. 하늘의 사닥다리는 희망이요, 꿈이요 영원한 목표임을 보여줍니다. 예수 그리스도는 바로 인생의 등불이요. 희망이요. 꿈입니다. 여러분의 인생길에 예수 그리스도를 만나 희망과 꿈을 회복하셔서 영원한 목표인 천국을 향해 뜻을 성취해 가시기를 바랍니다.

· 함께 읽어요 : 히브리서 12장 2절

"믿음의 주요 또 온전케 하시는 이인 예수를 바라보자. 저는 그 앞에 있는 즐거움을 위하여 십자가를 참으사 부끄러움을 개의(介意)치 아니하시더니 하나님 보좌 우편에 앉으셨느니라."

3. 바른 목표를 통해서 약속을 주십니다(창 28:13-22, 신 28:1)

하늘에까지 닿은 사닥다리를 통해서 하나님을 만나게 됩니다. 이 사닥다리는 곧 예수 그리스도의 십자가를 통해 하나님을 만나게 되는 것을 가르쳐줍니다. 미국 리더십 훈련기관 <LMI>의 창시자인 폴 마이어 회장은 '백만 불의 성공계획 5단계'를 제시했습니다. " ① 생각을 선명하게 하라. ② 목표를 달성하기 위한 계획을 세우고 그 달성시한을 정하라. ③ 마음에 그린 인생의 꿈에 대해 진지한 열망을 불태워라. 성공의식은 다시 성공습관을 강화시켜 준다. ④ 자기가 가진 훌륭한 능력을 절대적으로 신뢰하라. 실패는 없다고 믿어야 자신감이 생겨난다. ⑤ 장애와 비판, 그리고 주위의 환경에 현혹되지 말고 굳은 결의를 가지고 자신의 계획을 관철시켜라. 목표 달성을 위한 성공 전략 역시 마찬가지입니다. 주님은 바른 목표를 통해서 약속을 허락해 주십니다. 기도와 함께 인생의 꿈과 목표를 위해 매일 기도하면서 성공계획을 여러분들의 삶에 적용해 가시기를 바랍니다.

· 함께 읽어요 : 신명기 28장 1절

"네가 네 하나님 여호와의 말씀을 삼가 듣고 내가 오늘날 네게 명하는 그 모든 명령을 지켜 행하면 네 하나님 여호와께서 너를 세계 모든 민족 위에 뛰어나게 하실 것이라."

정리하는 말

오늘날 성도들의 삶을 보면 성도가 가야할 길, 지켜야 할 언약과 약속을 어기고 순리를 거스르면서 살아가기에 삶이 더 힘들고, 재미가 없습니다. 또한 길이요 진리요 생명이신 그리스도를 등지고 걸어가기에 빛이 보이지 않습니다. 사랑하는 성도 여러분! 주님을 향해 희망과 꿈과 목표를 분명히 하셔서 성공된 인생을 잘 준비하시기를 바랍니다.

평가와 결심

1. 인생의 상태는 현재 무엇이라 부릅니까?
(벧전 2:11, 나그네 인생)
2. 나그네 인생에서 꿈은 무엇입니까?(창 28:12, 하늘 사닥다리)
3. 바른 목표에 무엇을 주십니까?(창 28:13, 약속과 복을 주심)

주간 경건의 시간 <4> · 날마다 말씀과 함께

요일 / 내용	월(Mon)	화(Tue)	수(Wed)	목(Thu)	금(Fri)	토(Sat)
찬송	177/ 164	322/ 357	516/ 265	93 / 93	268/ 202	12/ 22
성경	창 26:	창 27:	창 28:	창 29:	창 30:	창 31:
적용	천하 만민 이 복을	내게 축복하소서	사닥다리 가 하늘에	7년을 봉사하리니	나의 공력 따라	너와 함께 있으리라

* 그리스도를 위하여 자신을 부인하는 자들은 그리스도 안에서 즐거워할 것이다. <존 M. 메이슨, 1770-1773, 미국 신학자, 성직자>

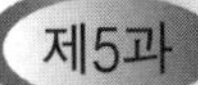
제5과

시간을 투자해 기도하라

찬송 / 595, 441, 425/ 통 372, 498, 217
성경 / 다니엘 1:1-16
요절 / 다니엘 1:8
"다니엘은 뜻을 정하여 왕의 진미와 그의 마시는 포도주로 자기를 더럽히지 아니하리라하고 자기를 더럽히지 않게 하기를 환관장에게 구하니"
목표/ 시간을 정하고 시간을 투자하여 기도하는 태도를 기른다.

시작하는 말

역사상 위대한 인물들은 환란과 역경을 이기고 말씀과 기도로 능력을 받았던 사람입니다. 따라서 우리의 기도는 위대합니다. 기도는 세상에서 가장 빠르고 세상에서 가장 힘이 있는 것입니다. 하나님은 시간을 정하여 기도한 다니엘의 기도를 응답하셨습니다. 마찬가지로 하나님은 시간을 투자하여 하는 우리의 기도도 들어주십니다. 성도에게는 이러한 믿음의 기도가 자신과 이웃의 생명을 살립니다. '믿음으로 기도하는 위대함'과 시간을 투자하여 기도하는 삶의 태도를 배워 실천해야 합니다.

오늘의 말씀

1. 기도는 습관을 들여 해야 합니다(단 6:10)

다니엘은 바벨론에 포로로 붙들려간 나라를 잃은 백성이었지만 하나님을 경외하며 기도한 사람이었습니다. 하나님은 이런 다니엘을 총리의 자리에까지 오르게 하셨습니다. 그를 시기하고 질투하는 사람들의 모함으로 다니엘은 사자굴 속에 던져지게 되었습니다. 그러나 그는 자기의 신앙을 굽히지 않고 하루 세 번씩 예루살렘을 향하여 창문을 열어 놓고 하나님께 기도했습니다. 기도하는 사람이 마지막에 승리합니다. 기도하는 사람이야말로 결국 성취할 수 있으며 승리자가 됩니다. 다니엘은 사자굴 속에 들어갔으나 하나님의 도우심으로 살아났습니다. 여호와 하나님을 인생의 왕으로 받들며, 절대자로 섬기며 그분께 기도하는 태도와 습관을 가지고 기도드리는 것이 올바른 믿음입니다.

· 함께 읽어요 : 다니엘 6장 10절

"다니엘이 이 조서에 어인이 찍힌 것을 알고도 자기 집에 돌아가서는 그 방의 예루살렘으로 향하여 열린 창에서 전에 행하던 대로 하루 세 번 씩 무릎을 꿇고 기도하며 그 하나님께 감사하였더라."

2. 성도들은 모든 일에 염려하지 말고 기도해야 합니다(단 1:8-15).

우리 성도들은 일이 잘 될수록 기도해야 합니다. 믿음 생활을 잘 할수록, 꿈이 있고 위대한 일을 하고자 할수록 더 많이 기도해야 합니다. 사람이 잘되면 얼마나 시기가 많습니까? 호사다마(好事多魔)입니다. 항상 시험은 우리가 잘될 때 찾아온다는 사실을 알아야 합니다. 우리가 잘되는 것을 좋아할 이는 많지 않습니다. 분명한 것은 하늘에 계신 하나님과 땅에서는 부모님과 주의 종들은 기뻐할 것입니다. 그러므로 잘될 때는 친구나 이웃에게 자랑하기보다는 기도를 해야 합니다. 형편이 어렵고, 뜻대로 안될 때에도 염려하지 말고 기도해야 합니다. 시험, 질병, 환난, 재난을 만났을 때에도 더욱 기도해야 합니다. 다니엘은 총리가 되었을 때에도 기도했지만, 왕 외에 다른 데 기도하는 사람을 사자 굴에 던져 넣는다고 결정되었을 때도 그는 감사함으로 기도했습니다. 이것이 바른 신앙의 자세요, 믿는 사람의 특징입니다. 어려움을 당했을 때 얼굴에 드러내지 말고, 불평하거나 낙심치 말고, 평안한 마음으로 하나님 앞에 기도하시기 바랍니다. 다음 성경구절을 깊이 음미해 보세요.

· 함께 읽어요 : 빌립보서 4장 6절
"아무 것도 염려하지 말고 오직 모든 일에 기도와 간구로, 너희 구할 것을 감사함으로 하나님께 아뢰라."

3. 정한 시간에 기도의 창문을 열고 기도해야합니다(단 6:13)

믿음의 용장들은 다 기도의 사람들이었습니다. 믿음의 사람들은 자신이나 인간에게 그 기반을 두지 아니하고, '하나님의 언약'에 기반을 두었습니다. 믿음으로 산다는 것이 무슨 말입니까? 한마디로 '하나님께서 그리스도와 성경을 통해서 언약해 주신 모든 언약을 신뢰하며 사는 것'을 말합니다. 우리는 하나님의 도우심을 받기 위하여 하늘을 향하여 창문을 열어야 합니다. 이 세상을 향해서 창문을 활짝 열어 놓고, 하늘을 향해서는 문을 닫아 놓는 것이 오늘날 우리의 부끄러운 모습은 아닙니까? 굉장한 힘을 과시하며 큰소리치면서도 어려움을 당하면 심한 절망에 빠지는 것이 인간입니다. 가장 귀한 것이 기도라면 어떤 일보다도 우선 기도를 실천해야 합니다. 무엇이든 기도보다 앞서서는 아니 될 것입니다.

이 세상의 방법으로 길이 보이지 않지만 기도하면 길이 열립니다. 하나님이 도와주십니다. 바벨론에서 승리하게 하신 하나님은 오늘 이 시대에도 역사하십니다. 시간을 정해 놓고, 기도의 창문을 열어놓고 하나님을 향해 우러러 기도하는 우리에게도 승리하게 하실 줄 믿으시기 바랍니다.

· 함께 읽어요 : 야고보서 6장 13절
"그들이 왕 앞에서 대답하여 가로되 왕이여 사로잡혀 온 유다 자손 중에 그 다니엘이 왕과 왕의 어인이 찍힌 금령을 돌아보지 아니하고 하루 세 번 씩 기도하나이다."

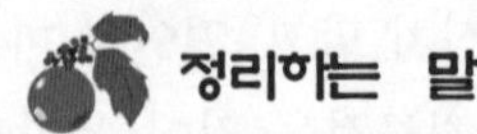

정리하는 말

히스기야 왕은 앗수르가 쳐들어왔을 때 하나님 앞에 기도함으로 나라를 건졌으며, 모세는 아말렉과의 전쟁에서 산에 올라가 손을 들고 기도함으로 승리를 얻었습니다. 또한 에스더의 기도는 쓰러져가는 나라를 건졌습니다. 본문의 다니엘은 포로로 붙들려갔었지만 하나님의 은혜로 총리의 자리에까지 오르게 하셨습니다. 그를 시기하고 질투하는 사람들의 모함으로 다니엘은 사자굴 속에 들어가서 고기밥이 될 뻔 했습니다. 그러나 하루 세 번씩 예루살렘을 향해 창문을 열어 놓고 기도하더니 승리했습니다. 다니엘의 하나님이 오늘도 살아 계셔서 역사하십니다. 시간을 투자해 기도하시며 기도의 능력을 직접 체험하시기 바랍니다.

평가와 결심

1. 기도의 첫째 방법은 무엇이라고 생각하십니까?
   (단 6:10, 기도의 습관이 들도록 기도해야 함)
2. 기도의 둘째 방법은 무엇이라고 생각하십니까?
   (단 1:8-15, 일이 잘되었을 때나 잘 되지 않아도 기도)
3. 기도의 셋째 방법은 무엇이라고 생각하십니까?
   (단 6:13, 시간을 정해 놓고 기도의 창문을 열고서 기도)

주간 경건의 시간 <5> · 날마다 말씀과 함께

내용 \ 요일	월(Mon)	화(Tue)	수(Wed)	목(Thu)	금(Fri)	토(Sat)
찬송	405/ 458	260/ 194	482/ 49	382/ 432	300/ 406	484/ 533
성경	단 2:1-35	단 2:36-49	단 3:	단 4:1-18	단 4:19-37	단 5:
적용	꿈과 그 해석	이 적은 연고	불가마에서 살아남	거룩한 신들의 영	다니엘의 해몽	벨사살의 운명

* 신앙은 인생의 힘이다.<레오 N. 톨스토이(1828-1910)>

2단원 기도 간구의 달

제6과

열심을 투자해 기도하라

찬송 / 365, 441, 368/ 통 484, 498, 486

성경 / 열왕기상 17:1-24

요절 / 열왕기상 17:22

"여호와께서 엘리야의 소리를 들으시므로 그 아이의 혼이 몸으로 돌아오고 살아난지라."

목표/ 어렵고 힘든 일을 만날 때 열심을 투자해 기도하는 태도를 배운다.

시작하는 말

이 세상을 살아가면서 인간의 능력으로 도저히 해결할 수 없는 문제들을 만나게 됩니다. 본문에서 만 왕의 왕이신 그리스도께서 십자가를 앞에 두고 피 방울 같은 땀을 흘리시며 간절히 기도하시는 모습에서 큰 도전과 감동을 받습니다. 예수님도 하나님과 동등한 신이시며 권세를 지니신 예수께서 힘쓰고 애써 간절히 기도하셨습니다. 예수께서 인간의 육신을 입고 이 땅에 오셔서, 우리 육신을 입은 인간들에게 기도의 본을 보여주셨습니다. 기도는 인간 힘으로는 도저히 해결할 수 없는 한계상황과 절망 앞에서 성도가 취해야 될 태도이며, 오직 기도밖에 선택의 여지가 없음을 깨달아야 합니다.

오늘의 말씀

1. 기도의 열심은 사랑의 가슴으로부터 나옵니다(시편 91:14)

고아의 아버지로 불리는 조지 뮬러는 애쉴리 다운이라는 큰 고아원을 세워 아이들을 돌보고 있었습니다. 추운 겨울날, 갑자기 고아원의 보일러가 고장 났습니다. 고아원은 온통 비상이 걸렸습니다. "목사님! 큰일 났습니다. 영아들이 다 얼어 죽게 되었습니다." 다급한 아우성이었습니다. 그때 조지 뮬러는 일어나 성경책을 옆구리에 낀 채 교회를 향해 걸어갔습니다. 그리고 밤을 새워 하나님께 부르짖으며 간구했습니다. "날씨를 주장하시는 하나님 아버지, 이 어린아이들은 다 하나님이 제게 맡겨주신 생명들입니다. 이 어린 생명들의 원장은 하나님이시고 저는 총무일 뿐입니다. 하나님, 시간과 때를 주장하시는 하나님이 일주일 동안 봄 날씨처럼 변화시켜 주옵소서!" 조지 뮬러가 부르짖어 간구하는 동안 갑자기 동풍이 불기 시작했습니다. 그리고 영국 전체가 봄 날씨로 바뀌었습니다. 그 때는 지금과 같은 기상 이변도 흔치 않았던 시대였습니다. 그러나 하나님은 조지 뮬러의 기도를 들으시고 북풍을 멈추고 동남풍을 불게 하셔서 영국 전체가 따뜻한 온실이 되게 하셨던 것입니다. 보일러를 고친 다음 정상적으로 가동하자 영국에는 다시 한겨울의 세찬 바람이 쌩쌩 불어 왔습니다. 그야말로 기적 같은 사실이 벌어졌던 것입니다. 하나님의 능력은 크고 위대합니다.

· 함께 읽어요 : 시편 91장 14절

"하나님이 가라사대 저가 나를 사랑한즉 내가 저를 건지리라 저가 내 이름을 안즉 내가 저를 높이리라."

2. 승리를 위한 뜨거운 열심으로 기도해야 합니다(시 91:15, 요일 5:4)

"나비처럼 날아서 벌처럼 쏘겠다."며 단 한번의 경기로 1,000만 달러를 받아 엄청난 돈을 벌어들인 권투선수 무하마드 알리는 "내 승리의 반은 주먹이 아닌 말에 있었다."고 고백했습니다. 적극적이고 긍정적인 태도가 힘이 되었던 것입니다. 유명했던 죠 플레이져 선수는 1964년 동경 올림픽에서 금메달을 딴 권투선수 입니다. 그는 신앙이 좋은 크리스천입니다. 그런데 당시 준결승에서 오른손 손가락이 하나 부러졌습니다. 그러나 그는 실망치 않고 호텔에 돌아와 부러진 손가락을 잡고 밤새도록 하나님 앞에 기도했습니다. 그 다음날 그는 아픈 손에 글러브를 끼고 열심히 싸워 케이오 승을 거두었습니다. 승리 후에 그는 말하기를 내가 금메달을 딴 것은 목표를 세워놓고 뜨겁게 기도했기 때문이라고 했습니다. 나중에 그는 은퇴하고 훌륭한 전도자가 되었습니다. 여러분도 뜨거운 열심을 열실을 다하여 기도하므로 승리하시기 바랍니다.

· 함께 읽어요 : 시편 91장 15절
"저가 내게 간구하리니 내가 응답하리라 저희 환난 때에 내가 저와 함께하여 저를 건지고 영화롭게 하리라."

3. 열심을 다하여 간구하며 기도해야 합니다(약 4:2)

열심! 그것은 하나님이 주시는 마음입니다. 서울의 명문대학 출신 기업가가 있었습니다. 어느 날 그는 번 돈을 대학에 기부했습니다. 그 기부금이 어머 어마한 액수였기에 신문과 텔레비전에도 소개가 되었습니다. 그 대학 관계자가 그 기사를 보고 조사를 해보니 그 사람은 학생시절 다니던 출신학교에서 큰 배려를 받은 사람이었습니다. 그런데 왜 그가 모교가 아닌 대학에 그렇게 큰 돈을 기부를 하였는지 물어보았습니다. "다른 이유는 없어요. 그 대학에서 기부를 요청했을 뿐입니다." 사랑하는 성도여러분! 성경은 이렇게 말씀합니다. 얻지 못함은 바로 하나님께 구하지 않기 때문이라고 말입니다(약4:2).

주님은 이렇게 말씀합니다. "구하라 그러면 너희에게 주실 것이요 찾으라 그러면 찾을 것이요 문을 두드리라 그러면 너희에게 열릴 것이다."(마7:7) 그렇습니다. 하나님만이 문제의 해결하실 유일한 분이심을 믿고 열심을 주시라고 기도하시기 바랍니다. 열심을 다하여 간절히 기도하는 자에게 구하는 것을 주실 것입니다.

· 함께 읽어요 : 야고보서 4장 2절

"6 너희가 욕심을 내어도 얻지 못하고 살인하며 시기하여도 능히 취하지 못하나니 너희가 다투고 싸우는 도다 너희가 얻지 못함은 구하지 아니함이요."

정리하는 말

사랑하는 성도 여러분! 세상에는 열심을 내어야 해결되고 추진되는 일이 많이 있습니다. 아무리 신앙이 좋다고 하는 분들도 '옛날에 다 그렇게 했어.' 하면서 대수롭지 않게 생각하면서 열심을 품지 않습니다. 사랑이 식어지고 열정을 잃어갑니다. 진정 이 문제를 해결하실 자는 하나님뿐이십니다. 여러분! 마음과 뜻과 정성을 다해 기도하시고, 열심의 열심을 투자해 기도하는 여러분 되시기를 바랍니다.

평가와 결심

1. 열심 있는 기도는 어디로부터 나옵니까?

   (시 91:14, 사랑의 가슴으로부터 옴)

2. 세상에서 가장 필요한 기도는 무엇인가?

   (시편 91:15, 요일 5:4, 승리를 위한 기도임)

3. 열심을 투자하기 위해 드려야 할 기도는 무엇입니까?

   (하나님께 열심을 주시라는 기도를 드려야 함)

주간 경건의 시간 <6> · 날마다 말씀과 함께

요일 / 내용	월(Mon)	화(Tue)	수(Wed)	목(Thu)	금(Fri)	토(Sat)
찬송	186/ 176	196/ 174	215/ 354	216/ 356	237/ 226	240/ 231
성경	왕상 17:	왕상 18:	왕상 19:	왕상 20:	왕상 21:	왕상 22:
적용	까마귀를 명하여	여호와 경외하는 자	세미한 소리	여호와인 줄 알리라	포도원을 취하러	거짓말 하는 영

* 고생을 많이 한 사람이 많은 것을 안다. <그리스 격언>

2단원 기도 간구의 달

제7과

확신을 더하여 기도하라

찬송 / 483, 388, 357/ 통 532, 441, 397

성경 / 누가복음 18:1-8

요절 / 야고보서 1:6

"오직 믿음으로 구하고 조금도 의심하지 말라 의심하는 자는 마치 바람에 밀려 요동(搖動)하는 바다 물결 같으니"

목표/ 기도의 응답을 위해 확신을 더하여 기도하는 태도를 배운다.

시작하는 말

오늘날은 불신의 시대요, 불확실성의 시대라고 합니다. 허망한 일에 마음을 두고 되는 대로 살아가니 되는 일이 없습니다. 서로가 믿지 못하고, 교회 내의 일을 가지고도 세상 법정에 가서 진실을 가려 달라고 하는 시대가 되어버렸습니다. 기도는 하나님께 대한 우리 신앙의 고백이기 때문에 아무렇게나 드려서는 안 됩니다. 응답하실 줄 믿고, 확신을 더하여 기도드려야 합니다. 우리의 신앙고백은 먼저 우리의 기도를 하나님께서 반드시 응답해 주실 것이라는 확신을 갖는 것입니다. 낙망하지 않고, 의심치 말고, 포기하지 말고, 확신에 찬 믿음으로 기도하시기를 바랍니다.

오늘의 말씀

1. 낙망은 기도의 적(敵)입니다(눅 18:1)

영국의 유명한 설교자 스펄전 목사는 기도에 대하여 이런 말을 했습니다. “기도는 아래서 줄을 당겨 하늘 위에 있는 큰 종을 하나님의 귀밑에서 울리는 것과 같다”고 했습니다. 어떤 사람들은 되는 대로 힘들이지 않고 줄을 당기기 때문에 하늘에 종이 울리지 않는다는 것입니다. 그런데 단 한 번만 줄을 당겨 보는 것은 그 결과가 뻔한 것 아닙니까? 그러나 꼭 응답을 받고야 말겠다는 사람은 그 줄을 단단히 잡고 전력을 다해 계속하여 당긴다고 했습니다. 신앙생활의 가장 큰 적(敵)이 있습니다. 바로 낙망입니다. 낙망은 “악에게 굴복하는 것”이라고 말씀합니다. 구약성경의 다윗을 보십시오. 다윗은 왕으로 기름부음 받은 후에도 7년 동안 고난의 길을 걸었습니다. 사울의 칼과 창을 피해 이리저리 도망을 다녔습니다. 그러나 그는 낙망하지 않고 기도로 극복했습니다. “여호와여 나를 도와주소서.”라고 간구했습니다. 우리의 낙망은 금물입니다. 시대가 악할수록 더 철저한 확신의 기도가 필요합니다.

· 함께 읽어요 : 누가복음 18장 1절
“항상 기도하고 낙망치 말아야 될 것을 저희에게 비유로 하여”

2. 의심치 말아야 합니다(약 1:5-8)

열심을 더하려면 믿음을 망가트리는 의심의 구멍을 막아야 합니다. 의심치 말아야 합니다(7절). 의심은 모든 관계를 파괴합니다. 마귀는 하나님과 인간의 관계를 의심하게 합니다. 의심은 마귀가 사용하는 무기입니다. 의심은 무서운 병이기도 합니다. 성경은 “네 행사를 여호와께 맡겨라.”(잠 16:3) “염려를 주께 맡겨라.”(벧전 5:7) “의심은 바람에 밀려 요동하는 물결과 같다.”(약 1:5~8)고 말씀합니다. 전적으로 맡기는 것이 ‘믿음’이라는 것입니다. 하나님께 맡기기를 바랍니다. 주님은 “구하라 그러면 너희에게 주실 것이요, 찾으라 그러면 찾을 것이요, 문을 두드리라 그러면 너희에게 열릴 것이니"(마 7:7)라는 확실한 기도응답의 3단계를 말씀했습니다. "너희가 악한 자라도 좋은 것으로 자식에게 줄줄 알거든 하물며 하늘에 계신 너희 아버지께서 구하는 자에게 좋은 것으로 주시지 않겠느냐?"(마 7:11)고 말씀합니다. 따라서 성도들은 후히 주시고 꾸짖지 아니하시는 하나님께 기도했으면 반드시 응답해 주실 것을 믿고 낙심하거나 의심하지 말아야 합니다. 오직 그 길만이 기도응답의 비결입니다. 여러분은 하나님의 자녀로서 바르게 기도하고 응답을 확신하시기를 바랍니다.

· 함께 읽어요 : 누가복음 11:11-13절

"11 너희 중에 아비 된 자 누가 아들이 생선을 달라 하면 생선 대신에 뱀을 주며 12 알을 달라 하면 전갈을 주겠느냐 13 너희가 악할지라도 좋은 것을 자식에게 줄줄 알거든 하물며 너희 천부께서 구하는 자에게 성령을 주시지 않겠느냐 하시니라."

3. 포기하지 말고 확신으로 기도해야 합니다(눅 18:7-8)

기도에 확신을 더하기 위해서는 포기하지 말아야 합니다(7절). 저희에게 '오래 참으시겠느냐?'라고 말씀합니다. 이 말은 반드시 하나님이 이루어 주신다는 것입니다. 기도하다가 뜻대로 이루어지지 않았다고 포기하지 말아야 합니다. 기도할 때 중요한 것은 인내(忍耐)입니다. 때와 기한은 하나님의 주권이기 때문입니다. 우리에게는 응답을 위한 인내가 필요합니다. 포기하지 마십시오. 가족을 위해 기도하다가 낙심하고 포기한 일이 있습니까? 다시 기도를 시작하여 회복하시기 바랍니다. 포기하지 않고 기도하면 하나님께서 분명히 응답해 주실 것입니다. 성도 여러분! 여러분도 주님의 말씀을 믿고 확신을 가지셔서 기도 응답의 복된 주인공이 되길 바랍니다.

· 함께 읽어요 : 누가복음 18:7-8절

"7 하물며 하나님께서 그 밤낮 부르짖는 택하신 자들의 원한을 풀어 주지 아니하시겠느냐 저희에게 오래 참으시겠느냐 8 내가 너희에게 이르노니 속히 그 원한을 풀어 주시리라 그러나 인자가 올 때에 세상에서 믿음을 보겠느냐 하시니라."

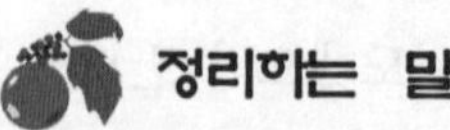

정리하는 말

여러분! 무당들도 귀신에게 기도해서 소원을 이룬다고 하는데, 감히 하나님의 백성이 기도응답을 받지 못한다면 말이 되겠습니까? 불의한 재판관도 번거로워서 소원을 들어 주었다면, 하물며 하나님의 자녀들이 아버지께 밤낮 부르짖어 기도하는 소원을 어찌 들어주지 않겠습니까? 주님은 반드시 들어주신다고 약속하셨습니다. 하나님의 약속을 붙잡고 확신으로 기도하십시오. 때로는 낙심하고 의심하고 절망에 빠질 때도 있겠지만 확신을 투자한 믿음만큼 기도하여 응답받으시기를 바랍니다.

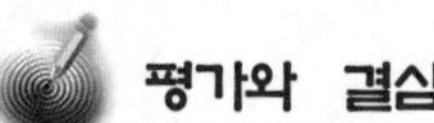

평가와 결심

1. 기도 확신의 첫째 적(敵)은 무엇입니까? (눅 18:1, 낙망, 낙심)
2. 기도 확신의 둘째 적(敵)은 무엇입니까? (눅 18:7-8, 약 1:6, 의심)
3. 기도 확신의 셋째 적(敵)은 무엇입니까? (눅 18:7, 포기함)

주간 경건의 시간 <7> · 날마다 말씀과 함께

요일 / 내용	월(Mon)	화(Tue)	수(Wed)	목(Thu)	금(Fri)	토(Sat)
찬송	528/ 318	280/ 338	543/ 342	502/ 259	263/ 197	188/ 180
성경	약 2:	약 3:	약 4:	약 5:	벧전 1:	벧전 2:
적용	가난한 자 택하사	찬송과 저주가	잘못 구함이라	오래 참음의 본	그리스도의 피 뿌림	신령한 젖

* 인간은 믿도록 태어났다. 나무가 과일을 맺듯이 인간은 믿음을 맺는다.

<랄프 왈도 에머슨 1803-1882, 미국 시인, 수필가>

2단원 기도 간구의 달

제8과

성령 충만하여 기도하라

찬송 / 208, 196, 539/ 통일 246, 174, 483

성경 / 고린도전서 14:13-20

요절 / 고린도전서 14:15

"그러면 어떻게 할고 내가 영으로 기도하고 또 마음으로 기도하며 내가 영으로 찬미하고 또 마음으로 찬미하리라."

목표/ 성령 충만하여 기도를 드리는태도를 습관화 한다.

시작하는 말

사도 바울은 고린도 교회에 편지하면서 성령의 은사를 설명합니다. 가장 중요하면서도 잊기 쉬운 진리를 강조하여 당부합니다. 그것은 우리 성도들 눈에는 안보이지만 분명히 현존하는 영적인 문제요. 원수 사탄이 끊임없이 우리에게 도전해 오기 때문에 우리 성도들은 성령으로 기도할 것을 언급합니다. 그리고 하나님의 전신갑주로 무장하되, 무시(無時)로 성령 충만하여 기도를 드릴 것을 부탁하고 있습니다. 그러면 성령 충만하여 기도하려면 어떻게 해야 되겠습니까?

오늘의 말씀

1. 먼저 성령세례를 받아야 합니다(행 2:38)

예수님의 생애와 사역에 대해 우리가 이해하기 어렵고 신비스러운 일들이 많이 있습니다. 특별히 예수님의 29세 때와 30세 때는 현격한 차이를 보입니다. 성경을 살펴봐도 예수님의 29세 때까지 기적과 능력과 말씀 등은 감춰져 있습니다. 그런데 30세가 되면서부터 지상에서 볼 수 없었던 초자연적인 능력과 기적들을 행하시며 천국의 말씀을 전파하시게 됩니다. 아마 예수님께 하나님의 경륜 가운데 어떤 분기점이 있었고 그로 인해 큰 변화가 있었던 것 같습니다. 마태복음 3장 13절에 "이 때에 예수께서 갈릴리로서 요단강에 이르러 요한에게 세례를 받으려 하신대." 놀랍게도 예수님의 공생애는 요한을 찾아가 세례를 받으심으로 시작됩니다. 이러한 사실은 하나님 나라의 확장을 위해 일해야 할 성도가 성령으로 일하려면 자신이 먼저 성령세례를 받아야 한다는 것을 가르쳐 주는 말씀입니다. 사랑하는 성도 여러분! 먼저 자신이 성령 세례를 받으시기 바랍니다.

· 함께 읽어요 : 사도행전 2장 38절

"베드로가 가로되 너희가 회개하여 각각 예수 그리스도의 이름으로 세례를 받고 죄 사함을 얻으라. 그리하면 성령을 선물로 받으리니"

2. '성령으로 하는 기도'의 자세가 전제되어야 합니다(롬 8:26-27)

성령으로 기도하기 위하여 제일 먼저 관심을 두어야 할 것은 기도를 들으시는 '하나님의 뜻대로' 기도를 드려야 합니다. 그러나 대부분의 성도들이 드리는 기도가 천국에서 쓰레기 취급을 받는 이유는 하나님의 의지와는 상관없이 자신의 뜻에 따라 기도하기 때문입니다. 이러한 오류를 극복하는 방법이 있습니다. 그러기 위해서는 첫째, 성경을 읽고 하나님의 약속이 무엇인가 알아야 합니다. 둘째, 성령의 인도함을 받아야 합니다. 셋째, 성령 안에서 기도드리기 위해서는 자신의 의지와 자기 삶의 목적을 하나님께 두고 전적으로 순종하는 삶을 살아야 합니다. 이것이 성령 안에서 기도하기 위한 전제인 것입니다.

이러한 전제를 인정한다면 당신은 성령을 선물로 받아 성령 세례를 받으시고, 매일의 삶 속에서 하나님의 약속을 알고, 성령의 인도함을 받도록 기도해야 할 것입니다.

· 함께 읽어요 : 로마서 8장 26-27절
"26 이와 같이 성령도 우리 연약함을 도우시나니 우리가 마땅히 빌 바를 알지 못하나 오직 성령이 말할 수 없는 탄식으로 우리를 위하여 친히 간구하시느니라.
27 마음을 감찰하시는 이가 성령의 생각을 아시나니 이는 성령이 하나님의 뜻대로 성도를 위하여 간구하심이니라."

3. 과감하게 성령으로 하는 기도를 드리십시오(왕상 18:36-)

구약성경에서 아합 왕 때에 왕후 이세벨의 영향력으로 이 시대에는 이스라엘 백성들이 국교를 아예 바알종교로 바꾸어버렸습니다. 거룩한 하나님의 선지자들을 살해하고 바알 선지학교까지 세웠습니다. 이때 엘리야 선지자는 그들과 도전하여 하늘에서 불을 내려 제물을 태우고 이방신을 섬기는 바알과 아세라 선지 850명을 대파했습니다. 그의 기도의 특징은 첫째, 이방신과 정면 도전이었습니다. 사탄과의 전투는 과감하게 도전해야 합니다. 둘째, 긴급성과 간절함이었습니다. 하나님의 역사가 아니고는 방법이 없음을 깨닫고 불로 응답하기를 기도했습니다. 셋째, 응답하셔서 '주 여호와는 하나님이신 것을 알게 하옵소서.'라는 목적이 분명한 기도였습니다. 본문 말씀처럼 '무시(無時)로 성령 안에서 기도'해야 합니다. 성도가 사탄 마귀의 도전에 맞서 이기려면 간절히 성령으로 충만하여 지속적으로 기도드려야 합니다.

· 함께 읽어요 : 고린도전서 14장 15절
"그러면 어떻게 할꼬? 내가 영으로 기도하고 또 마음으로 기도하며 내가 영으로 찬미하고 또 마음으로 찬미하리라."

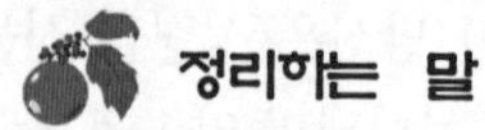

정리하는 말

에베소서 5장 18절에 "오직 성령의 충만을 받으라."고 했습니다. 성령 안에서 기도로 투자하기 위해서는 계속적으로 성령 충만한 삶을 살아야 한다는 것입니다. 그것은 완전한 성령의 지배를 뜻하는 것이며, 성령의 뜻에 완전히 자신을 맡기는 것입니다. 사랑하는 성도 여러분! 말세에 악한 마귀 사탄과 대치하여 싸우려면 성령으로 함께하여 항상 쉬지 말고 기도드리시기 바랍니다. 항상 성령 안에서 기도하는 삶을 살아가시기를 주님의 이름으로 부탁드립니다.

평가와 결심

1. 성령 안에서 하는 기도를 드리기 위한 준비는 무엇입니까?
   (행 2:38, 성령 세례를 받아야 함)
2. 성령 투자를 위한 기도의 전제는 무엇인가?
   (①말씀을 읽고 ②성령의 인도로 ③전적 헌신, 전적 순종)
3. 불같은 성령투자를 위한 기도의 모범은 무엇입니까?
   (①사탄과 정면도전 ②긴급성 간절함 ④목적이 분명해야함)

주간 경건의 시간 <8> · 날마다 말씀과 함께

요일 / 내용	월(Mon)	화(Tue)	수(Wed)	목(Thu)	금(Fri)	토(Sat)
찬송	182/ 169	179/ 167	187/ 171	183/ 172	184/ 173	196/ 174
성경	고전 11:	고전 12:	고전 13:	고전 14:1-19	고전 14:20-40	고전 15:1-15
적용	나를 본받으라	성령의 9가지은사	제일은 사랑이라	방언의 은사	은사와 질서	그리스도의 부활

* 믿음이 없는 사람이 많이 기도한다. <존 레이(1627-1705) 영국, 금언수집가>

3단원 구령 열심의 달

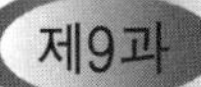

영혼을 뜨겁게 사랑하자

찬송 / 502, 496, 511/ 통 259, 260, 263

성경 / 마태복음 18:1-14

요절 / 마태복음 18:14

"이와 같이 이 소자 중에 하나라도 잃어지는 것은 하늘에 계신 아버지의 뜻이 아니니라."

목표/ 양적성장의 동력은 영혼을 뜨겁게 사랑하는것임을 안다.

시작하는 말

오늘날 교회들이 양적성장을 위해 최선의 노력을 기울입니다. 그러나 양적성장도 영적성장이 있어야 가능한 것입니다. 그러므로 교회의 양적성장과 영적성장은 수레의 양쪽 바퀴와 같습니다. 초대교회의 특징은 순교를 각오한 제자들이 '예루살렘과 온 유대와 사마리아와 땅 끝까지 복음을 전파'하기 위해 힘썼기 때문에 양적으로 급성장 했던 것입니다. 이 단원에서는 성도들이 복음전파에 앞서 '구령을 위한 투자'에 대하여 나누게 됩니다. 전도는 지식의 전달이나 성경 지식의 이해로 끝나는 것이 아니라, 하나님께서 창조하신 한 생명의 영혼을 뜨겁게 사랑하고 구원하려는 열정을 실천할 때 가능한 일인 것입니다.

오늘의 말씀

1. 소자 하나라도 잃어버리지 말아야합니다(마 18:14)

'소자'란 말은 흔히 나이 어린 아이들을 말하기도 하고, 또 때로는 비천한 무명 인사들을 말하기도 합니다. 그들은 대단한 존재가 아닙니다. 그러나 주님은 소자 하나라도 잃어버리지 말라고 강조하셨습니다. 그렇게 해야 할 이유는 그것이 하나님의 말씀이며, 아버지의 뜻이기 때문입니다. 성경의 실례로 백 마리 중에 잃어버린 한 마리 양을 찾기까지 밤새워 애쓰는 목자의 얘기를 들려주십니다. 백 마리 중 한 마리쯤이면 딱 눈감고 잃어버려도 좋을 듯합니다. 그러나 그것은 목자의 마음이 아닙니다. 목자는 자기 양을 지키기 위하여 목숨도 아까워하지 않으며 헌신하는 것입니다. 양을 잃어버린 후에도 찾지 않는다면 그것은 참 목자가 아닙니다. 그는 자신의 사명을 다하지 못하는 것입니다. 예수님이 세상에 오신 목적은 잃어버린 자를 찾으러 왔다고 말씀합니다. 따라서 우리도 잃은 양 찾기에 온 힘을 다 기울여 전도해야 합니다.

· 함께 읽어요 : 마태복음 18장 12절

"12 너희 생각에는 어떻겠느뇨 만일 어떤 사람이 양 일백 마리가 있는데 그 중에 하나가 길을 잃었으면 그 아흔 아홉 마리를 산에 두고 가서 길 잃은 양을 찾지 않겠느냐?"

2. 죄인 하나라도 잃어버리지 말아야 합니다(마18:15)

죄인이란 말 자체가 벌써 버려진 인간을 말하는 것이 분명한데 새삼스럽게 잃어버리지 않게 하라는 말씀은 무슨 뜻입니까? 성경은 "인자의 온 것은 잃어버린 자를 찾아 구원하려 함이니라."고 말씀합니다. 그러므로 예수님이 오신 목적은 그 잃어버리지 않게 하는 일입니다. 그리고 본문에서 말하는 죄인은 특히 우리 형제 중에서 범죄한 자를 말합니다. 그런 범죄한 자까지 잃어버리지 않게 해야 하는데, 그러기 위해서는 ① 권고해야 합니다. 그 사람과 단 둘이 만나서 은밀히 회개하기를 권고하고, 또 두 세 증인과 함께, 그리고 교회가 공식적으로 권면해야 합니다.

② 용서해야 합니다. 회개할 때 용서해 줘야 합니다. ③ 교회의 권고를 받아들이지 않을 때는 책벌을 해야 합니다. 그러나 생사람을 잡아 죄인 만드는 실수는 있어서는 안 됩니다. 또한 죄인을 죄인대로 방치해 두는 실수를 범해서는 안 됩니다. 한사람이 전도하여 돌아오게 할 때, 하늘에서는 회개할 것 없는 아흔 아홉을 인하여 기뻐하는 것보다 더 할 것입니다(눅 15:7) 한 영혼이라도 뜨겁게 사랑해야 합니다.

· 함께 읽어요 : 누가복음 15장 7절

"내가 너희에게 이르노니 이와 같이 죄인 하나가 회개하면 하늘에서는 회개할 것 없는 의인 아흔 아홉을 인하여 기뻐하는 것보다 더하리라."

3. 생명을 잃어버리지 말아야 합니다(마 16:26)

주님은 한 생명이 그 무엇과도 바꿀 수 없는 귀중함을 말씀하셨습니다. 그것은 가치에 있어서 최상입니다. 생명을 잃어버리면 끝장입니다. 그러므로 죄를 용서받지 못하고, 생명을 잃는다는 것은 하나님 앞에서 떨어져 지옥으로 버려지는 것을 뜻합니다. 다시는 회복할 길이 없기에 절망적입니다. 그러므로 구원 받기 위해서는 어떤 희생도 사양치 말아야 합니다. 오른 눈 때문에 범죄 할 경우 그 눈을 뽑아버리고, 오른 손 때문이라면 그 손을 잘라 버리라고 말씀하십니다. 생명은 이 모든 것을 합해 놓은 것보다 훨씬 가치 있고, 귀중한 것이기 때문입니다. 소돔 고모라의 세상 영화를 못 잊고 뒤돌아 본 롯의 처는 생명을 잃었습니다. 온 천하보다 소중한 생명을 사랑하고 구원하기 위해 여러분들의 가장 귀중한 것을 투자할 수 있기를 바랍니다.

· 함께 읽어요 : 사도행전 5장 42절

"사람이 만일 온 천하를 얻고도 제 목숨을 잃으면 무엇이 유익하리요 사람이 무엇을 주고 제 목숨을 바꾸겠느냐?"

정리하는 말

사랑하는 성도 여러분! 여러분들의 귀중한 생명을 위해서 그리스도께서 생명을 버리셨습니다. 십자가 위에서 보배로운 피를 흘리셔서 여러분들의 생명을 살려 주셨다면, 여러분도 주님을 위해 할 수 있는 최상의 일로 보답해야 합니다. 그것은 잃어진 생명, 길 잃은 영혼들을 위해서 일하는 것입니다. 여러분들의 가장 소중한 것들을 투자하여 한 생명 건지고, 구원하는 일에 전력을 다하시기 바랍니다.

평가와 결심

1. 첫째로 무엇을 잃어버리지 말아야 하겠습니까?
(마 18:6, 소자 하나라도)
2. 둘째로 무엇을 잃어버리지 말아야 하겠습니까?
(마 18:15, 죄인 하나라도)
3. 셋째로 무엇을 잃어버리지 말아야 하겠습니까?
(마 16:26, 한 생명이라도)

주간 경건의 시간 <9> · 날마다 말씀과 함께

요일 / 내용	월(Mon)	화(Tue)	수(Wed)	목(Thu)	금(Fri)	토(Sat)
찬송2	313/ 352	314/ 511	315/ 512	262/ 196	263/ 197	268/ 202
성경	마 16:	마 17:	마 18:	마 19:	마 20:	마 21:
적용	반석위에 내 교회를	오직 예수 외에	잃은 양 한 마리	재물이 많으므로	인자가 온 것은	믿고 구하는 것은

* 십자가에 못 박힌 그리스도를 전파하려는 자는 자신도 반드시 십자가에 못 박힌 사람이 되어야 한다. <찰스 엘 꾸틸>

3단원 구령 열심의 달

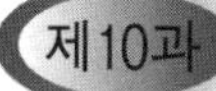

상한 마음을 치유하자

찬송 / 516, 505, 522/ 통 265, 268, 269

성경 / 창세기 39:19-23

요절 / 야고보서 5:16

"이러므로 너희 죄를 서로 고하며 병 낫기를 위하여 서로 기도하라 의인의 간구는 역사하는 힘이 많으니라."

목표/ 교회의 사명임을 알고 서로가 상한 마음을 치유하도록 한다.

시작하는 말

사랑하는 성도 여러분! 성경에 성공적인 삶을 살아간 사람을 꼽으라면 본문의 요셉을 꼽을 수 있습니다. 그러나 성경 본문을 자세히 읽어 내려가면 요셉이 성공한 이유가 있습니다. 성공은 우연이 아닙니다. 요셉은 형들에게 미움을 받아 낯설고 언어가 다르고 풍속이 다른 이역만리 애굽으로 팔려가서 종살이로부터 갖은 밑바닥 삶을 살았던 사람입니다. 본문에 하나님이 요셉과 함께 하심으로 보디발의 가정에 있으나, 죄인들과 함께 옥중에 있을지라도 범사에 형통케 하셨습니다. 가장 중요한 것은 주변 상황이 아니라, 먼저 요셉 자신의 치유 받은 마음이 저를 형통케 한 것입니다.

오늘의 말씀

1. 상한 마음을 잊고 믿음과 신념으로 채워야 합니다(창 37:9)

요사이는 냉장고나 김칫독이 있어서 음식을 보관하기 참 편리하고 좋습니다. 그러나 그 속에서도 상한 과일이나 음식이 있으면 다른 음식이나 과일까지 쉽게 상하게 만듭니다. 마찬가지로 상한 마음에는 언제나 불평과 불만이 가득합니다. 상한 마음은 불신과 불가능하다는 생각이 사고를 지배하게 됩니다. 요셉은 보디발의 유혹을 받았을 때 누가 볼까하는 생각보다 하나님 앞에 절대로 죄 지을 수 없다는 결단과 주인 보디발의 신임을 저버리는 일을 절대로 해서는 안 된다는 신념이 있었습니다. 요셉은 힘들 때마다 상처받은 마음을 잊고, 어렸을 때 꾼 꿈을 생각하면서 믿음과 신념을 저버리지 않았습니다.

· 함께 읽어요 : 창세기 37장 9절
"요셉이 다시 꿈을 꾸고 그 형들에게 고하여 가로되 내가 또 꿈을 꾼즉 해와 달과 열 한 별이 내게 절 하더이다 하니라."

2. 긍정적인 슬기와 창조적인 능력을 가져야 합니다(창 39:3-4)

요셉은 '예'와 '아니요'를 분명하게 구별할 줄 알았습니다. 그리고 어떤 일을 만나더라도 절망하지 않고, '언젠가는 분명히 이 문제가 풀려진다.'는 긍정적인 생각과 슬기를 가졌습니다. 긍정적인 마음을 가질 때 창조적인 생각이 떠오르는 법입니다. 아무리 비상한 재주를 소유했다 하더라도 '나는 안 돼!' '절대로 안 돼!' 그렇게 생각하고 술이나 퍼 마시면 절대로 되는 일이 없습니다. '나는 해 낼 수 있다' '누군가 내게 도움도 줄 것이다!' 이렇게 생각하면, 살아가는 것이 즐겁고 길이 보입니다. 그래서 주님은 긍정적으로 '구하라!' '찾아라!' '두드리라!'고 말씀하신 것입니다.

사랑하는 성도 여러분! "호랑이에게 물려가도 정신 차리면 산다." 는 속담이 있습니다. 이것은 매사에 이성적인 판단을 강조합니다. 우리는 하나님 나라의 일꾼들입니다. 영혼구원을 받았으면 과거의 상처를 치유받으시고 깨끗이 잊으시고 긍정적인 슬기와 창조적인 능력을 가지세요.

· 함께 읽어요 : 창세기 39장 3-4절

"3 그 주인이 여호와께서 그와 함께하심을 보며 또 여호와께서 그의 범사에 형통케 하심을 보았더라. 4 요셉이 그 주인에게 은혜를 입어 섬기매 그가 요셉으로 가정 총무를 삼고 자기 소유를 다 그 손에 위임하니"

3. 지도자적 자질을 키워야 합니다(창 39:5-6, 41:38)

요셉은 자신의 어린 시절 상처 받은 마음을 범사에 함께 하시는 하나님의 손길을 체험하면서 깨끗이 씻어버렸습니다. 보디발의 인정을 받아 가정 총무를 맡았을 때에도 그는 오직 자기 직무에 충실할 뿐 주인 마님을 넘보지 않았습니다. 억울한 누명을 쓰고 감옥에 갇혔어도 구차하고 쓸데없는 변명으로 시간과 정력을 낭비하지 않았습니다. 오직 자신의 성결함을 유지하면서 전옥에게 은혜를 받을 만큼 그는 성실했고, 마음에 상처 받은 것을 오히려 앞으로 오는 세대를 위한 큰마음, 포용하는 마음으로 자신을 키워갔습니다.

이스라엘이 독일 나치스에게 무참하게 처형당할 때에 쉰들러는 그들의 한 생명 한 생명을 귀중하게 일터로 빼돌려 살려냈습니다. 그렇다면 이처럼 우리는 영혼구령의 열정을 가져야 합니다(딤후 4:2). 바울은 언제나 복음의 필요성을 역설하였고, 복음을 부끄러워하지 않았고, 수많은 영혼들을 구원해 냈습니다. 우리가 '성령이 임하시면 권능과 치유함을 받고 주님을 위한 증인이 될 수 있는 것'입니다(행 1:8). 지도자적인 꿈과 자질을 키워 훌륭한 지도자로 세움을 입으시기를 바랍니다.

· 함께 읽어요 : 창세기 39장 5절

"그가 요셉에게 자기 집과 그 모든 소유물을 주관하게 한 때부터 여호와께서 요셉을 위하여 그 애굽 사람의 집에 복을 내리시므로 여호와의 복이 그의 집과 밭에 있는 모든 소유에 미친지라."

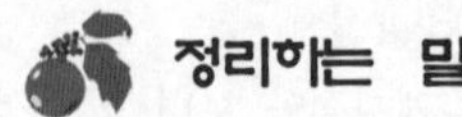

정리하는 말

사랑하는 성도 여러분! 여러분 중에 가정문제, 자녀문제, 취직문제, 남편이나 아내문제 없는 사람 어디 있겠습니까? 그러나 걱정하지 마십시오. 상처 받고 찢어진 마음도 성령으로 일깨워서 치유해 주실 것입니다. 주님을 믿고 긍정적인 사고와 창조적인 능력으로, 지도자적인 자질을 키워 가십시오. 영혼 구원의 열정을 가지시고 여러분들이 소속한 기관과 속회가 성장하기를 기도하십시오. 성령께서 다 이루어 주실 것입니다. 할렐루야!

평가와 결심

1. 상처 받은 마음의 치유를 위해서 첫째 무엇이 필요합니까?
   (창 37:9, 상한 마음을 잊고 믿음과 신념으로 채우세요)
2. 상처 받은 마음의 치유를 위해서 둘째 무엇이 필요합니까?
   (창 39:3-4, 긍정적인 슬기와 창조인 능력을 가지세요)
3. 상처 받은 마음의 치유를 위해서 셋째 무엇이 필요합니까?
   (창 39:5-6, 41:38, 지도자 적인 자질을 키우세요)

주간 경건의 시간 <10> · 날마다 말씀과 함께

요일 내용	월(Mon)	화(Tue)	수(Wed)	목(Thu)	금(Fri)	토(Sat)
찬송	412/ 469	413/ 470	204/ 379	216/ 356	357/ 397	263/ 197
성경	창 34:	창 35:	창 36:	창 37:	창 38:	창 39:
적용	디나가 욕을 당함	말씀 하시던 곳	에서의 후손들	요셉의 꿈	유다와 다말	요셉과 함께 하심으로

* 교육은 인격형성을 목적으로 한다. <허버트 스팬서, 1820-1903, 영국 철학자>

3단원 구령 열심의 달

제11과

영적건강 회복하자

찬송 / 208, 508, 510/ 통 246, 270, 276

성경 / 이사야 40:27-31

요절 / 이사야 40:31

"오직 여호와를 앙망하는 자는 새 힘을 얻으리니 독수리의 날개 치며 올라감 같을 것이요 달음박질하여도 곤비치 아니하겠고 걸어가도 피곤치 아니하리로다."

목표/ 교회와 개인의 영적 건강을 회복하게 한다.

시작하는 말

우리는 지금 격동기를 살고 있다고 해도 과언이 아닙니다. 시대가 급변하고, 이데 오르기 전쟁에서 이제는 경제전쟁에 돌입했습니다. 그래서 경제적인 이익만 된다면 어제의 적(敵)이 친구가 되어질 수도 있습니다. 현대를 살아가는 신앙인들이 영적 건강을 회복하지 않고는 자신의 믿음을 지키기 어렵습니다. 오늘 본문은 이스라엘 백성들에게 '여호와를 앙망하라'고 했습니다. 이 말은 여호와를 의지하면 새 힘을 얻고 영적 건강을 회복하게 되어 새 힘을 얻는다는 말씀입니다.

오늘의 말씀

1. 여호와를 앙망한다는 말은 무슨 뜻입니까?(히 12:1)

이사야 선지자는 "오직 여호와를 앙망하는 자는 새 힘을 얻으리니 독수리의 날개 치며 올라감 같을 것이요 달음박질하여도 곤비치 아니하겠고 걸어가도 피곤치 아니하리로다." 라고 말씀했습니다. 여기 여호와를 앙망한다는 말은 ① 신앙을 의미합니다. 우리 인간은 연약합니다. 인간의 의지로는 아무 것도 변화시킬 수 없으며, 연장 시킬 수 없습니다. 그러나 여호와를 바라보며 의지할 때 우리는 강한 능력을 얻을 수 있습니다. 신앙의 힘은 위대한 것입니다. ② 소망을 가지라는 말입니다. 인생은 희망을 먹고 사는 것입니다. 그래서 히브리서 6장 19절에는 "소망은 영혼의 닻이라" 고 했습니다. ③ 주님을 바라보고 주님을 따라야 된다는 말씀입니다. 사랑하는 성도 여러분! 의의 태양이신 주님을 앙망하고, 낮아지신 주님을 따라 온유하고 겸손하며, 섬기는 자세로 주님을 따르시기를 바랍니다.

· 함께 읽어요 : 히브리서 12장 1절

"믿음의 주요 또 온전케 하시는 이인 예수를 바라보자 저는 그 앞에 있는 즐거움을 위하여 십자가를 참으사 부끄러움을 개의치 아니하시더니 하나님 보좌 우편에 앉으셨느니라."

2. 여호와를 앙망한 결과는 새 힘을 얻습니다(사 40:31)

오직 여호와를 앙망하는 것이 신앙이며 새 힘을 얻는 비결입니다. 새 힘을 얻는 신앙은 ① 인내의 신앙입니다. 여호와를 앙망하는 신앙은 역경과 어려움을 이겨냅니다. 어떤 정황에서도 흔들리지 않습니다. ② 순종의 신앙입니다. 순종(헬라어 προσδέχομαι)이란 말은 '받아들이다' 즉 하나님께로부터 축복을 받는다는 뜻입니다. 인간은 원래 갈대와 같은 연약한 존재입니다. 재료가 흙이요, 먼지인 것입니다. 하나님의 손에서 빚어져 코에 생기를 불어 넣을 때 '생령'(living soul)이 된 것입니다. 새 힘을 얻는 비결은 바로 겸손히 여호와를 앙망하는 것입니다. 사랑하는 성도 여러분! 여호와를 앙망하시기 바랍니다. 식물이 태양을 바라보면서 생명을 소생케 하듯이 여호와 하나님을 앙망하시기를 바랍니다.

· 함께 읽어요 : 이사야 40장 31절
"오직 여호와를 앙망하는 자는 새 힘을 얻으리니 독수리의 날개 치며 올라감 같을 것이요 달음박질하여도 곤비치 아니하겠고 걸어가도 피곤치 아니하리로다."

3. 영적 건강을 얻은 결과는 어떤 것입니까?(엡 4:15)

봄날에 아직 찬 기운이 대지를 덮을 때 일찍이 고치를 뚫고 나온 아주 갓 나온 나비를 보신 적이 있으십니까? 날갯짓을 해도 버겁기만 합니다. 아직 훈련을 받지 아니한 새들의 날개는 거추장스러운 존재일 뿐입니다. 그러나 그 날개가 훈련과 단련을 받아 후에 광풍이 몰아칠 때 날갯짓을 하지 않고는 어디론지 나뒹그러질 그런 상황에서 새들의 날개는 그 무엇보다 귀중하고 유용한 기구인 것입니다.

우리는 영적인 건강을 회복하여 새 힘을 얻지 않고는 새로운 생활을 할 수 없습니다. 여러분! 실망을 이기는 소망을 가지십시오. 내일에 대한 기대와 희망을 가지십시오. 본문을 보십시오.

새 힘은 얻은 생활이란 ① 걸어가는 생활입니다. 인내, 순종, 겸손으로 주님의 발자취를 따라가서 인생의 길을 쉼 없이 전진하는 신앙생활입니다. ② 달음질하는 생활입니다. 세월을 아끼고 땀 흘리며 노력하는 생활입니다. ③ 날개 치며 올라가는 생활입니다. 이 날개는 믿음과 희망의 날개, 용기의 날개, 사랑의 날개, 기도의 날개요 찬양과 기쁨의 날개인 것입니다. 신령한 세계를 향해 올라가는 신비로운 영적생활입니다. 이 신앙의 날개로 그리스도에게까지 자라가도록 하는 것입니다. 성경말씀 교육을 통해서 건강한 하나님의 백성으로 양육 받아 지(知), 정(情), 의(意)의 전인격(全人格)이 그리스도에게까지 자라가야 하는 것입니다.

· 함께 읽어요 : 에베소서 4장 15절
"오직 사랑 안에서 참된 것을 하여 범사에 그에게까지 자랄지라. 그는 머리니 곧 그리스도라."

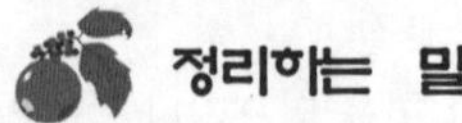

정리하는 말

사랑하는 성도 여러분! 영적건강 회복하려면 무엇보다도 주님을 믿고 소망하면서 주님만을 바라보고 따를 때에 가능합니다. 여호와를 앙망하십시오. 온전케 하시는 예수를 바라보십시오. 영적으로 건강해지고, 새 힘을 얻게 될 것입니다. 믿음과 희망의 날개, 사랑의 날개, 기도와 찬양의 날개를 펴 훨훨 날면서 성숙된 크리스천, 전인격적 크리스천으로 영적건강을 회복하시기를 간절히 기원합니다.

평가와 결심

1. 영적 건강회복에 필요한 것이 무엇입니까?
   (사 40:31, 여호와를 앙망해야 함)
2. 여호와를 앙망한 결과로 어떤 신앙이 됩니까?
   (① 인내의 신앙, ② 순종의 신앙이 됨)
3. 새 힘을 얻은 결과로 어떤 모습의 생활이겠습니까?
   (① 걸어가는 생활, ② 달음질하는 생활, ③ 올라가는 생활)

주간 경건의 시간 <11> · 날마다 말씀과 함께

요일 / 내용	월(Mon)	화(Tue)	수(Wed)	목(Thu)	금(Fri)	토(Sat)
찬송	494/ 188	495/ 271	496/ 260	498/ 275	499/ 277	500/ 258
성경	사 39:	사 40:	사 41:	사 42:	사 43:	사 44:
적용	바벨론 특사	여호와의 영광	두려워 말라	상한 갈대를	너는 내 것이라	택한 여수룬아

* 내가 복음을 전하지 않으면 지옥에 가리라.

<윌리엄 A(빌리) 선데이(1863-1935) 미국 전도사>

3단원 구령 열심의 달

육적건강을 회복하자

찬송 / 208, 508, 510/ 통 246, 270, 276

성경 / 열왕기하 20:1-11

요절 / 시편 107:19-20

"19 이에 저희가 그 근심 중에서 여호와께 부르짖으매 그 고통에서 구원하시되
20 저가 그 말씀을 보내어 저희를 고치사 위경에서 건지시는 도다."

목표/ 교회 성도들의 육적 건강을 회복하게 한다.

시작하는 말

오늘날 의학과 과학이 발달하여 인간의 수명이 연장되고 건강하게 되었지만 질병은 여전히 인간의 생명을 위협하고 있습니다. 그렇게 의학이 발달되고, 의료보험제도가 밑받침 해준다 해도 평생을 침대에서 살아가는 사람도 있습니다. 본문의 히스기야 왕은 유대나라 왕이었습니다. 그가 "네가 죽고 살지 못하리라"는 절망적인 통보가 우리를 놀라게 합니다. 그가 어떤 상황에 처했으며, 그러한 절망적인 처지에서 어떻게 구원받았는가를 통하여, 오늘날 우리들도 약해진 육적 건강을 회복하는 방법을 알고, 힘차게 봉사할 수 있는 새 힘을 얻으시기 바랍니다.

오늘의 말씀

1. 히스기야 왕이 죽을병이 들었습니다(왕하 20:1)

히스기야는 천하에 부러운 것 없는 왕의 권좌에 있었습니다. 그러나 병에 걸렸습니다. 히스기야 왕의 병이 어떤 병이었는지 자세한 언급이 없어서 분간하기 어렵지만 그의 병은 '불치의 병'이었습니다. "여호와의 말씀이 너는 집을 처치하라 네가 죽고 살지 못하리라."고 했습니다. 죽을 병에는 왕이건 평민이건 구별이 없습니다. 왕이었지만 죽음을 선고받은 사형수나 다름이 없었습니다. 특히 집을 처치하라는 말씀은 유언도 하고, 왕위 계승을 누구에게 할 것인가도 생각하여, 죽기 전에 정리할 일들을 처리하라는 뜻입니다. 그야말로 히스기야 왕은 죽을 시간만 기다리고 있는 가련한 인생이 된 것입니다.

· 함께 읽어요 : 열왕기하 20장 1절

"그 때에 히스기야가 병들어 죽게 되매 아모스의 아들 선지자 이사야가 저에게 나아와서 이르되 여호와의 말씀이 너는 집을 처치하라 네가 죽고 살지 못하리라 하셨나이다."

2. 히스기야는 죽음의 통고를 받고 기도했습니다(왕상 20:2-3)

히스기야는 죽을병에 걸렸고, 하나님은 이사야 선지자를 통하여 히스기야에게 '너는 집을 처치하고 내가 죽고 살지 못하리라'는 말을 전했습니다. 이 말을 들은 왕은 즉각적으로 얼굴을 벽으로 향하고 통곡하면서 하나님의 자비하심을 구했습니다. 평상시 병이 들지 않았을 때나 삶이 순탄할 때는 기도가 아무 것도 아닌 것 같습니다. 그러나 위기에 처해서 구하는 힘은 기도에서 나옵니다. 히스기야 왕은 평소에 기도 응답을 체험한 사람이었습니다. '네가 죽고 살지 못하리라'는 충격적인 말을 듣고서 즉각적으로 기도하였다는 사실이 증거 해 줍니다. 히스기야는 막연한 기도가 아니라, 첫째, 낯을 벽으로 향하고 여호와께 기도했습니다(2절). 침상에서 벽을 향한 그 방향은 그가 그렇게 그리던 성전이었다는 사실입니다. 둘째, 진실과 전심으로 하나님을 사랑했습니다(3절). '주 앞에 행하여 주의 보시기에 선하게 행한 것을 기억하소서.'라고 기도했습니다. 셋째, 통곡하며 기도했습니다(3절). 그의 눈물은 그의 진실이었으며, 하나님을 향한 간절한 고백이요, 표현이었습니다.

· 함께 읽어요 : 열왕기하 20장 3절
"여호와여 구하오니 내가 진실과 전심으로 주 앞에 행하며 주의 보시기에 선하게 행한 것을 기억하옵소서하고 심히 통곡하더라."

3. 하나님께서 히스기야 기도를 즉각 응답해 주셨습니다(왕하 20:8-11)

선지자 이사야가 히스기야 왕에게 '네가 죽고 살지 못하리라'는 말을 전한 후, 왕궁에서 아직 성읍에 이르기 전에 하나님은 이사야를 다시 불러 왕에게 가서 고하라고 했습니다. 즉각 응답해 주신 것입니다.

하나님은 히스기야의 간절한 기도와 눈물을 보시고 긍휼히 여긴 것입니다. 참으로 귀한 응답이었습니다. 또한 3일 만에 여호와의 전에 올라가리라는 응답을 받았습니다. '너는 병이 낫게 되고 기력을 회복하려면 3일이 걸릴 것이다. 너는 병상에서 일어나자마자 성전에 올라갈 것이다.'라는 응답을 받았습니다. 뿐만 아니라 15년의 생명을 연장해 주셨습니다. 시한부지만 그에게는 덤으로 주어진 생명이었습니다. 당시 국제 정세나 유대 나라 국내 정세로 보아 히스기야 왕이 죽어서는 안 될 상황이었습니다. 히스기야는 15년을 더 살아야 할 이유가 분명히 있었던 것입니다.

사랑하는 성도 여러분! 여러분에게 절망적인 고난이 닥쳐왔습니까? 히스기야처럼 하나님 앞에 기도를 드리시기 바랍니다. 그리하여 절망의 벽을 넘게 하시는 하나님의 능력과 구원을 바라보시기 바랍니다.

· 함께 읽어요 : 에베소서 4장 15절
"2 일을 행하는 여호와, 그것을 지어 성취하는 여호와, 그 이름을 여호와라 하는 자가 이같이 이르노라 3 너는 내게 부르짖으라. 내가 네게 응답하겠고 네가 알지 못하는 크고 비밀한 일을 네게 보이리라."

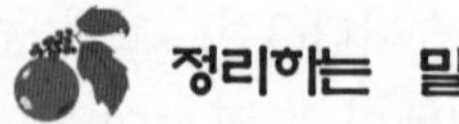

정리하는 말

사랑하는 성도 여러분! 히스기야가 처한 극한 고난과 질병은 여러분에게도 다가올 수 있습니다. 그렇지만 주안에서 믿음의 날개, 사랑의 날개, 기도의 날개로 뛰어넘을 수 있기를 바랍니다. 회개의 기도, 벽을 향한 간절한 기도로 하늘 보좌를 움직이시기 바랍니다. 그리하여 여러분들의 육적인 건강의 회복과 간구하는 소원들을 이루시기 바랍니다.

평가와 결심

1. 히스기야 왕이 처한 위기는 무엇이었습니까?(왕하 20:1)
(병들어 죽게 되었음)
2. 히스기야는 이러한 문제를 어떻게 대처했습니까?
(①낯을 벽으로 향해 기도 ②진실과 전심으로 ③통곡하며 기도)
3. 히스기야의 기도의 결과는 어떻게 되었습니까?
(① 눈물의 기도 들으심 ② 3일 만에 성전에 올라감 ③ 15년 생명 연장 받음)

주간 경건의 시간 <12> · 날마다 말씀과 함께

요일 / 내용	월(Mon)	화(Tue)	수(Wed)	목(Thu)	금(Fri)	토(Sat)
찬송	494/ 188	495/ 271	496/ 260	498/ 275	499/ 277	500/ 258
성경	왕하 19:	왕하 20:	왕하 21:	왕하 22:	왕하 23:	왕하 24:
적용	여호와 앞에 놓고	히스기야 기도	가증한 므낫세왕	요시야 왕	언약 책 읽음	여호야김 왕

* 교육은 인간을 만든다. <J. 코던>

3단원 구령 열심의 달

제13과 전도 열정을 회복하자

찬송 / 211, 212, 213/ 통 346, 347, 348
성경 / 딤후 4:1-5
요절 / 딤후 4:5
"그러나 너는 모든 일에 근신하여 고난을 받으며 전도인의 일을 하며 네 직무를 다하라"
목표/ 주님을 사랑하는 마음으로 전도하는 열정과 힘을 기른다.

시작하는 말

세계의 종교를 살펴보면, 포교의 열정을 상실한 종파나 교단은 결국은 문을 닫았습니다. 본문 말씀은 사도 바울이 사랑하는 믿음의 아들 디모데에게 마지막으로 말씀을 전파하는 일에 네 직무를 다하라고 엄히 명하고 있는 말씀입니다. 뿐만 아니라 전도인의 직무를 다하기 위해서 가져야 하는 복음전파의 자세에 대해서도 자세히 밝혀 주고 있습니다. 주님께서도 승천하시기 직전 제자들에게 지상 대 명령 "만민에게 복음을 전파하라"(막 16:15)고 명하셨습니다. 따라서 그리스도의 보배로운 피로 구속함을 받은 우리 성도가 해야 할 시급한 과제가 있습니다. 그것이 무엇입니까?

오늘의 말씀

1. 항상 복음을 전파해야 합니다(딤후 4:1-2)

본문 2절 말씀에 '때를 얻든지 못 얻든지 항상 힘쓰라'고 했습니다. 이 말씀은 복음을 전파하는 데는 이것저것 따지거나 핑계를 대지 말고 실천하라는 말씀입니다. 흔히들 시간이 없어서 전도를 못한다고 합니다. 주님께서는 "도적같이 오신다."(계 3:3)고 하셨으니, 언제 주님이 오실지 모릅니다. 그러므로 우리는 죽어가는 영혼을 구하기 위해 긴급하게 복음을 전해야만 합니다. 바울은 "하나님 앞과 산 자와 죽은 자를 심판하실 그리스도 예수 앞에서 그의 나타나실 것과 그의 나라를 두고 엄히 명하노니"(1절)라고 말씀했습니다. 이것은 산 자와 죽은 자를 심판하실 심판자의 자격으로 복음전파의 사명을 명하신 명령입니다. 그러므로 사랑하는 성도 여러분! 어떤 일이 있어도 이 명령에 순종하는 마음으로 항상 복음전파 하시기를 바랍니다.

· 함께 읽어요 : 고린도전서 9장 16절
"내가 복음을 전할지라도 자랑할 것이 없음은 내가 부득불 할 일임이라 만일 복음을 전하지 아니하면 내게 화가 있을 것임이 로라."

2. 칭송 받는 전도자가 되어야 합니다(마 23:12)

여러분도 칭송 받는 전도자가 되고자 하면 친절을 베푸십시오. 친절한 미소는 돈보다 상대방에게 기쁜 '마음의 꽃'을 선물하는 것입니다. 그러므로 상대방에게 진정으로 좋아하는 마음을 품고, 친절한 미소를 지으며, 세심한 배려를 갖고, 겸손하여야 합니다. 내가 교만하면 상대방이 나를 낮출 것이며, 내가 겸손하면 상대방이 나를 높여 줄 것입니다. 때문에 진실로 사랑하는 마음을 가지고, 도와주며 전도해야 합니다. 그렇게 할 때, 깊은 감동을 주게 될 것입니다.

전도는 주 예수 그리스도만 내세우고 전도자는 겸손히 뒤에 숨어야 합니다. 그래야 주 예수 그리스도의 복음이 확실하게 전해지는 것입니다. 여러분도 좋은 인상으로 칭송받는 전도자가 되시기를 바랍니다.

· 함께 읽어요 : 마태복음 23장 12절, 11장 29절

"12 누구든지 자기를 높이는 사람은 낮아지고 자기를 낮추는 사람은 높아진다." "29나는 마음이 온유하고 겸손하니 나의 멍에를 메고 내게 배우라 그러면 너희 마음이 쉼을 얻으리니"(마11:29)

3. 지혜롭게 전도해야 합니다(딤후 3:16-17)

여러분! 주님은 제자들을 파송하면서 "뱀 같이 지혜롭고, 비둘기 같이 순결 하라."고 말씀했습니다. 우리가 복음을 전할 때 먼저 하나님의 지혜를 구해야 합니다. 그리고 사람들이 받아들일 수 있도록 최선의 방법을 강구해야 합니다. 먼저 범사에 오래 참음으로 복음을 전파해야 합니다. 왜냐하면 복음전파에는 많은 어려움과 도전과 애로가 있을 뿐 아니라 전도의 효과는 쉽게 나타나지 않고 아무런 성과도 없는 것 같아 포기하고 싶은 마음이 들 때도 있기 때문입니다.

또한 '가르침으로 경책하며 경계하며 권하는 일'을 해야만 합니다. 즉 죄인을 경책하며 바른 길로 이끌어 주어야 합니다. 뼈저린 회개를 할 수 있도록 책망하는 일도 주저하지 말아야 합니다(딤후 3:16). 그러나 동시에 사랑으로 용기도 주어야 합니다. 용기를 북돋아 주는 일이 곧 생명을 살리는 일이요, 사랑만이 닫힌 마음을 열 수 있게 하기 때문입니다.

· 함께 읽어요 : 디모데후서 3장 16-17절

"16 모든 성경은 하나님의 감동으로 된 것으로 교훈과 책망과 바르게 함과 의로 교육하기에 유익하니 17 이는 하나님의 사람으로 온전케 하며 모든 선한 일을 행하기에 온전케 하려 함이니라."

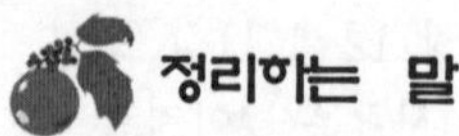

정리하는 말

사랑하는 성도 여러분! 주님께서는 온 천하보다 한 영혼을 더욱 소중히 여기십니다. 그러므로 우리는 주님의 제자로서 언제든지 복음을 전해야 합니다. 늘 기도와 연구를 게을리 하지 않고, 먼저 하나님께 지혜를 구하면서, 하나님 앞에서 겸손하여서, 인내함과 가르침, 그리고 경책과 경계, 권면함으로 전도와 복음의 열매를 맺어야 합니다. 그리하여 전도인의 직무를 다하는 '전도의 열정'을 회복하시기를 바랍니다.

평가와 결심

1. 복음은 언제 전해야 합니까?
   (딤후 4:2, 때를 얻든지 못 얻든지 항상 전해야 함)
2. 호감 받는 전도인의 요소가 무엇입니까?
   (①친절함 ②겸손함 ③진실함 ④첫 인상이 좋아야 함)
3. 지혜롭게 전파하는 방법이 무엇입니까?
   (딤후4:2, ①오래 참음 ②가르침으로 경책, 경계, 권하는 일)

주간 경건의 시간 <13> · 날마다 말씀과 함께

요일 / 내용	월(Mon)	화(Tue)	수(Wed)	목(Thu)	금(Fri)	토(Sat)
찬송	502/ 259	524/ 313	523/ 262	538/ 327	536/ 326	529/ 319
성경	딤전 5:	딤전 6:	딤후 1:	딤후 2:	딤후 3:	딤후 4:
적용	가족을 돌아봄	선한 사업 부해야함	안수함	좋은 군사	배우고 확신	말씀을 항상 전파

* 인생은 선을 실현하기 위하여 만들어졌다.

<임마누엘 칸트, 1724-1804, 독일 철학자>

4단원 교회 치유의 달

교회사랑 회복하자

찬송 / 208, 207, 210/ 통 246, 243, 245

성경 / 시편 84:1-12

요절 / 시편 84:4

"주의 집에 거하는 자가 복이 있나이다. 저희가 항상 주를 찬송하리이다."

목표/ 교회사랑 회복하여 주의 몸 된 교회를 사랑하는 태도를 기른다.

시작하는 말

시편 150편중에서도 유명한 시편이며 성전을 사모하는 마음으로 기록한 시입니다. 시편 84편은 '고라 자손의 시'로서 하나님의 성소의 아름다움을 노래하고 있습니다. 이 성전은 영적으로 천국을 상징합니다. 거칠고 황량한 세상이란 들판에 서서 아늑하고 정이 넘치는 영원한 천국을 사모한 애틋한 심정이 잘 나타나 있습니다. 교회는 영원한 천국의 모델입니다. 우리는 교회 사랑을 회복해야 합니다. 성전이 하나님의 은총을 받는 곳이었듯이 교회는 주님이 사랑하셔서 '피로 사신 교회'입니다. 하나님이 자기 피로 사신 교회를 치게 하셨습니다(행 20:28).

오늘의 말씀

1. 교회를 사랑하고 사모해야 합니다(시 84:1-4)

본문에서 시인은 성전에 대하여 두 가지로 표현했습니다. 첫째는 주의 장막이요, 둘째는 여호와의 궁정이라고 했습니다. 주의 장막은 모세가 광야에 머무를 때, 쳤던 장막 속에 하나님의 성소가 있음을 가리킵니다. 비록 소박한 것이었지만 하나님의 성소가 있는 성전이었습니다. 하나님의 궁전은 솔로몬 왕이 지은 웅장한 성전을 말합니다. 이 시인은 성전을 여호와를 모신 곳, 우리 믿음의 초점, 신앙의 중심점, 하나님과 만나는 곳으로써 사랑하고 사모했습니다. 그렇습니다. 광야와 같은 세상에서 우리의 영혼이 쉬고 피할 곳은 오직 주님의 몸 된 교회요, 예배드리는 곳인 예배당인 것입니다. 그러므로 진정한 성도라면 주님의 몸 된 교회를 사랑하고 사모해야 합니다.

· 함께 읽어요 : 시편 84편 1-2절
"1 만군의 여호와여 주의 장막이 어찌 그리 사랑스러운지요. 2 내 영혼이 여호와의 궁정을 사모하여 쇠약함이여 내 마음과 육체가 생존하시는 하나님께 부르짖나이다."

2.. 우리의 마음에 하나님을 향한 대로가 열려야 합니다(시 84:5-7)

영적인 의미에서 인간의 진정한 만족과 기쁨은 하나님의 집, 하나님의 품에 안기는 것이라고 하겠습니다. 최대의 행복과 축복은 하나님과 함께 살아가는 것입니다. 그런데 세상에 우리의 영혼이 안식할 수 있는 곳은 하나님을 만나 예배드리고, 찬송과 기도를 드림으로써 즐겁게 헌신하며 하나님과의 교제가 이루어지는 곳입니다. 여호와 하나님께서는 솔로몬에게 "내가 너의 건축한 이 전을 거룩하게 구별하여 나의 이름을 영영히 그곳에 두며 나의 눈과 나의 마음이 항상 거기 있으며"(왕상 9:3)라고 말씀하셨습니다. 성전은 하나님이 함께하시는 '마음의 대로가 열린 곳'입니다. 마음의 대로란 정중한 마음으로 하나님이 함께하시는 하나님을 향한 인간의 마음상태를 말해 줍니다. 이 마음의 대로는 기도의 교통을 배가시켜 줍니다. 기도하는 자의 마음은 언제나 하나님으로부터 오는 위로와 평강이 있기 때문에 평안을 만들고 원망을 불식시킵니다. 시편의 시인처럼 하나님을 향한 마음의 대로가 열려 항상 힘을 얻고 새로운 마음으로 구령(救靈) 사업의 사명을 다하시기를 바랍니다.

· 함께 읽어요 : 시편 84편 5절
"주께 힘을 얻고 그 마음에 시온의 대로가 있는 자는 복이 있나이다."

3. 교회를 사랑하는 모본을 보여야 합니다(시 8:5~8, 눅 11:13)

여러분! 인생의 가장 멋진 삶은 서로의 관계가 화목하고 화해하며 살아가는 것입니다. 또한 신앙생활에서 교회를 사랑하는 자의 가장 중요한 특징의 하나는 하나님과의 화해를 이뤄 살아가는 삶입니다. 시인은 하나님과의 영적 소통이 잘 이루어지고 있다는 사실을 감지했습니다. 본문 8절을 보면. "만군의 하나님 여호와여 내 기도를 들으소서. 야곱의 하나님이여 귀를 기울이소서."라고 기도합니다. 야곱의 하나님이란 하나님의 축복을 기어코 받아낸 야곱의 기도를 염두에 둔 말입니다. 그러므로 서슴없이 "하나님이여! 내 기도를 들어 주시옵소서."라고 부르짖은 것입니다. 그리고 "자기를 살펴보아 주시옵소서." 라고 했던 것입니다. 시인은 장수의 축복보다 더 귀한 복은 하나님의 성전에 거하는 것임을 깨달았습니다. 이 생활은 하나님과 참된 교제의 생활입니다. 그러므로 악인의 장막에서 호사를 누리는 것보다 하나님의 성전의 문지기로 사는 것이 더 행복하다고 고백했습니다. 우리의 신앙생활은 성전을 통한 성령을 체험하는 삶이 되어야 합니다. 그러할 때, 하나님을 향한 간절한 기도가 응답되며 하나님과의 사랑의 대화가 항상 형통하게 될 것입니다.

· 함께 읽어요 : 누가복음 11장 13절
"너희가 악할지라도 좋은 것을 자식에게 줄줄 알거든 하물며 너희 천부께서 구하는 자에게 성령을 주시지 않겠느냐 하시니라."

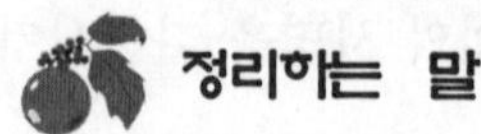

정리하는 말

사랑하는 성도 여러분! 주님께서 온 천하보다 여러분들의 한 영혼을 더욱 귀중하게 여기십니다. 그래서 십자가에서 우리를 구원하시고, 자기 피로 교회를 사신 것입니다. 그리고 우리 성도들에게 기쁨과 사랑의 대화를 위해 은혜와 대화의 광장으로 내어주시고, 그 교회를 사랑하셨습니다. 우리도 교회에 모이는 교우들을 사랑합시다. 교회를 사랑하심으로 시온의 대로가 열려 성령하나님의 능력 받아, 전도하고 기도합시다. 그리하여 교회부흥과 성장의 역군들이 되시기를 간절히 바랍니다.

평가와 결심

1. 우리가 왜 교회를 사랑해야 합니까?
   (시 84:1-2, 교회는 주의 장막이요, 여호와의 궁정이기 때문)
2. 하나님의 교회가 왜 복이 되며, 축복의 통로가 됩니까?
   (시 84:5, 하나님을 향한 마음의 대로가 열려있기 때문)
3. 교회를 사랑하는 자에게 주시는 복이 무엇입니까?
   (시 84:5-8, 기도를 응답해 주시고 들어주심)

주간 경건의 시간 <14> · 날마다 말씀과 함께

요일 / 내용	월(Mon)	화(Tue)	수(Wed)	목(Thu)	금(Fri)	토(Sat)
찬송	502/ 259	524/ 313	523/ 262	538/ 327	536/ 326	529/ 319
성경	시 82:	시 83:	시 84:	시 85:	시 86:	시 87:
적용	빈궁한 자	하나님의 목장	여호와의 궁정	좋은 것을	내게 응답 하소서	시온의 문들

* 지옥은 훌륭한 변명과 핑계와 소원으로 가득 찬 곳이다.

<조지 허버트, 1593-1633, 영국의 신학자, 성직자, 시인>

4단원 교회 치유의 달

제15과

충성을 회복하자

찬송 / 284, 292, 280/ 통 206, 415, 338

성경 / 고린도전서 4:1-2

요절 / 고린도전서 4:2

"그리고 맡은 자들에게 구할 것은 충성이니라."

목표/ 성도로서 교회와 하나님 나라에 대한 충성을 회복한다.

시작하는 말

본문 2절에서 "맡은 자들에게 구할 것은 충성이라"고 말씀했습니다. 본문에서 말하는 '맡은 일'이라는 것은 하나님의 일이요, 교회 일을 가리킵니다. 우리가 맡아 봉사하고 헌신하는 모든 교회 사역은 크고 작은 일이 없고 중요하고 덜 중요한 일이 없습니다. 모두 소중하고 귀한 일입니다. 때문에 우리의 자세는 맡은 일에 충성된 사람이 되는 것입니다. 맡은 바 직분에 대한 충성은 주님 사랑의 정도를 보여주는 것입니다. 주님께서 우리를 향한 십자가 사랑은 2,000년 전이나 지금이나 변함없이 뜨겁습니다. 우리의 충성도 주님의 사랑을 닮아야 합니다. 여러분! 처음 사랑과 충성을 회복하시기를 바랍니다.

오늘의 말씀

1. 성도들에게 각자 맡은 일이 있습니다(고전 12:26-28)

리빙스턴은 각자의 "사명을 다하기 전에는 결코 죽지 않는다."고 했습니다. 인생은 누구에게나 태어날 때부터 각자의 맡은 사명이 있습니다. 그 사명을 다하라고 성령께서는 은사를 주십니다. 그러므로 바울 사도는 성도들이 받은 은사를 몸의 지체로 비유하고 있습니다. 손은 손으로서의 사명을 다하고, 눈과 귀와 입은 각자가 맡은 은사대로 봉사하게 되어 있습니다. 손이 발을 판단할 수 없고 눈과 귀와 입이 서로 판단할 수 없습니다. 이와 같이 교회의 사역도 자기 은사대로 또 자기 맡은 일에 최선을 다하고 충성된 사람이 되어야 합니다. 충성된 일꾼이 되기 위해서 먼저 필요한 조건이 그의 신앙과 경건성입니다. 믿음과 경건성이 병행하지 않는 충성이나 헌신은 허공을 치는 의미가 없는 것입니다.

교회의 사명은 개인이 혼자서 주의 일을 하는 것이 아니라 각자 지체들이 협력하여 함께 일하기 때문에 친교와 조화가 병행되어야 합니다. 교회의 발전과 부흥을 위해 각자 맡은 일에 충성된 사람이 되라는 말입니다. 따라서 교회와 하나님 나라에 대한 충성을 회복해야 합니다.

· 함께 읽어요 : 고린도전서 12장 26-27절

"26 만일 한 지체가 고통을 받으면 모든 지체도 함께 고통을 받고 한 지체가 영광을 얻으면 모든 지체도 함께 즐거워하나니 27 너희는 그리스도의 몸이요 지체의 각 부분이라."

2. 충성에는 몇 가지 원칙이 있습니다(마 25:20-23)

성경에는 충성에 대한 여러 가지 교훈이 있습니다.

첫째, 작은 직분에 충성하면 큰 직분에도 충성합니다. 젊은 때는 작은 일이 맡겨지고, 충성됨을 보고 큰일을 맡기십니다. 요셉이 작은 일에 충성하였더니 큰일을 맡겨주신 것처럼 말입니다.

둘째, 그리스도인은 끝까지 충성해야 합니다. 잠간 동안의 충성은 쉽지만 얼마나 오래 충성해야 하느냐가 문제입니다. 끝까지 충성하는 자에게 칭송과 결실이 있게 됩니다.

셋째, 환경을 초월해서 충성해야 합니다. 봄, 여름날에는 송죽의 절개를 모릅니다. 엄동설한 백설이 온 누리를 덮을 때 송죽의 절개가 나타납니다. 가난해야 어진 아내를 알 수 있는 것입니다. 나라가 어지러울 때 어진 재상을 알아본다는 것입니다. 교회도 어려운 일이 있을 때 충성된 자가 필요합니다. 열심과 충성을 회복하여 교회성장의 기수가 되세요.

· 함께 읽어요 : 마태복음 25장 21절
"그 주인이 이르되 잘 하였도다 착하고 충성된 종아 네가 작은 일에 충성하였으매 내가 많은 것으로 네게 맡기리니 네 주인의 즐거움에 참예 할지어다 하고"

3. 맡은 자들은 어떤 일에 충성해야 합니까?(계 2:10)

세상에 태어난 모든 인생에게는 맡은 일이 있습니다. 각자에게 맡겨진 일에 충성을 다해야 합니다.

첫째, 먼저 자기 자신에게 충성해야 합니다. 자기 자신의 신앙과, 맡은 사명을 위해, 맡은 직분을 위해, 자기 가정을 위해, 자기 직업을 위해 충성해야 합니다. 자기 자신에게 충성을 다 할 때, 더 큰 일을 맡을 수 있는 소망이 있는 것입니다.

둘째, 하나님께 충성해야 합니다. 큰일, 작은 일, 어떤 일에도 성령님의 세미한 음성을 듣고, 순종하고 충성해야 합니다.

셋째, 교회에 충성해야 합니다. 교회를 살피는 일에 충성해야 합니다. 모세를 돕던 아론과 훌처럼 목회자들을 돕는 일에 충성해야 합니다.

넷째, 성경말씀에 충성해야 합니다. 다윗은 어릴 적에 목동으로 충성하였고, 전쟁터에서는 군인으로서, 왕이 된 후에는 왕으로서 충성하여 하나님 마음에 합한 자가 되었습니다. 늘 하나님께 묻고 아뢰어 그 말씀에 충성한 것입니다. 여러분! 맡은 자의 구할 것은 충성입니다. 충성된 믿음의 귀한 주인공들이 되시기 바랍니다.

· 함께 읽어요 : 요한계시록 2장 10절
"네가 장차 받을 고난을 두려워 말라 볼지어다. 마귀가 장차 너희 가운데서 몇 사람을 옥에 던져 시험을 받게 하리니 너희가 십일 동안 환난을 받으리라 네가 죽도록 충성하라 그리하면 내가 생명의 면류관을 네게 주리라."

정리하는 말

사랑하는 성도 여러분! 오늘날 우리 성도들에게 요구되는 것은 주님의 은혜에 감사하여, 죽도록 충성하는 것이요, 식었던 충성을 회복하는 일입니다. 나의 자존심, 자랑, 권위 다 버리고, 오직 주님의 일꾼으로서, 겸손히 주님의 교회를 섬겨야 합니다. 따라서 서로가 합력하여 교회를 향한 그 열심, 그 사랑, 그 충성의 꽃을 피우시기 바랍니다.

평가와 결심

1. 맡은 자들에게 구할 것은 무엇입니까?(고전 4:2, 충성)
2. 충성의 원칙에는 무엇이 있습니까?
   (①작은 일에 충성 ②끝까지 충성 ③환경을 초월해서 충성)
3. 맡은 자들은 누구에게 어떤 충성을 다해야 합니까?
   (①자신에게 충성 ②하나님께 충성 ③교회에 충성④말씀에 충성)

주간 경건의 시간 <15> · 날마다 말씀과 함께

요일 / 내용	월(Mon)	화(Tue)	수(Wed)	목(Thu)	금(Fri)	토(Sat)
찬송	92/ 97	90/ 98	219/ 279	182/ 169	521/ 253	564/ 299
성경	고전 2:	고전 3:	고전 4:	고전 5:	고전 6:	고전 7:
적용	성령의 나타남	터는 그리스도	능력에 있느니라	유월절 양	성령의 전	화평 중에 부르심

* 자고로 충신은 효자 가문에서 나왔느니라.

<공자, B.C. 551-479, 중국 춘추시대 도덕가>

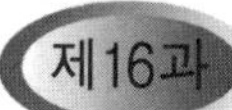

사랑으로 치유받자

찬송 / 423, 401, 563/ 통 213, 457, 411
성경 / 요한1서 4:1-10
요절 / 요한1서 4:9
"사랑은 여기 있으니 우리가 하나님을 사랑한 것이 아니요 오직 하나님이 우리를 사랑하사 우리 죄를 위하여 화목제로 그 아들을 보내셨음이니라."
목표/ 성도로서 진정한 치유는 하나님의 사랑의 치유임을 알게 한다.

시작하는 말

헬라인은 철학을 자랑하고 로마인은 율법을 자랑하고, 유대인은 종교를 자랑합니다. 그러나 우리 성도들의 자랑거리는 오직 하나님의 사랑뿐입니다. 본문 9절에 하신 말씀처럼 우리에게 나타나신바 된 하나님의 사랑은 천지만물을 조성하시고, 섭리하시고, 치유하시는 '사랑'인 것입니다. 요한1서에 사랑이란 단어가 51회나 기록되었고, 4장에만 31회나 기록되어 있습니다. 요한이 사랑이란 단어를 이렇게 강조하는 것은 하나님의 사랑이 무궁무진하며 인생의 문제마다 하나님의 사랑으로 치유하신다는 사실입니다. 하나님의 사랑으로 치유함을 받으시기 바랍니다.

오늘의 말씀

1. 만물이 하나님의 사랑으로 치유 받습니다(시 104:14-15)

하나님의 사랑은 만물 가운데 나타났습니다. 하늘과 땅의 아름다운 조화, 바다와 산의 싱그러운 자태, 식물과 동물들의 오묘한 생명과 번성함이 모두 하나님의 사랑입니다. 이 사랑이 세상 만물들과 우리 인간들이 살아가는데 꼭 필요한 생기와 활력을 줍니다. 우리는 온 세상 만물을 통해 하나님의 사랑을 확실히 알 수 있습니다. 하나님이 창조하신 이 아름다운 땅은 사랑의 빛으로 씨앗과 생명을 대통케 하시고, 잉태하게 합니다. 온 우주가 하나님의 사랑의 경륜과 사랑 가운데 있을 때 아름답고 안전한 것입니다. 하나님의 사랑으로 치유 받으시기를 바랍니다.

· 함께 읽어요 : 시편 104편 14~15절

"14 저가 가축을 위한 풀과 사람의 소용을 위한 채소를 자라게 하시며 땅에서 식물이 나게 하시고 15 사람의 마음을 기쁘게 하는 포도주와 사람의 얼굴을 윤택케 하는 기름과 사람의 마음을 힘 있게 하는 양식을 주셨도다."

2. 근본적으로 독생자를 주셔서 치유하셨습니다(요일 4:7~11)

기독교는 사랑의 종교라고 합니다. 기독교의 핵심적인 교훈은 '하나님 사랑'과 '이웃 사랑'입니다(마 22:39~40). 이 두 사랑 중 가장 원초적이고 중요한 사랑은 하나님의 사랑입니다. 하나님은 이 세상을 사랑하사 독생자를 주시고, 그를 통하여 죄 아래 종노릇하던 우리를 살리시고 자유케 해 주셨습니다. 참된 생명을 얻게 하여 영원한 나라로 인도하셨습니다. 요한복음 3장 16절에 "하나님이 세상을 이처럼 사랑하사 독생자를 주셨으니 이는 저를 믿는 자마다 멸망치 않고 영생을 얻게 하려 하심이니라."고 말씀하셨습니다. 여러분! 그리스도께서 죄악에 빠진 인류를 위해 십자가에서 생명을 버리신 그 사랑을 깨달아야 합니다. 십자가에서 흘려주신 보혈의 능력이 인류를 대속하시고, 주께서 채찍에 맞음으로 우리가 나음을 입은 것입니다. 그리스도의 대속의 사랑에 감격하여 그 사랑을 항상 감사하고, 나아가 그리스도의 사랑을 만방에 전파하여 이웃을 내 몸과 같이 사랑해야 합니다. 성도 여러분! 하나님께서 사랑으로 우리의 허물을 덮어주셨으니, 그리스도의 십자가 사랑으로 서로 허물을 덮어주고, 여러분 자신도 사랑으로 치유 받으시기를 바랍니다.

· 함께 읽어요 : 요한1서 4장 10절
"사랑은 여기 있으니 우리가 하나님을 사랑한 것이 아니요 오직 하나님이 우리를 사랑하사 우리 죄를 위하여 화목제로 그 아들을 보내셨음이니라."

3. 성령 하나님의 귀한 사랑이 치유하십니다(요 15:9~14, 고전 12:9)

초대 예루살렘교회에 예수님의 동생 야고보 장로님은 기도 많이 하여, 그의 무릎은 낙타 무릎 같이 되었다고 합니다. 그는 야고보서 5장 15~16절에서 이렇게 권면합니다. "믿음의 기도는 병든 자를 구원하리니 주께서 저를 일으키시리라 혹시 죄를 범하였을지라도 사하심을 얻으리라. 이러므로 너희 죄를 서로 고하며 병 낫기를 위하여 서로 기도하라 의인의 간구는 역사하는 힘이 많으니라."고 말입니다. 믿음의 기도는 병든 자를 구원하며, 부모의 뜨거운 사랑의 열기가 자녀의 병을 치유하듯이 하나님의 사랑은 치유해 주시는 특효약입니다. 성령님은 진리로 깨닫게 하시고, 죄를 회개하고 새 사람 되게 합니다. 복음을 증거하게하며, 마귀의 권세에서 성도들을 지켜주십니다. 하나님의 사랑 안에 거하면 그 어떤 죄악의 세균도 침투하지 못하고, 안전하며, 사랑의 빛과 능력에 못 고칠 질병이 없는 줄 믿으시기 바랍니다.

· 함께 읽어요 : 요 15장 9-10절
"9 아버지께서 나를 사랑하신 것 같이 나도 너희를 사랑하였으니 나의 사랑 안에 거하라 10 내가 아버지의 계명을 지켜 그의 사랑 안에 거하는 것 같이 너희도 내 계명을 지키면 내 사랑 안에 거하리라."

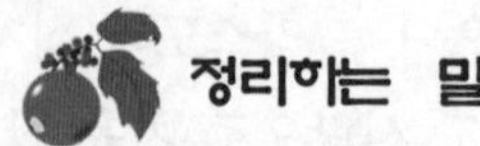

정리하는 말

우리가 살아가는 세상은 고장 난 부분들이 너무 많습니다. 천국은 고통이나 눈물이 없지만 세상은 질병과 고통이 끊임없습니다. 그래서 고통과 질병을 치유하면서 살아가라고 '사랑의 묘약'을 주신 것입니다. 고통과 질병의 늪에서 허덕이시는 분들이 있습니까? 하나님의 사랑으로 온 우주 만물과 인간들의 고통과 질병에서 치유함을 받으시기 바랍니다.

평가와 결심

1. 하나님의 사랑으로 첫째 무엇이 치유 받습니까?
   (시 104:14~15, 온 우주 삼라만상 만물, 모든 생물)
2. 하나님의 사랑이 특별히 어떻게 나타난바 되었습니까?
   (마 18:21~22, 예수 그리스도의 십자가를 통해서)
3. 치유의 원천은 과연 누구십니까?
   (고전 12:9, 성령 하나님께서 모든 질병 고쳐주심)

주간 경건의 시간 <16> · 날마다 말씀과 함께

요일 / 내용	월(Mon)	화(Tue)	수(Wed)	목(Thu)	금(Fri)	토(Sat)
찬송	545/ 344	446/ 500	445/ 502	365/ 484	366/ 485	528/ 318
성경	벧전 3:	벧전 4:	벧전 5:	벧후 1:	벧후 2:	벧후 3:
적용	소망에 관한 이유	서로 사랑	양 무리의 본이 되라	신의 성품	의로운 심령	주의 날이 도적 같이

* "하나님의 사랑의 첫째 딸은 인간에 대한 자선이다."

<윌리엄 드렌난(1754-1820)>

4단원 교회 치유의 달

믿음으로 치유받자

찬송 / 246, 367, 519/ 통 208, 341, 461

성경 / 야고보서 5:13-18

요절 / 야고보서 5:14

"너희 중에 병든 자가 있느냐? 저는 교회의 장로들을 청할 것이요 그들은 주의 이름으로 기름을 바르며 위하여 기도할지라."

목표/ 성도가 믿음으로 치유 받고 봉사하는 태도를 배운다.

시작하는 말

야고보 사도는 믿음의 기도는 병든 자를 구원한다고 했습니다. 본문은 신유의 기도에 대해서 많이 인용되는 말씀입니다. 그러나 근본적으로 '믿음'에 대하여 깊게 생각하게 하는 말씀이기도 합니다. 사도 바울은 '믿음은 하나님의 선물이라'(엡 2:8)고 말씀했습니다.

이것은 '믿음'이란 선물이 대단한 것임을 알게 해 줍니다. 왜냐하면 '믿음'으로 해결되지 않는 것이 없기 때문입니다. 그러나 대부분의 크리스천들이 이러한 '믿음'이란 열쇠를 잘 활용하지 못하고 있습니다. 이번 과에서는 믿음과 치유에 대하여 생각해 보도록 하겠습니다.

오늘의 말씀

1. 고난당할 때 먼저 기도하고, 즐거워할 때 감사로 치유함을 받아야 합니다(약 5:13-14)

대부분의 사람들은 고난당할 때 피할 구멍부터 찾습니다. 불신자는 고난을 당할 때는 하나님을 원망하고, 즐거워할 때는 자신의 공(功)을 자찬합니다. 신자는 그와 반대로 믿음의 자세를 취해야 합니다. 고난을 당할 때는 원망대신 기도할 것이요, 즐거워할 때는 하나님을 찬송해야 하는 것입니다. 기독교 역사상 모든 성도들은 고난을 당할 때 기도로서 이길 수 있었습니다. 그러나 기뻐해야 할 때에 하나님께 감사하지 않고 향락에 빠지는 경우가 흔합니다. 감사가 치유의 지름길임을 명심하고 간절히 기도하던 자도 기도의 응답을 받게 되면 감사가 식어지게 되는 것을 보게 됩니다. 기도응답 받은 후 성도가 취할 태도에 신중해야 하는 것입니다. 사랑하는 성도 여러분! 여러분들은 항상 응답과 성공할 때처럼 변함없이 감사와 찬송을 드리시기 바랍니다.

· 함께 읽어요 : 야고보서 5장 13절
"너희 중에 고난당하는 자가 있느냐 저는 기도할 것이요 즐거워하는 자가 있느냐 저는 찬송할지니라."

2. 기도로 치유함을 받아야 합니다(약 5:14-15)

본문 중에 가장 중요한 부분은 기도로 치유함을 받아야 한다는 것입니다. 기름을 발라 치유될 수도 있을 것입니다. 장로를 초청하여 위로와 사랑의 권면을 통해 치유함을 얻을 수도 있을 것입니다. 여기서 기름을 바르는 행위나 위로와 사랑의 권면은 실제적인 의료행위에 속합니다. 생선과 해초를 많이 먹는 일본인들이 장수(長壽)하고, 스웨덴은 완벽한 무료 의료보장제도 덕분에 세계최고의 암 완치율을 자랑하며, 쿠바는 인구 대비 의사비율 최고를 자랑합니다. 그러면 우리 성도들은 무엇을 자랑해야 할까요? 신앙인의 자랑은 당연히 믿음으로 기도하여 치유 받았음을 자랑해야 할 것입니다. 발병이 되면 의사와 약사의 처방을 받는 것이 마땅하겠지만, 적어도 '믿음의 기도는 병든 자를 구원하리니'라는 말씀처럼 이에 주목하고 실천할 필요가 있는 것입니다. 성도에게는 무슨 의료행위보다 '믿음의 기도'가 선행되어야 한다는 말씀입니다.

· 함께 읽어요 : 야고보서 5장 15절
"믿음의 기도는 병든 자를 구원하리니 주께서 저를 일으키시리라 혹시 죄를 범하였을지라도 사하심을 얻으리라."

3. 믿음으로 치유함을 받아야 합니다(약 5:14~16)

본문 야고보서 5장 14절에 "너희 중에 병든 자가 있느냐 저는 교회의 장로들을 청할 것이요 그들은 주의 이름으로 기름을 바르며 위하여 기도할지니라." 말씀하고 있습니다. 교인의 대표자인 장로가 병자를 찾아 기도하는 것은 유대나라의 오랜 전통이었습니다. 히스기야가 병들었을 때에 이사야가 심방하여 기도한 예가 있습니다. 초대교회 교부 폴리갑은 "장로의 공석기도에 병자를 위한 기도는 병든 자의 생명을 연장하고 이를 싫어하는 자는 그 생명을 단축한다."고 말했습니다. 장로는 본래 하나님 앞에 기름부음을 받은 자로서 말씀 전하는 장로와 감독 장로 두 반이 있었습니다. 말씀 전하는 장로는 목사를 말하고, 감독 장로는 지금의 치리장로를 말합니다. 장로나 목사가 환자를 위하여 하는 '믿음의 기도'가 중요합니다. 기도는 병 치료에 절대적인 능력의 발원입니다. 그러므로 기도로 간구하여야 합니다. 신자는 그리스도의 보혈의 속죄를 믿음으로 죄 사함으로 내적인 치유와 함께 질병이 치유될 것이기에 더욱 유익합니다. 믿음의 기도는 병든 자를 치유하고 구원합니다. 이 사실을 믿으시기 바랍니다.

· 함께 읽어요 : 야고보서 5장 16절
"이러므로 너희 죄를 서로 고하며 병 낫기를 위하여 서로 기도하라 의인의 간구는 역사하는 힘이 많으니라."

정리하는 말

“의인의 간구는 역사하는 힘이 많으니라.”고 말씀합니다. 로마서 3장 10절에 “의인은 없나니 하나도 없다”고 했습니다. 오직 죄를 고백하고 회개하여 주님을 믿음으로 의인이 되는 것입니다. 그러므로 예수를 믿고 죄를 고백하며 주께서 인정해 주시는 의인으로서 간구할 때 역사가 일어나고, 병 낫기를 기도드릴 때 하나님께서 그 기도에 응답하셔서 고쳐주실 것입니다. 이런 믿음을 소유하셔서 영·육간에 치유함을 받아 복된 삶을 영위하시기 바랍니다.

평가와 결심

1. 성도가 고난당할 때 맨 먼저 해야 할 일이 무엇입니까?
   (약 5:13, 먼저 기도해야 함)
2. 성도는 먼저 무엇으로 치유함 받아야 합니까?
   (약 5:14, 기도로 치유함을 받아야 함)
3. 성도는 근본적으로 무엇으로 치유함 받아야 합니까?
   (약 5:15, 믿음으로 치유함을 받아야 함)

주간 경건의 시간 <17> · 날마다 말씀과 함께

요일 / 내용	월(Mon)	화(Tue)	수(Wed)	목(Thu)	금(Fri)	토(Sat)
찬송	211/ 346	240/ 231	245/ 228	246/ 221	250/ 182	251/ 137
성경	히 8:	히 9:	히 10:	히 11:	히 12:	히 13:
적용	새 언약의 대제사장	하늘의 성전	예수의 피를	믿음은	믿음의 주	형제 사랑

* 내일을 먹어버리는 즐거움은 날려 보내라.

<조지 허버트, 1593-1633, 영국 신학자, 시인, 성직자>

5단원 가정 치유의 달

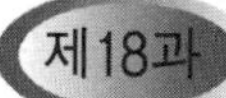
제18과

자녀를 사랑과 정으로 키우자

찬송 / 559, 563, 564/ 통 305, 411, 299

성경 / 잠언 2:1-8

요절 / 잠언 1:8

"내 아들아 네 아비의 훈계를 들으며 네 어미의 법을 떠나지 말라."

목표/ 믿음 가운데 자녀를 사랑과 정으로 키우도록 한다.

시작하는 말

세상에 가장 훌륭한 교육과 치유의 보금자리는 가정입니다. 가정은 하나님께서 세우신 최선의 교육기관입니다(창 2:22-23). 그러므로 가정에서 질서가 세워져야 합니다. 자녀가 그 도리를 다할 때 가정을 통하여 하나님께 영광과 기쁨을 돌리며 우리의 의무도 다하게 되는 것입니다. 가정에서 '믿음'을 기초하고, '사랑'의 끈으로 묶여져 자녀는 자녀로서 사랑을 받으며 자랄 때 스스로 어버이를 공경하게 됩니다. 가정에서부터 화목하며 질서가 세워져야 사회질서가 잡혀져 잘 사는 나라가되는 것입니다. 천국백성으로서 어떻게 자녀들을 잘 가르칠 수 있을까요?

오늘의 말씀

1. 부모는 사랑과 정으로 가르쳐야 합니다(잠 2:1~2)

오늘날 가정의 문제는 부모와 자녀 간의 사랑과 정이 단절된 때문입니다. 세상에 "정들자 이별이라"는 말이 있습니다. 세상을 살아가다보니 '철이 들자 끝난다.'는 말이 실감 있게 느껴집니다. 사랑과 정으로 교육이 이뤄져야합니다. 도로티 로톨트 여사는 이런 말을 했습니다. "만약 어린아이가 꾸지람을 받으면서 살아가게 된다면, 남을 비난하는 법을 배우게 됩니다. 만약 어린아이가 적개심을 품고 살아가게 된다면, 싸우는 것을 배우게 됩니다. 만약 어린아이가 수치심을 느끼며 살아가게 된다면, 죄의식을 배우게 됩니다. 만약 어린아이가 관대한 대우를 받으며 살아가게 된다면, 남을 신뢰하는 법을 배우게 됩니다. 만약 어린아이가 격려를 받으며 살아가게 된다면, 고마워하는 법을 배우게 됩니다. 만약 어린아이가 공평한 대우를 받으며 살아가게 된다면, 정의로움을 배우게 됩니다. 만약 어린아이가 보호를 받으며 살아가게 된다면, 남을 믿는 법을 배우게 됩니다. 만약 어린아이가 선한 인정 속에서 살아가게 된다면, 자신을 사랑하는 법을 배우게 됩니다. 만약 어린아이가 친구들과의 우정 속에서 살아가게 된다면, 이 세상에서 사랑을 배우게 됩니다." 그렇습니다. 가장 좋은 교육은 사랑과 정으로, 가슴으로 전달될 때 이루어집니다.

· 함께 읽어요 : 잠언 2장 1~2절

"1 내 아들아 네가 만일 나의 말을 받으며 나의 계명을 네게 간직하며 2 네 귀를 지혜에 기울이며 네 마음을 명철에 두며"

2. 부모는 지혜의 전달자가 되어야 합니다(잠 2:3-5)

지혜로운 부모 밑에 지혜로운 자녀가 태어나는 것이 아니라, 만들어진다고 생각됩니다. 부모는 자녀의 겉모양만 낳지 말고 속사람을 만들어가야 합니다. 그러기 위해서 첫째, 하나님의 말씀에 귀를 기울여야 합니다. 하나님의 말씀은 광장에서 들리지 않고, 조용한 밀실에서 들려오고, 기도의 골방에서 들려오기 때문입니다. 둘째, 부모는 기도를 많이 해야 합니다. 저는 가진 것이 없기에 "제가 자녀들에게 해 준 것은 기도밖에 없습니다." 이것이 저의 고백입니다. 저들이 아플 때도, 잠 잘 때도, 보이지 않을 때도 기도했습니다. 이 고백이 여러분의 고백이 되기를 바랍니다. 셋째, 부모는 지혜를 전달해 주어야 합니다. 배고픈 아이에게 한 마리 물고기를 잡아 주는 것보다 물고기 잡는 방법을 가르쳐 주어야 합니다. "젊어서 하는 고생은 사서라도 한다."는 말을 실제로 가르쳐 주어야 합니다. 맡겨진 일에 최선을 다해 성실하게 노력하는 삶의 태도를 가르쳐주어야 합니다. 부모들이여! 좋은 친구로 좋은 습관과 성실성을 남겨주고 가르쳐주시기를 바랍니다.

· 함께 읽어요 : 잠언 2장 3-5절

"3 지식을 불러 구하며 명철을 얻으려고 소리를 높이며 4 은을 구하는 것 같이 그것을 구하며 감추인 보배를 찾는 것 같이 그것을 찾으면 5 여호와 경외하기를 깨달으며 하나님을 알게 되리니"

3. 지혜를 추구하도록 가르쳐야 합니다(잠 2:6-8, 약 1:5).

여호와 하나님께서는 지혜와 지식과 명철을 주십니다(6절). 다윗은 하나님의 지혜를 많이 깨닫고 말하기를 시편 139편 17절에서 "하나님이여 주의 생각이 내게 어찌 그리 보배로우신지요. 그 수가 어찌 그리 많은지요."라고 고백합니다.

여호와께서는 간구하며 추구하는 자에게, 여호와의 지혜를 주십니다(6절). 바울은 "깊도다! 하나님의 지혜와 지식의 부요함이여 그의 판단은 측량치 못할 것이며"(롬 11:33)라고 말씀합니다. 야고보는 누구든지 지혜가 부족하거든 하나님께 구하라 그러면 주시리라(약 1:5)고 말씀했습니다. 이렇게 구하는 자에게 지혜를 깨닫게 하십니다. 지혜를 구하시기 바랍니다.

· 함께 읽어요 : 야고보서 1장 5절

"너희 중에 누구든지 지혜가 부족하거든 모든 사람에게 후히 주시고 꾸짖지 아니하시는 하나님께 구하라 그리하면 주시리라."

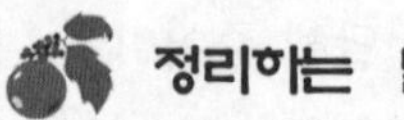

정리하는 말

자녀에게 돈이나 재물을 상속하여 쌓아주려고 하지 마십시오. 세상의 재물은 좀 먹고 썩어집니다. 썩어지지 않고 낡아지지 않는 여호와 하나님의 지혜를 사랑의 가슴으로 정으로 가르치고, 전달하시기 바랍니다. 지혜를 추구하도록 가르치십시오. 그러면 그 자녀들이 사랑과 정으로 부모에게 효도하고 사회에 공헌하게 될 것입니다.

평가와 결심

1. 자녀에 대한 부모의 역할 첫째가 무엇입니까?
   (잠 2:1-2 부모의 사랑과 정으로 가르쳐야 함)
2. 자녀에 대한 부모의 역할 둘째가 무엇입니까?
   (잠 2:2, 지혜의 전달자가 되어야 함)
3. 자녀에 대한 부모의 역할 셋째는 무엇입니까?
   (잠 2:3-8, 지혜를 추구하도록 가르쳐야 함)

주간 경건의 시간 <18> · 날마다 말씀과 함께

요일 / 내용	월(Mon)	화(Tue)	수(Wed)	목(Thu)	금(Fri)	토(Sat)
찬송	358/ 400	359/ 401	546/ 399	401/ 457	453/ 506	382/ 432
성경	삼상 2:	삼상 3:	삼상 4:	삼상 5:	삼상 6:	삼상 7:
적용	한나의 찬송	사무엘을 부르심	언약궤 빼앗김	블레셋과 언약궤	돌아온 언약궤	미스바로 모이라

* 촛불을 보고 감사하면 전등불을 주시고, 전등불을 보고 감사하면 달빛을 주시고, 달빛을 감사하면 햇빛을 주시고, 햇빛을 감사하면 천국을 주신다.
<찰스 햇돈 스펄전, 1834~1892, 영국 성직자>

5단원 가정 치유의 달

삶에서 부모를 공경하라

찬송 / 567, 566, 565/ 통 436, 301, 300
성경 / 에베소서 6:1-3
요절 / 에베소서 6:1
"자녀들아 너희 부모를 주 안에서 순종하라 이것이 옳으니라."
목표/ 가정에서 삶에서 부모를 공경하는 태도를 기른다.

시작하는 말

사도 바울은 에베소서 5장 22절~6장 3절에서 '성도의 가정생활'을 설명하고 있습니다. 가정은 '운명공동체'요 '혈연공동체'입니다. 또한 생존의 거점이기도 합니다. 가정에는 뚜렷한 질서가 세워져야 합니다. 여기에는 정과 사랑을 통해 화목을 이루도록 해야 합니다. 특히 가부장제도하에 있었던 한국의 가정에서 먼저 조화로운 질서가 세워져야 합니다. 부모에게 효도를 다한다는 것은, 사랑을 통하여 잘 가르쳐야 가능한 일입니다. 음식을 장만하는데 시간과 정성이 필요하듯, 부모를 잘 섬기는데 시간을 투자하고, 정성을 들여야 하고, 자녀의 도리를 다함으로써 삶에서 부모공경을 다해야 합니다. 정과 사랑 넘치는 가족이 되시기를 바랍니다.

오늘의 말씀

1. 부모 공경은 자녀 된 자의 본분입니다(마 15:4)

하나님께서 어버이 공경은 절대적인 명령으로 규정하셨습니다. 그래서 10계명에서 '이웃사랑'의 첫째인 5계명에서 부모 공경을 강조하고 있습니다. 부모 공경을 성실히 수행하는 자는 "너의 하나님 나 여호와가 네게 준 땅에서 네 생명이 길리라."(출 20:12) 또한 "그 아비나 어미를 저주하는 자는 반드시 죽일지니라."(출 21:17)고 명하셨습니다. 어버이는 자녀의 근본입니다. 어떠한 이유로든지 어버이를 무시하면 그것은 자녀 자신의 존립 자체를 부인 하는 것이 됩니다. 부모가 초라하든지 못났든지 자녀가 선택할 수 있는 것이 아닙니다. 부모는 하늘이 정해 준 것입니다. 하나님의 섭리 아래 있다고 믿는 성도에게 부모 공경은 의무요 도리요 본분입니다. 마음으로 삶에서 부모를 공경하시기 바랍니다.

· 함께 읽어요 : 마태복음 15장 4절

"하나님이 이르셨으되 네 부모를 공경하라 하시고 또 아비나 어미를 훼방하는 자는 반드시 죽으리라 하셨거늘"

2. 부모의 입장을 헤아려 공경해야 합니다(창 47:30)

부모님을 공경하는 데는 먼저 부모님의 뜻을 헤아려야 합니다. 맹목적인 열성으로 공경하려는 것은 부모님의 마음을 아프게 합니다. 자녀들은 부모님이 무엇을 원하고 그 바람이 무엇인가를 정확히 파악해야 제대로 공경할 수 있습니다. 자신이 생각해서, 자기 위주의 공경을 지양하고 부모의 의사와 기호를 먼저 파악하여 섬길 때 진정한 공경이라 말할 수 있는 것입니다.

자녀는 자신이 많이 배우고 똑똑하다고 할지라도 부모를 무시해서는 안 됩니다. 오히려 자신의 모든 일을 가지고 부모와 의논해야 합니다. 왜냐하면 부모는 집안의 뿌리요, 우리 생명의 원천이기 때문입니다. 어버이가 늙었다고 소외시키지 말아야 합니다. 여러분이 부모를 멸시하는 모습을 보고 자란 자녀들이 어떻게 부모를 공경하겠습니까? 오히려 푸대접할 것입니다. 성경은 분명히 심은 대로 거둔다고 말씀했습니다. 귀한 부모공경의 본을 심어 아름다운 가정을 이루시기를 바랍니다.

· 함께 읽어요 : 창세기 47장 30절
"내가 조상들과 함께 눕거든 너는 나를 애굽에서 메어다가 선영에 장사하라 요셉이 가로되 내가 아버지의 말씀대로 행 하리이다."

3. 부모 공경은 감사한 마음으로 실천해야 합니다(골 2:6-7)

자녀들은 부모의 희망이며 미래입니다. 부모들은 자녀들이 잘 되면 기뻐하지만 불행하게 되거나 좌절하면 안타까워하시고 슬퍼합니다. 부모들은 자녀들을 위해 희생하는 삶을 사셨습니다. 현재 우리들이 누리는 풍요로운 삶은 부모의 허리띠를 졸라 맨 굶주림과 고생의 대가인 것입니다. 부모는 내 자식에게 만은 이 고생을 대물림하지 않겠다는 결심으로 사셨습니다. 부모들의 그러한 고생을 감수하심이 자녀들에게 풍요함을 안겨준 것입니다. 한 알의 밀알 같은 희생을 기억해야 합니다(요 12:24). 그 희생에 대하여 진실한 마음으로 감사해야 합니다.

지나치게 부드럽게만 하거나 엄격하기만 한 것은 사랑일 수 없습니다. 훈계가 없는 무조건의 허용은 버릇없는 무용한 사람으로 만듭니다. 바울은 "자녀를 노엽게 하지 말고 주의 교양과 훈계로 양육하라."(엡 6:4)고 했습니다. 훈계로 양육하는 것이 진정한 사랑입니다. 부모의 끝없는 희생과 사랑에 항상 감사함으로 부모 공경을 실천하시기 바랍니다.

· 함께 읽어요 : 골로새서 2장 6-7절
"6 그러므로 너희가 그리스도 예수를 주로 받았으니 그 안에서 행하되 7 그 안에 뿌리를 박으며 세움을 입어 교훈을 받은 대로 믿음에 굳게 서서 감사함을 넘치게 하라."

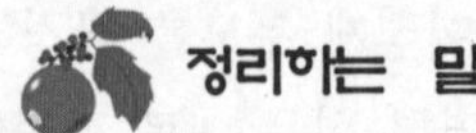

정리하는 말

사랑하는 성도 여러분! 가정은 부모와 자녀들이 함께 살아가는 사랑과 봉사의 공동체입니다. 무슨 일이든 일방통행은 바람직하지 못합니다. 오늘날 가정의 문제는 서로가 불신하고, 서로 대화가 단절되면 심각한 문제가 발생합니다. 부모는 자녀를 공평하게 사랑하고, 자녀들은 작은 일에도 부모님의 뜻을 받들어 정성을 쏟아 진심으로 부모를 공경하시기 바랍니다. 그리하여 행복한 믿음과 사랑의 가정을 이루시기 바랍니다.

평가와 결심

1. 자녀 된 본분 첫째가 무엇입니까?
   (골 3:19, 사랑하고 성실해야 함)
2. 부모 공경의 방법 첫째가 무엇입니까?
   (창 47:30, 부모의 뜻을 헤아려야 함)
3. 부모 공경의 방법 둘째가 무엇입니까?
   (골 2:7, 삶에서 감사로 실천해야 함)

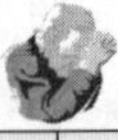

주간 경건의 시간 <19> · 날마다 말씀과 함께

요일 / 내용	월(Mon)	화(Tue)	수(Wed)	목(Thu)	금(Fri)	토(Sat)
찬송	321/ 351	150/ 135	188/ 180	320/ 350	546/ 399	391/ 446
성경	삼상 9:	삼상 10:	삼상 11:	삼상 12:	삼상 13:	삼상 14:
적용	기름을 부어	새사람이 되리라	나라를 새롭게	큰일을 보라	이레를 기다리되	여호와께서 일하실까

* 만물 중에 단순성은 모방하기가 제일 어렵다.<리챠드 스틸 경(1672-1729) 영국의 수필가>

5단원 가정 치유의 달

부부애를 되살리자

찬송 / 559, 565, 534/ 통 305, 300, 324
성경 / 아가 4:7-12
요절 / 아가 4:10
"나의 누이, 나의 신부야 네 사랑이 어찌 그리 아름다운지 네 사랑은 포도주에 지나고 네 기름의 향기는 각양 향품보다 승하구나!"
목표/ 가정에서 아내와 남편의 부부애를 치유 받도록 한다

시작하는 말

가정에서 밝음과 온화함을 주는 이는 아내입니다. 그래서 아내라는 말은 '안 해'라는 말에서 왔다고 보여 집니다. 안방에서 해님처럼 방실방실 웃음을 주고, 부엌에서 방끗방끗 웃음꽃을 피우는 아내야말로 가정의 꽃입니다. 하루 종일 가정에서 자식 사랑! 남편 사랑에 해지는 줄도 모르고 사랑으로 희생을 다하는 아내야말로 집안의 행복 전도사입니다. 따라서 밖에서 일하는 남편이 아내의 그 고됨과 희생의 진가를 알아주고, 칭찬으로 살맛나게 해 주어야 합니다. 그것은 아내가 자기의 역할을 다할 때 정말 행복한 가정이 될 수 있기 때문입니다. 모든 남편이 가정의 평화와 행복을 위해 아내의 버팀목이 되어주어야 하고 부부애로 감싸주어야 합니다.

오늘의 말씀

1. 사랑스러운 아내가 되어야 합니다(아 4:10)

아내는 가정의 꽃이요, 사랑이요, 빛입니다. 그러므로 아내는 아무리 바빠도 자녀들과 남편이 돌아올 시간이면 곱게 가벼운 화장을 하고 사랑의 미소로 맞을 준비를 해야 합니다. 아내는 나이에 맞도록 자신을 아름답게 가꿔야 합니다. 가정에는 항상 제철에 피는 꽃을 볼 수 있도록 가꾸는 것도 중요하지만 아내로서, 어머니로서 사랑이 시들지 않는 항상 피어있는 향기로운 꽃이 되어야 합니다. 겉을 꾸미기보다는 내적인 아름다움으로 자신을 가꿔야 합니다. 부드러운 미소, 온화한 성품, 사랑이 피어나는 얼굴, 부드럽고 다정한 언어 등, 얼마든지 자신을 값지고 아름다움으로 가족들에게 기쁨을 선사할 수 있는 자신의 품격을 갖추는데 노력을 기울여야 합니다. 무엇보다 남편과 가족을 이해해 줄줄 알아야 합니다. 부부는 서로가 가까워지려고 노력하면 말씨도, 좋아하는 음식도 취미, 습관까지도 닮는다고 합니다. 먼저 상처받은 마음을 사랑으로 치유 받아 서로의 갈등을 최소한 줄이고 아름다운 사랑의 매너와 미모를 가꾸면서 가정천국을 이루시기 바랍니다.

· 함께 읽어요 : 아가 4장 10절

"나의 누이, 나의 신부야 네가 내 마음을 빼앗았구나! 네 눈으로 한 번 보는 것과 네 목의 구슬 한 꿰미로 내 마음을 빼앗았구나!"

2. 부부는 서로 동행해야 합니다(아 4:8)

신랑은 신부에게 바라는 것이 있을 것입니다. 아내도 남편에게 또한 바라는 것이 있습니다. 그러나 남편이나 아내나 다 인간이기에 완벽할 수 없습니다. 그러나 아내와 자녀들은 아빠는 완벽하다고 생각하기가 쉽습니다. 그와 반대로 남편이 뭐 대단한 존재냐? 아빠가 뭐 대단한 위인이냐? 하면서 가족들이 아빠를 무시할 수도 있습니다. 이때 부부는 항상 신랑 신부로서의 공경하고 신뢰하는 모습으로 함께 해야 합니다. 본문에서 신랑은 신부에게 "레바논에서 일어나라"고 합니다. 아내는 친정에 안주하려하기보다는 시집에서 사랑의 보금자리를 만들기 위해 노력해야 하는 것입니다. '아마나'는 히브리어로 아멘과 같은 말로 '진실'이라는 말입니다. '스닐'은 '완전무장'을 말하는데 주님과 함께 할 때 가능한 것입니다. '헤르몬 꼭대기'는 그리스도 십자가 승리를 상징하는 말씀으로 주님이 함께 하실 때 적진은 산산조각이 난다는 말씀입니다. '사자굴'과 '표범산'은 높은 산꼭대기에서 내려다 본 위험한 세상의 모습입니다. 우리의 영적 신랑은 주 예수 그리스도십니다. 주님이 동행하시고 지키실 때 안전한 사랑, 행복한 가정이 되는 것입니다.

· 함께 읽어요 : 아가 4장 8절
"나의 신부야 너는 레바논에서부터 나와 함께 하고 레바논에서부터 나와 함께 가자 아마나와 스닐과 헤르몬 꼭대기에서 사자 굴과 표범 산에서 내려다보아라."

3. 부부는 서로가 매력을 가꿔가야 합니다(아 4:9-12).

신부는 신랑의 마음을 빼앗는 지혜가 있어야 합니다. 9절에 "나의 신부야 네가 내 마음을 빼앗는구나!"라고 했습니다. 신부는 신혼 때에 신랑을 사로잡던 그 마음과 모습에서 자기의 것으로 빼앗을 수 있는 매력을 가지고 있어야 합니다. 결혼생활에 권태기를 모르는 부부생활이 되어야 합니다. 평생 부부가 사랑의 끈으로 칭칭 동여매 있어야 합니다.

여기 본문에서 신랑이 말하는 신부의 3가지 매력이 있습니다. 첫째, 눈의 매력입니다. 살짝 웃는 윙크가 남편을 사로잡습니다. 둘째, 목의 구슬 한 꿰미, 즉 성도의 값진 단장을 말합니다. 금보다 더 귀한 믿음(벧전 1:7)으로 단장되어야 합니다. 아내들이여! 남편의 권위를 인정하고, 끝까지 신뢰하고 의지하시기 바랍니다. 항상 부부가 매력을 가꾸어 나가시기 바랍니다. 그러면 여러분 자신이 건강하고 행복하며 주님의 사랑받는 가정이 될 것입니다.

· 함께 읽어요 : 에베소서 5장 22절

"아내들이여 자기 남편에게 복종하기를 주께 하듯 하라."

정리하는 말

사랑하는 성도 여러분! 하나님께서 맺어주신 부부가 부부애를 되살리는 것은 하나님을 기쁘시게 하는 일입니다. 부부는 한 몸이라고 했습니다. 교회가 그리스도에게 하듯 아내는 남편에게 복종하고, 남편은 아내를 사랑하고 자신을 베풀도록 노력하시기 바랍니다. 그리하여 가정천국을 이루시기 바랍니다.

평가와 결심

1. 부부애를 되살리기 위한 첫째 관문이 무엇입니까?
(아 4:10, 사랑스런 아내가 되어야 함)
2. 부부애를 되살리기 위한 둘째 관문이 무엇입니까?
(아 4:8, 부부가 주님과 동행해야 함)
3. 부부애를 되살리기 위한 셋째 관문이 무엇입니까?
(아 4:9-12, 서로가 매력을 가꿔가야 함)

주간 경건의 시간 <20> · 날마다 말씀과 함께

요일 / 내용	월(Mon)	화(Tue)	수(Wed)	목(Thu)	금(Fri)	토(Sat)
찬송	407/ 465	259/ 193	366/ 485	200/ 235	383/ 433	327/ 361
성경	아가 2:	아가 3:	아가 4:	아가 5:	아가 6:	아가 7:
적용	사론의 수선화	마음에 사랑하는 자	동산의 샘	내 마음의 동하여	사랑하는 자에게	연 같이 마음에

* 거짓말을 할 수 없는 자는 어린이와 바보뿐이다.<존 헤이우도, 영국 작가>

행복한 가정의 가장이 되자

찬송 / 370, 430, 405/ 통 455, 456, 458

성경 / 에베소서 5:25-30

요절 / 에베소서 5:25

"남편들아 아내 사랑하기를 그리스도께서 교회를 사랑하시고 위하여 자신을 주심 같이 하라."

목표/ 행복한 가정을 만들어가는 가장의 태도를 기른다.

시작하는 말

서양의 한 아버지가 성탄절선물에 다음과 같은 내용의 편지를 아들에게 전해 주었습니다. "아들아, 365시간을 네게 선물로 주노라. 매일 저녁 식사 후 한 시간씩, 이 시간은 네 시간이다. 네가 원하는 대화도 할 수 있고, 네가 원하는 곳에 갈 수도 있고, 네가 원하는 오락도 할 수 있다. 이 모든 시간은 너의 것이다." 그 아들의 대답과 고백은 이렇습니다. "나의 아버지는 그 약속을 지켰을 뿐 아니라 해마다 그 약속을 새롭게 해주셨다. 내 생애에 가장 큰 선물이었다."라고 말입니다. 그 가정이 행복하게 되느냐, 불행하게 되느냐 하는 것은 그 가정의 가장(家長)의 행동과 그 생활에 달려 있다고 해도 과언이 아닙니다.

오늘의 말씀

1. 아내를 사랑하는 남편이 되어야 합니다(엡 5:25)

하나님은 우리가 결혼하여 가정을 이루는 것이 꼭 필요하기 때문에 배필을 정해 주신 것입니다. 첫째, 가정은 정서적으로(emotion) 필요하기 때문입니다(창세기 2:18). 하나님은 아담의 돕는 배필로 아내 하와를 주셨습니다. 배필이 없이 혼자 살면 정서적으로 불안해지기 쉽습니다. 가급적 서로 떨어져 살지 않도록 하십시오. 둘째, 사회적으로 자녀를 낳아야 하기 때문에 배필을 주셨습니다. 셋째, 하나님이 주신 정상적인 욕구를 충족시키기 위해서 필요한 것입니다. 고린도전서 7장 1~3절에 "너희의 쓴 말에 대하여는 남자가 여자를 가까이 아니함이 좋으나 음행의 연고로 남자마다 자기 아내를 두고 여자마다 자기 남편을 두라 남편은 그 아내에게 대한 의무를 다하고 아내도 그 남편에게 그렇게 할지라."고 권고하고 있습니다. 부부간에 거룩한 체 하면서 서로 멀리하지 말라는 말씀입니다. 분방할 필요가 있을 때는 서로 의논해서 하라고 했습니다. 넷째, 영적으로 서로 돕기 위해 결혼하여 가정을 이루는 것입니다(에베소서 5장 22~23절). 이러한 말씀에 잘 순응하시기 바랍니다.

· 함께 읽어요 : 에베소서 5장 22-23절

"22 아내들이여 자기 남편에게 복종하기를 주께 하듯 하라 23 이는 남편이 아내의 머리됨이 그리스도께서 교회의 머리됨과 같음이니 그가 친히 몸의 구주시니라."

2. 자녀를 노엽게 하지 않는 가장이 되어야 합니다(엡 6:4)

자녀들은 하나님이 나에게 맡겨주신 하나님의 자녀이지 자기 소유물이 아닙니다. 함부로 욕하고 때려서는 안 됩니다. 오늘날 많은 어린이들이 무참하게 맞고 학대받고 있습니다. 인격체로 대해야 합니다. 잠언 19장 18절에 "네가 네 아들에게 소망이 있은즉 그를 징계하고 죽일 마음은 두지 말지니라."고 권고합니다. 특별히 자식들에게 돈이 없어 호의호식시키지 못하고 많은 공부를 못시켜도 자식들한테 성실한 부모라고 인정받고 존경받는 부모가 되도록 노력해야 합니다. 무디 선생은 말하기를 "세상의 모든 사람의 존경을 다 잃더라도 나는 불행하지 않다. 그러나 자식에게서 존경심을 잃으면 나는 불행할 것이다."라고 말했습니다. 겉과 속이 다르지 않고 진실하고 성실하게 신앙생활 하면 자식들이 믿고 따릅니다. 자녀들을 노엽게 하지 말고 성실하게 믿음으로 양육하시기 바랍니다.

· 함께 읽어요 : 에베소서 6장 4절
"또 아비들아 너희 자녀를 노엽게 하지 말고 오직 주의 교양과 훈계로 양육하라"

3. 자신을 제어하는 가장(家長)이 되어야 합니다(딤전 3:3-4)

가장이 무엇에 중독이 되어서 내 마음을 내 마음대로 다스릴 수 없다면, 마귀의 올무에 빠진 증거입니다. 마귀가 그 사람을 얽어 맨 상태임을 알아야 합니다. 암에 걸린 것보다 훨씬 위험한 상태입니다. 미국의 의사, 박사 중에도 취미 삼아 라스베이거스 같은 곳에 가서 도박하다가 알거지 되고, 큰 부자로 잘 살던 사람이 도박에 손댔다가 거지가 돼서 노숙하는 사람도 많습니다. 우리나라 강원도 폐광촌을 살린다는 미명 하에 카지노 도박장을 차렸는데, 많은 사람들이 돈을 잃고 패가망신하고 노숙자들이 되는 것이 허다하다고 합니다. 그런데도 그런 도박장이 처처에 생겨나고 있습니다. 로또 복권도 도박이나 다름없는 사행심을 조장하는 것이므로 조심해야 합니다. 무엇에 중독 된다는 것은 나비가 거미줄에 걸려드는 것같이 마귀의 올무에 빠진 사람이기 때문에 악은 모양도 버려야 합니다. 가장이 권위를 회복하려면 그 어떤 것에도 중독이 되지 않도록 신앙으로 무장해야 합니다. 그리하여, 주님을 기쁘시게 하는 권위 있는 가장이 되시기를 바랍니다.

· 함께 읽어요 : 디모데전서 3장 3-4절
"3 술을 즐기지 아니하며 구타하지 아니하며 오직 관용하며 다투지 아니하며 돈을 사랑치 아니하며 4 자기 집을 잘 다스려 자녀들로 모든 단정함으로 복종케 하는 자라야 할지며"

정리하는 말

사랑하는 성도 여러분! 한 가정의 가장(家長)은 한 가정의 행복을 줄 수도 있고 빼앗을 수도 있습니다. 바울은 우리에게 "너희는 도를 행하는 자가 되고 듣기만 하여 자신을 속이는 자가 되지 말라"(약 1:22)고 말씀했습니다. 행복한 가정은 위로부터 주어지는 것이 아니라 우리 자신이 만들어가는 것입니다. 가장 여러분! 여러분은 가정 구성원들을 행복하도록 책임을 다하시고, 가장으로서의 권위를 회복하셔서 하나님께 영광 돌리시기 바랍니다.

평가와 결심

1. 가정을 행복하게 하는 가장이 되려면 첫째 어떻게 해야 합니까?
   (엡 5:25, 아내를 사랑하는 가장이 되어야 함)
2. 가정을 행복하게 하는 가장이 되려면 둘째 어떻게 해야 합니까?
   (엡 6:4, 자녀를 노엽게 하지 말아야 함)
3. 가정을 행복하게 하는 가장이 되려면 셋째 어떻게 해야 합니까?
   (딤전 3:3-4, 자신을 제어할 줄 알아야 함)

주간 경건의 시간 <21> · 날마다 말씀과 함께

요일 / 내용	월(Mon)	화(Tue)	수(Wed)	목(Thu)	금(Fri)	토(Sat)
찬송	359/ 401	433/ 490	404/ 477	411/ 473	417/ 476	423/ 213
성경	삼상 16:	삼상 17:	삼상 18:	삼상 19:	삼상 20:	삼상 21:
적용	중심을 보심	너와 함께 계시기를	다윗과 함께	하나님의 신	같이 울되	골리앗의 칼

* 배우지 않으려면 태어나지 않는 편이 낫다. <존 헤이우드, 영국 작가, 시인>

6단원 이웃 사랑의 달

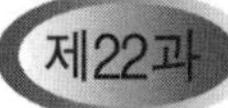

이웃과 대화를 회복하자

찬송 / 299, 298, 303/ 통 418, 35, 403
성경 / 야고보서 3:1-10
요절 / 야고보서 3:10
"한 입으로 찬송과 저주가 나는도다 내 형제들아 이것이 마땅치 아니하니라."
목표/ 이웃 사랑의 방법으로 이웃과 대화하는 법과 태도를 기른다.

시작하는 말

오늘날 크리스천들은 불신자들보다 훨씬 더 말을 많이 하고 살아갑니다. 그중에 과연 열린 대화와 복된 말이 과연 얼마나 될까요? 우리의 일상적인 말을 한 번 살펴보십시오. 우리 속담에 말에 관하여 여러 속담이 있습니다. "가는 말이 고와야 오는 말이 곱다." "말 한마디에 천 냥 빚을 갚는다." 성경에는 "선한 말은 꿀 송이 같아서 마음에 달고 뼈에 양약이 되느니라."(잠 16:24)고 말씀합니다. 또한 야고보 사도는 "너희는 자유의 율법대로 심판받을 자처럼 말도 하고 행하기도 하라."(약 2:12)고 권면합니다. 중요한 것은 말은 말하는 사람의 모든 것을 대표하고 대신한다는 것입니다. 여러분, 이웃과의 건설적인 대화를 하는 방법을 회복하시기 바랍니다.

오늘의 말씀

1. 가는 말이 고와야 오늘 말이 곱습니다(약 3:2)

노부부가 단풍구경을 갔습니다. 한참 걷다가 할머니가 피곤함을 느꼈는지 "영감 나 좀 업어주소."라고 부탁했습니다. 할아버지는 업어주긴 싫었지만, 나중의 잔소리가 싫어 업어 주었습니다. 업혀 가던 할머니가 미안해졌든지, "나 무겁지요?" 그러자 할아버지는 기다렸다는 듯이 "무겁지!"라고 했습니다. 할머니는 "왜요?"하고 물었습니다. 할아버지는 "머리는 돌덩어리지, 얼굴은 철판이지 간은 부었지!" 라고 면박을 주었습니다. 이제 돌아오는 길에 할아버지가 다리를 삐끗했습니다. 이제는 할아버지가 "할멈 나 좀 업어줘."라고 부탁했습니다. 전과는 입장이 뒤 바뀐 것입니다. 미안한 할아버지가 "나? 무겁지!" 하면 할머니한테 전에의 복수를 당할 것 같아 "나 가볍지!"라고 했습니다. 그때 할머니는 "그럼 가볍지. 머리는 비었지. 입은 싸지. 허파엔 바람만 들었지."라고 복수를 했다는 것입니다. 가는 말이 고와야 오는 말이 고운 법입니다.

· 함께 읽어요 : 야고보서 3장 2절
"우리가 다 실수가 많으니 만일 말에 실수가 없는 자면 곧 온전한 사람이라 능히 온 몸도 굴레 씌우리라."

2. 행복한 말, 힘을 주는 말을 하십시오(잠언 24:25-26)

말은 그 사람의 인격을 표현합니다. 리처드 칼슨의 『유쾌한 부부심리학』을 보면 들을 때에 편한 말이 있다고 했습니다. '사랑해요.' '고마워요.' '잘했어요.' '당신밖에 없어요.' '도와 드릴게요.' 들을 때에 용기를 주는 말이 있습니다. '잘 될 거예요.' '믿음직스러워요.' '당신 곁에는 항상 제가 있잖아요?' '어려울 때 말씀하세요. 도울게요.' 또 들을 때에 편안함을 주는 말이 있습니다. '이해하세요.' '그 사람들이 몰라서 그래요.' '속상해 하지 말아요.' '제가 알잖아요.' 여러분! 이웃에게 들을 때에 행복한 말을 해보시기 바랍니다. 들을 때에 힘과 용기를 주는 말을 해 보십시오. 당신도 행복해 질 것입니다. 당신도 힘이 나고 용기가 날 것입니다.

· 함께 읽어요 : 잠언 24장 25-26절

"25 오직 그를 견책하는 자는 기쁨을 얻을 것이요 또 좋은 복을 받으리라 26 적당한 말로 대답함은 입맞춤과 같으니라."

3. 이웃과 열린 대화로 마음을 열어 가십시오(약 3:3)

우리 속담에 "되로 주고 말로 받는다."는 말이 있습니다. 여러분! 여유 있는 삶을 위해 하루를 사는 지혜는 '좋은 대화법'에서 나옵니다. '들을 때 행복한 말'을 하며 베풀고, 평소 느끼고 있는 사랑을 전하면 기쁨이 두 배, 행복이 두 배가 되어 돌아온다는 것입니다. 그리고 애정을 표현할 때는 '사랑해'로 그치지 말고, '날 사랑해 줘서 고마워.'라고 덧붙이세요. 오늘 배우자에게 먼저 이렇게 말해 보십시오. "당신은 참 좋은 사람이야, 당신을 만난 것은 행복이야!" 아이들에게 "너희들이 참 자랑스럽구나, 너희들 때문에 참으로 행복하단다."라고 하십시오. 직장 동료에게 이렇게 말해 보십시오. "나는 당신과 함께 일하게 되어서 마음이 든든합니다." 이제는 당신 스스로에게 이렇게 말해 보십시오. "내 앞에는 언제나 좋은 일이 기다리고 있다!" "나는 참 행복한 사람이다." 그러면 언젠가 그렇게 변해있는 당신 모습을 발견하고 놀랄 것입니다. 말을 바꾸면 인생이 열리고, 말의 힘은 당신의 생애를 바꿀 것입니다. 가정에서 따뜻한 말 한마디로 분위기를 창출하십시오. 자녀는 "아버지, 걱정 마세요. 제가 있잖아요." "아버지는 제 마음의 기둥이세요." "아버지께 배울 점이 많아요." 아내는 "당신은 우리 가정의 기둥이에요." "당신은 정말 멋진 남편이죠." "세상에 당신 같은 사람 없어요. 당신이 최고예요!" "당신이 늘 자랑스러워요." 이렇게 대화가 바뀌면 인생도 바뀝니다.

함께 읽어요 : 야고보서 3장 3절

"우리가 말을 순종케 하려고 그 입에 재갈 먹여 온 몸을 어거하며"

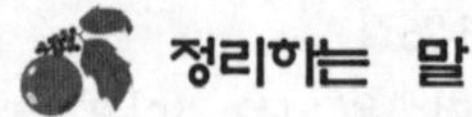

정리하는 말

사랑하는 성도 여러분! 하나님의 사랑을 입었다면 사랑이신 하나님의 형상을 본 받으십시오. 우리 하나님의 사람은 하나님이 원하시는 사람의 말을 배우며 살아가도록 되어 있습니다. 마음 문을 활짝 열고 이웃과도 사랑과 정이 넘치는 열린 대화를 회복하여 주님께 영광 돌리시기 바랍니다.

평가와 결심

1. 이웃과 회복해야 할 대화 법 첫째는 무엇인가?
   (약 3:2, 가는 말이 고와야 오는 말이 곱다)
2. 이웃과 회복해야 할 대화 법 둘째는 무엇인가?
   (잠 24:25-26, 행복한 말, 힘을 주는 말을 해야 함)
3. 이웃과 회복해야 할 대화 법 셋째는 무엇인가?
   (약 3:3, 이웃과 열린 대화로 맘 문을 열어가야 함)

주간 경건의 시간 <22> · 날마다 말씀과 함께

요일 / 내용	월(Mon)	화(Tue)	수(Wed)	목(Thu)	금(Fri)	토(Sat)
찬송	31/ 46	37/ 37	26/ 14	28/ 28	27/ 27	25/ 25
성경	삼상 23:	삼상 24:	삼상 25:	삼상 26:	삼상 27:	삼상 28:
적용	하나님을 힘 있게	마음이 찔려	불량한 사람이라	큰일을 행하였고	시글락	여호와께 묻자오되

* 의지를 행사할 수 있는 자에게는 불가능한 것이란 없다.<에머슨> 미국 시인

6단원 이웃 사랑의 달

이웃의 상처를 치유하자

찬송 / 254, 516, 279/ 통 186, 265, 337

성경 / 이사야 40:1-8

요절 / 이사야 40:1

"너희 하나님이 가라사대 너희는 위로하라 내 백성을 위로하라."

목표/ 이웃의 상처를 치유하면서 살아가는 태도를 기른다.

시작하는 말

인생의 여정에서 수많은 환난과 역경을 만납니다. 우리민족은 늘 외세의 침입을 당하고, 재난을 삼키면서 살아왔습니다. 성경에 이스라엘 민족도 그렇습니다. 본문에 여호와 하나님께서는 그 백성을 위로하셨습니다. 세상에서 풍랑을 만날 때 그 풍랑과 역경 속에서 작은 나무 조각을 붙잡는 것처럼 위로와 격려는 큰 힘이 되고, 상처가 치유되고 가벼워집니다. 이웃사랑의 길은 이웃의 상처를 나의 아픔처럼 생각하고 위로하며 격려할 때 치유 되며 살아가는 것입니다.

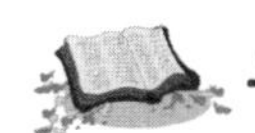

오늘의 말씀

1. 칭찬과 격려는 상처를 치유합니다(살전 4:18)

글쓰기를 좋아하는 소년이 있었습니다. 그러나 자신의 글 솜씨를 다른 사람들은 신통하게 여기지 않았습니다. 소년은 실망하여 글 쓰는 일을 싫어하게 되었습니다. 그것을 안타깝게 여긴 어머니가 그를 꽃밭으로 데리고 갔습니다. "애야. 이 꽃들을 보아라. 지금은 막 돋아나는 꽃모종이지만 나중엔 자라 아름다운 꽃을 피울 거란다. 너도 이 여린 잎사귀처럼 쉬지 않고 정성을 다해 노력한다면 크게 성공할 수 있을 거야. 너는 그런 가능성을 갖고 있어." 어머니의 그 말 한마디가 어린 소년의 가슴에 희망을 주었습니다. 그는 다시 글 쓰는 일을 계속 했고, 훗날 위대한 작가가 되었습니다. 그가 바로 덴마크가 낳은 위대한 문호 '한스 크리스천 안데르센'입니다. 어머니의 긍정적인 말 한마디가 전 세계 어린이들에게 희망과 꿈을 주는 작가가 된 것입니다. 당신은 지금 자녀에게 뭐라고 말하고 있습니까? "너는 할 수 있어! 너는 훌륭한 사람이 될 수 있어!" 이런 말이 자녀들에게 새로운 세계를 열어주는 희망의 창문이 된다는 것을 알아야 합니다.

· 함께 읽어요 : 데살로니가전서 4장 18절
"그러므로 이 여러 말로 서로 위로하라."

2. 칭찬과 격려를 삶의 지렛대로 삼아야 합니다(살후 2:16~17)

선천적으로 병약했던 아이가 있었습니다. 이 아이는 뼈와 관절의 심한 질환으로 언제나 고통스러운 생활을 했습니다. 아이들과 어울릴 때도 적응하지 못해 늘 소외됐습니다. 이 아이에게 아버지는 "너의 상처를 찬란한 별로 만들라."고 말하며 꿈과 힘을 심어주었습니다. 이 아이는 후에 영국외과학회 회장, 국제외과학회 회장을 지내는 훌륭한 의사인 현대성형수술의 창시자인 해리 플래트 경입니다.

미국의 유명한 신학자 노만 빈센트 필 목사는 대학 졸업을 하루 앞둔 날, 졸업생을 위한 환송 파티를 마치고 돌아오는 길에 우연히 대학총장인 존 호프만 교수와 함께 길을 걸으면서 이런저런 이야기를 나누다가

총장 사택 앞에 이르렀을 때였습니다. 총장은 필 목사의 어깨에 손을 얹더니 이렇게 말하는 것이었습니다. "여보게 ! 나는 자네를 참으로 좋아하네. 그래서 평소에 눈여겨보았었는데, 자네는 참으로 소질이 많은 사람이야. 장차 큰 인물이 될 걸세. 내 말을 명심하게." 필 목사는 집으로 돌아오는 길에 총장의 말을 머리에 되뇌었습니다. 그는 기분이 좋아 그날뿐 아니라 평생토록 총장의 말을 간직했고, 또 그러한 인물이 되고자 노력하고 애썼습니다. 그때 그 한 마디의 격려가 그의 일생을 성공으로 이끌었던 지렛대가 되었던 것입니다.

· 함께 읽어요 : 데살로니가후서 2장 16~17절
"16 영원한 위로와 좋은 소망을 은혜로 주신 하나님 우리 아버지께서 17 너희 마음을 위로하시고 모든 선한 일과 말에 굳게 하시기를 원하노라."

3. 예수님은 칭찬과 격려를 아끼지 않으셨습니다(눅 8:43-48).

복음서를 읽어 보면 예수님은 이스라엘 사람들의 멸시와 미움을 받던 로마인 백부장을 "이스라엘 중 아무에게서도 이만한 믿음을 만나보지 못하였노라."(마 8:10)고 칭찬하셨습니다. 마태복음 9장에 보면 침상에 누운 채 실려 온 그를 향하여 "예수께서 저희의 믿음을 보시고, 소자야 안심하라. 네 죄 사함을 얻었느니라."하시면서 고쳐주셨습니다. 열 두해 혈루증으로 앓던 저주받은 여자에게 "딸아 안심하라 네 믿음이 너를 구원하였다."고 고쳐주셨습니다. 또한 부도덕한 죄인인 한 여자를 인정하고 격려하시면서 "이는 저의 사랑이 많음이라." "네 믿음이 너를 구원하였으니 평안히 가라." 하시며 치유해 주셨습니다.

· 함께 읽어요 : 누가복음 8장 48절
"예수께서 이르시되 딸아 네 믿음이 너를 구원하였으니 평안히 가라 하시더라."

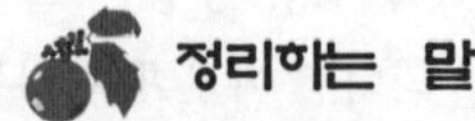

정리하는 말

성도 여러분! 이웃을 격려하고 칭찬합시다. 칭찬과 격려는 이웃의 상처를 치유합니다. 어릴 적 부모님의 따스한 한마디, 선생님의 신뢰 어린 격려 한마디가 성공으로 이끕니다. 칭찬과 격려의 작은 물결이 모여 큰 물결이 되고, 그 힘은 꿈꾸지도 못했던 거대한 제방도 무너뜨립니다. 부모와 선생님의 격려 한마디. 오늘의 내가 있게 한 근원임을 깨닫고, 이웃에게 칭찬과 격려로 이 어둔 세상을 밝히시고, 치유하시기 바랍니다.

평가와 결심

1. 칭찬과 격려의 효능 첫째가 무엇입니까?

(살전 4:18, 심신의 치유와 용기를 줌)

2. 칭찬과 격려를 어떻게 활용해야 합니까?

(살후 2:16, 삶의 지렛대로 삼아야 함)

3. 칭찬과 격려를 치유의 방법으로 삼으신 분이 누굽니까?

(누가복음 8:43-48, 예수님)

주간 경건의 시간 <23> · 날마다 말씀과 함께

요일 / 내용	월(Mon)	화(Tue)	수(Wed)	목(Thu)	금(Fri)	토(Sat)
찬송	303/ 403	302/ 408	321/ 351	320/ 350	325/ 359	324/ 360
성경	고후 8:	고후 9:	고후 10:	고후 11:	고후 12:	고후 13:
적용	거액의 연보	마음에 정한 대로	주안에서 자랑하라	약한 것을 자랑함	약한 데서 온전해 짐	성령의 교통하심이

* 고통은 축복을 가져다주는 지름길이다. <마르틴 루터 1483~1546, 독일 종교개혁자>

6단원 이웃 사랑의 달

제24과

이웃의 허물을 용서하자

찬송 / 515, 512, 276/ 통 256, 328, 334

성경 / 마태복음 18:23-35

요절 / 마태복음 18:35

"너희가 각각 중심으로 형제를 용서하지 아니하면 내 천부께서도 너희에게 이와 같이 하시리라"

목표/ 성도로서 이웃의 허물을 용서하는 태도를 실천한다.

시작하는 말

옛날 중국 무술 영화에 보면 아버지의 원수를 갚기 위해 무술을 연마하여 마침내 원수들을 다 갚는 내용들이 많이 나옵니다. 그러나 원수 갚는 것은 끝없는 보복만 되풀이 되는 것입니다. 원수 갚는 것은 하나님의 뜻이 아닙니다. 그리스도인은 오히려 원수를 위해 기도하고 원수를 사랑해야 합니다. 원한이 될만한 일은 모래 위에 쓰고, 은혜 받을만한 일은 바위 위에 쓰세요. 즉 나쁜 일은 빨리 잊어버리고, 좋은 일은 오래 오래 기억하도록 해야 합니다. 이웃의 허물을 어떻게 해야 합니까?

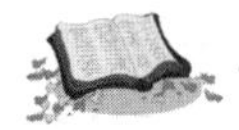

오늘의 말씀

1. 이웃의 허물을 용서해 주어야 합니다(잠언 25:21-22)

인종차별이 심했던 때 한 미국신사가 자기 집 정원 앞에서 맥주를 마시며 서있었습니다. 이때 한 인디언이 '그 빵을 좀 달라'고 했습니다. 신사는 "너에게 줄 빵이 없다."고 말했습니다. "그 마시는 맥주라도 한 잔 주시오." 했으나 역시 거절했습니다. 얼마 후 이 미국신사가 사냥을 나갔다가 깊은 산중에서 사냥개를 놓쳐 길을 잃었습니다. 날은 어두워지고, 배는 고프고 기진해서 쓰러졌습니다. 지나가던 인디언이 자기 집으로 데려다가 살렸습니다. 그 신사가 정신을 차리고 난 후 가만히 보니 그 인디언은 바로 얼마 전에 자기가 박대했던 그 인디언이었습니다. 이 인디언은 미국신사에게 "당신이 얼마 전에 나에게 한 것처럼 대했다면 당신은 산중에서 죽었을 것입니다."라고 말했습니다. 그래요 인디언의 진실한 사랑과 용서가 그를 살렸습니다. 우리는 이런 인격을 가져야 합니다.

· 함께 읽어요 : 잠언 25장 21~22절

"네 원수가 배고파하거든 식물을 먹이고 목말라하거든 물을 마시우라. 그리하는 것은 핀 숯으로 그의 머리에 놓는 것과 일반이요 여호와께서는 네게 상을 주시리라."

2. 십자가는 사랑과 용서의 극치입니다(마 6:14-15)

루마니아의 산 순교자라고 일컬어지는 리챠드 범브란드라는 유명한 목사님이 있었습니다. 그가 기독교인 30명과 함께 루마니아의 어느 감옥에 갇혀 있었습니다. 그런데, 자기를 잡아넣고 고문하던 그 비밀경찰이 잡혀 들어옵니다. 그래서 "당신이 어떻게 여기를 들어오게 되었소?"하고 물어 보았더니 "나도 기독교인입니다." "아니 어떻게 해서요?" 얼마 전에 열두 살 난 어린이가 꽃다발을 들고 자기를 찾아와서는 그 꽃다발을 자기에게 주면서 "당신 부인에게 갖다 주세요."하더라는 것입니다. 그래서 "무슨 일이냐?"하고 물어보았더니 그 어린이가 하는 말이 "어머니와 아버지는 두 분 다 감옥에 갇히셨습니다. 그런데 어머님의 생일에는 꽃다발을 드리곤 하던 것을 당신이 우리 어머니 아버지를 다 붙잡아 갔기 때문에 오늘은 당신께 가져왔으니 이것을 당신 부인께 가져다주세요."하더라는 것입니다. 이 이야기를 들은 경찰이 "그런데 왜 나한테 이 꽃다발을 가지고 왔니?" 이때에 이 어린이는 "어머니께서 항상 원수를 사랑하라고 하셨어요. 우리 어머니 아버지를 붙잡아간 원수인 당신을 내가 사랑해서 가지고 온 것입니다." 이 경찰이 어린이가 안겨 준 사랑의 꽃다발을 붙들고는 이 어린이와 함께 울면서 회개하고는 그리스도인이 되어 마침내 그도 체포되어 감옥에 들어왔던 것입니다. 이 어린아이의 성숙한 그리스도의 사랑이 마침내 그를 크리스천이 되게 했던 것입니다.

· 함께 읽어요 : 마태복음 6장 14~15절
"너희가 사람의 과실을 용서하면 너희 천부께서도 너희 과실을 용서하시려니와 너희가 사람의 과실을 용서하지 아니하면 너희 아버지께서도 너희 과실을 용서하지 아니하시리라."

3. 기독교는 사랑과 용서의 종교입니다(롬 15:2)

성경은 말씀합니다. "너희가 사람의 과실을 용서하면 너희 천부께서도 너희 과실을 용서하시려니와"(마가복음 3장 28절) "그러나 너희 듣는 자에게 내가 이르노니 너희 원수를 사랑하며 너희를 미워하는 자를 선대하며 너희를 저주하는 자를 위하여 축복하며 너희를 모욕하는 자를 위하여 기도하라."(눅6:27-28)고 했습니다. 기독교는 용서와 화해의 종교입니다. 예수님은 십자가 위에서 용서와 사랑과 화해를 구체적으로 실천하시면서 보여주셨습니다. 사랑하는 성도 여러분! 우리 기독교의 목표인 사랑과 용서를 실천하시며 살아가시기를 바랍니다.

· 함께 읽어요 : 요한복음 15장 13절
"사람이 친구를 위하여 자기 목숨을 버리면 이에서 더 큰 사랑이 없나니"

정리하는 말

김 구 선생이 독립운동을 하실 때, 한번은 한국청년이 권총을 품고, 김 구 선생을 암살하려다가 독립군들에게 체포되었습니다. 그 청년이 김 구 선생 앞에 끌려올 때, 김 구 선생은 맨발로 뛰어나가서 그 청년을 부둥켜안으면서, "내가 사랑하는 한국 청년 또 한 사람을 이곳에서 만나게 되니 기쁘고 감사하구려!"라고 말했다는 것입니다. 자기를 향해 총을 겨누었던 원수를 사랑하는 마음으로 품은 것입니다. 그 청년은 거기서 눈물을 쏟았고, 후에 김 구 선생을 위해서 일생을 바쳤다는 일화가 있습니다. 그리스도의 용서와 사랑이 나타난 것입니다. 여러분도 용서와 사랑으로 하나님께 영광 돌리시기 바랍니다.

평가와 결심

1. 진실한 사랑은 어떤 것입니까?
(잠언 25:21~22, 원수의 허물까지 용서하는 것)
2. 주님의 십자가는 무엇입니까?
(마 6:14~15, 용서와 사랑의 극치임)
3. 도대체 우리가 믿는 기독교가 어떤 종교입니까?
(롬 15:2, 사랑과 용서의 종교)

주간 경건의 시간 <24> · 날마다 말씀과 함께

요일 / 내용	월(Mon)	화(Tue)	수(Wed)	목(Thu)	금(Fri)	토(Sat)
찬송	397/ 454	408/ 466	407/ 465	82/ 90	176/ 163	276/ 334
성경	마 9:	마 10:	마 11:	마 12:	마 13:	마 14:
적용	그 시로 구원받음	평안하기를 빌라	침노하는 자가	귀신 일곱	천국에 대한 비유	기도하러 따로 산에

* 기쁨의 눈물은 첫째 물의 진주요, 슬픔의 눈물은 두 번째 것에 불과하다.
<장 파울 리히터 1763~1826>

6단원 이웃 사랑의 달

이웃에게 선을 행하자

찬송 / 380, 381, 405/ 통 424, 425, 458
성경 / 잠언 3:27-33
요절 / 로마서 13:3
"관원들은 선한 일에 대하여 두려움이 되지 않고 악한 일에 대하여 되나니 네가 권세를 두려워하지 아니하려느냐? 선을 행하라 그리하면 그에게 칭찬을 받으리라."
목표/ 성도로서 이웃에게 선을 행하는 태도를 기른다.

시작하는 말

착한 일을 하는 것이 당연해 보이지만 사실 우리는 선행을 베풀지 못하며 살아가고 있습니다. 강도 만난 사람을 곁에 두고도 대부분 사람은 그냥 스쳐 지나갈 따름입니다. 왜냐하면 선행을 베풀기 위해서는 시간과 돈, 그리고 대가를 치러야 하기 때문입니다. 선한 사마리아인도 자신의 여행에 꼭 필요했던 기름과 포도주, 여비를 다 사용하였고 자신의 시간도 투자하였기에 그 같은 선행이 이루어졌습니다. 그렇다면 우리 크리스천이 왜, 무엇으로, 어떻게 선행을 베풀어야 하겠습니까?

오늘의 말씀

1. 선행은 창조주 하나님께 영광을 돌리기 때문입니다(마 5:16)

중국 선교사 고든의 삶은 참으로 하나님께 영광을 돌리는 삶이었습니다. 그에 관한 다음과 같은 일화가 전해져옵니다. 어느 날 중국 정부가 고든의 선행에 대해 상을 주려고 했습니다. 그러나 고든은 중국 정부가 제시한 모든 명예를 거절했습니다. 그는 돈도, 높은 지위도 모두 마다했습니다. 하지만 그는 단 한 가지만은 받아들일 수밖에 없었습니다. 그것은 그의 이름과 서른세 가지 행적을 새겨 넣은 메달이었는데, 그것까지도 거절할 수는 없었기 때문이었습니다. 그가 사망한 후 이 메달은 어느 곳에서도 발견되지 않았습니다. 그런데 훗날 그 메달이 기근이 한창이던 당시 맨체스터의 가난한 사람들에게 보내졌었다는 사실을 알게 되었습니다. 그 메달은 당시 익명의 편지와 함께 보내졌는데, 거기에는 이 메달을 녹여 그 도시의 배고픈 어린이들을 위해 사용해달라는 내용이 적혀 있었습니다. 이 일은 물질에 아무런 욕심도 없었던 위대한 사람만이 할 수 있는 것을 나타내주는 사건이었습니다. 위대한 인물인 고든은 당시 그의 일기에 다음과 같이 고백했습니다. "내가 이 세상에서 가치를 지녔다고 생각하는 궁극적이고 유일한 것은 오로지 내 자신이 주 예수 그리스도를 위해 쓰여 지는 것이다." 사랑하는 성도 여러분! 우리도 선행에 동참하여 하나님께 영광 돌리시기를 바랍니다.

· 함께 읽어요 : 마태복음 5장 16절

"이같이 너희 빛을 사람 앞에 비취게 하여 저희로 너희 착한 행실을 보고 하늘에 계신 너희 아버지께 영광을 돌리게 하라."(마5:16)

2. 선행은 하나님께서 반드시 갚아주십니다(잠언 19:17)

아라비아 박바드의 어느 왕에게 왕자가 있었습니다. 여덟 살쯤 됐을 때 왕자는 강에 나갔다가 그만 물에 떠내려가서 행방불명이 됐습니다. 왕은 군대까지 동원해서 찾았으나 헛수고였습니다. 왕은 왕자의 시체라도 찾아주는 사람에게는 후한 상을 주겠노라는 광고까지 했습니다. 며칠 후 멀리 떨어진 강의 바위에서 시체가 아니라 살아있는 왕자를 찾아냈습니다. 왕은 너무 기뻐서 어쩔 줄 몰랐습니다. 그리고 무엇을 먹고 어떻게 살았는지 물었습니다. 그러자 왕자는 바위에 걸려 목숨을 구했으며 매일 정해진 시간에 어김없이 물에 떠내려 오는 봉지가 있었고 그 속에는 빵이 들어있었다고 대답했습니다. 왕은 수소문해서 그 빵을 내려 보낸 사람을 찾아냈습니다. 그 사람은 평민인 모하메트 벤하산이었습니다. 왕은 벤하산에게 물었습니다. "자네는 어떤 연유로 그런 선한 일을 했는가?" 그러자 벤하산은 "속담에 '양식을 물 위에 던지라. 그리하면 몇 날 후엔 찾으리라'(전 11:1)는 말이 있기에 한번 시험해 본 것입니다."라고 대답했습니다. 선행은 결과와 관계없이 말씀에 순종하는 마음으로 실천해야 합니다. 그리할 때 자신이 세운 공력이 더 빛나게 될 것입니다. 여러분도 남은 여생동안 선한 일을 많이 실천하셔서, 행복하고 멋진 인생을 살아가시기를 바랍니다.

· 함께 읽어요 : 잠언 19장 17절
"가난한 자를 불쌍히 여기는 것은 여호와께 꾸이는 것이니 그 선행을 갚아 주시리라."

3. 하나님께서 기뻐하시는 일이기 때문입니다(히 13:15-16)

한 집사님이 아파트입구에 트럭을 세워놓고 바나나를 파는 상인을 만났습니다. 상인은 마지막 남은 것이라며 아주 싼 가격에 주겠다고 말을 건넸습니다. 그 집사님도 동의했습니다. 돈을 건네고 물건을 받아든 그 집사님은 선뜻 바나나 하나를 잘라내어 상인에게 권했습니다.

"자 드셔보세요. 그동안 장사만 하셨지 한번도 마음 편하게 드셔보시지 못했죠?" 바나나 하나를 받아든 상인은 나이를 잊은 채 울먹이며, 눈물과 콧물을 흘렸습니다. 그 조그마한 선행에 감동받아 아이처럼 감격의 눈물을 흘린 것입니다. 선을 행하고 나눠주기를 즐겨하는 이러한 모습이 하나님께서 기뻐하시는 산제사입니다. 작은 사랑에도 감동 받을 수 있는 것입니다.

· 함께 읽어요 : 히브리서 13장 16절

"오직 선을 행함과 서로 나눠주기를 잊지 말라 이 같은 제사는 하나님이 기뻐하시느니라."

정리하는 말

사랑하는 성도 여러분! 프란체스코는 '주여! 나를 평화의 도구로 써주소서'라고 노래했습니다. 선행과 평화를 베풀면 하나님이 기뻐하시고, 그 선행을 갚아주시고, 기뻐하십니다. 여러분의 손과 발이 선행의 도구로서 천국건설에 쓰임 받는 주인공이 되시기를 바랍니다.

평가와 결심

1. 선행은 누구에게 영광 돌리는 일입니까?
   (마 5:16, 창조주 하나님)
2. 선행은 과연 누가 갚아주십니까?
   (잠 19:17, 하나님이 그 선행을 갚아 주심)
3. 선행은 누구를 기쁘시게 하는 일입니까?
   (히 13:16, 영원한 하나님의 나라를 세우는 손이 되어야 함)

주간 경건의 시간 <25> · 날마다 말씀과 함께

내용 \ 요일	월(Mon)	화(Tue)	수(Wed)	목(Thu)	금(Fri)	토(Sat)
찬송	101/ 106	522/ 269	530/ 320	529/ 319	580/ 371	503/ 373
성경	잠언 2:	잠언 3:	잠언 4:	잠언 5:	잠언 6:	잠언 7:
적용	정직한 자	재물과 소산물	명령을 지켜라	젊어서 취한 아내	지혜를 얻으라	내 법을 눈동자처럼

* "정복할 수 있다고 믿는 자가 정복한다."<베르질리우스(B.C. 70-19)>

6단원 이웃 사랑의 달

제26과

치유의 원천은 사랑이다

찬송 / 314, 315, 218/ 통 511, 512, 369

성경 / 고린도전서 13:1-13

요절 / 고린도전서 13:13

"그런즉 믿음, 소망, 사랑, 이 세 가지는 항상 있을 것인데 그 중에 제일은 사랑이라."

목표/ 성도로서 사랑으로 치유하는 섬김의 방법을 배운다.

시작하는 말

존 오도나휴의 『영혼의 동반자』라는 책 중에 보면 "두 사람이 서로를 사랑할 때, 둘 사이에는 제3의 힘이 생긴다. 때로 사랑이 위기에 빠질 때, 그것은 끊임없는 분석이나 상담으로는 치유되지 않는다. 그대들은 서로를 바라보는 방식을 바꾸고, 그대들을 하나로 만들어 준 태고 적의 일체감을 느끼며 다시 다가가야 한다. 오랜 옛날부터 존재해 온 그 친밀한 느낌이 두 사람을 붙들어 줄 것이다."라는 글이 있습니다. 치유의 원천은 사랑입니다. 이제 본과를 통해 치유의 원천인 '사랑하는 삶'에 대해 배우겠습니다.

오늘의 말씀

1. 사랑은 방법 중의 방법이요, 치료의 길입니다(고전 12:31)

성경은 세상의 고통과 문제를 해결하는데 제일 좋은 길은 '사랑'이라고 가르쳐 줍니다(고전 12:31). 우리가 사랑을 실천하기만 하면 세상은 진짜 살 만한 곳이 될 것입니다. 성경은 이렇게 강조합니다.

"내가 또한 제일 좋은 길을 너희에게 보이리라. 내가 사람의 방언과 천사의 말을 할지라도, 사랑이 없으면 소리 나는 구리와 울리는 꽹과리가 되고 내가 예언하는 능이 있어 모든 비밀과 모든 지식을 알고 또 산을 옮길 만한 모든 믿음이 있을지라도, 사랑이 없으면 내가 아무것도 아니요. 내가 내게 있는 모든 것으로 구제하고 또 내 몸을 불사르게 내어줄지라도, 사랑이 없으면 내게 아무 유익이 없느니라. 사랑은 오래 참고 사랑은 온유하며 투기하는 자가 되지 아니하며 사랑은 자랑하지 아니하며 교만하지 아니하며 무례히 행치 아니하며 자기의 유익을 구치 아니하며 성내지 아니하며 악한 것을 생각지 아니하며 불의를 기뻐하지 아니하며 진리와 함께 기뻐하고 모든 것을 참으며 모든 것을 믿으며 모든 것을 바라며 모든 것을 견디느니라. 사랑은 언제까지든지 떨어지지 아니하나 예언도 폐하고 방언도 그치고 지식도 폐하리라." (고린도전서 12:31-13:8) 그렇습니다. 사랑은 곧 치유의 방법이며 형통의 길입니다.

· 함께 읽어요 : 고린도 전서 12장 30-31절

"30 다 병 고치는 은사를 가진 자겠느냐 다 방언을 말하는 자겠느냐 다 통역하는 자겠느냐? 31 너희는 더욱 큰 은사를 사모하라 내가 또한 제일 좋은 길을 너희에게 보이리라."

2. 사랑은 치유뿐 아니라 제3의 힘을 창출합니다(고후 2:8)

서울 변방에 18세 난 M군이 있었습니다. 불과 2개월 전만해도 강력범죄를 저질러 경찰서에서 신문을 받았습니다. 이미 전과 3범, 택시강도를 5차례나 저지른 상태로서 그야말로 '절망'뿐이었습니다. 이런 M군에게 택시운전사 L(48)씨는 자식 같은 소년에게 택시강도를 당한 것이 괘씸해 2개월간 경찰과 함께 뒤를 쫓아 직접 범인을 잡았습니다. 그 범인이 바로 M군이었습니다. 그는 서울 동쪽 옥탑 방에 누나(23세)와 단둘이 살고 있었습니다. M군은 월세 15만원인 방값도 석 달째나 밀려 있었고, 이틀이나 굶은 상태였습니다. 몇 달째 월급을 받지 못했습니다. L씨는 주머니에 있던 돈 10만원을 M군의 누나에게 쥐여주고, 경찰에게 선처를 부탁했습니다. 원수를 사랑으로 갚은 이씨의 사연이 보도되자 전국에서 온정이 답지했고, 검찰역시 "기회를 한 번 더 주자!"며 문군에 대해 선도조건부 기소유예 결정을 내렸습니다. M군과 누나는 성금 700만원으로 밀린 월세도 냈고, 방 두 칸짜리 월세방을 얻어 새 생활을 시작했습니다. 한 택시 운전기사의 사랑의 손길이 M군을 치유한 것입니다. 우리가 사랑을 실천하기만 하면 세상은 정말 살 만한 곳이 될 것입니다

· 함께 읽어요 : 고린도후서 2장 8절
"그러므로 너희를 권하노니 사랑을 저희에게 나타내라."

3. 치유를 위해 사랑의 의미를 알고 사랑의 사람이 되십시오 (요일 3:18)

성경에 나오는 위대한 인물들은 모두 사랑의 사람들입니다. 아브라함은 넓은 마음으로 조카 롯을 그렇게 사랑했습니다. 다윗은 사랑의 사람입니다. '활 노래' 부르며 원수를 사랑하고 장례식을 치러주었습니다. 그리고 축복해 주었습니다. 오히려 원수의 손자를 데려다가 평생 같이 밥을 먹었습니다. 하나님은 그의 사랑의 인품을 보시고 높여 주셨습니다. 그리고 그가 통치하는 나라를 평안하게 해 주었습니다. 요셉은 자신을 노예로 팔아먹은 그 형들을 사랑으로 용서해 주었습니다. 성경에 나오는 위대한 인물들은 하나같이 사랑의 사람이었습니다. 예수님은 "원수까지 사랑하라"고 하셨습니다. 이 말씀에 '아멘'으로 순종하시기 바랍니다.

· 함께 읽어요 : 요한1서 3장 18절
"자녀들아 우리가 말과 혀로만 사랑하지 말고 오직 행함과 진실함으로 하자."

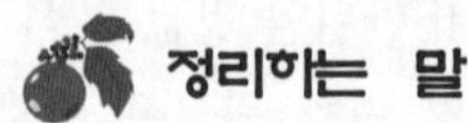

정리하는 말

사랑의 위대한 힘은 바로 위대하신 창조주 하나님과 주 예수 그리스도의 사랑으로부터 나오는 것입니다. 바울은 "내가 내게 있는 모든 것으로 구제하고, 또 내 몸을 불사르게 내어줄지라도 사랑이 없으면 내게 아무 유익이 없느니라."(고전 13:3)고 말씀했습니다. 진심에서 우러나오는 사랑이야 말로 인생의 값진 것이요, 가장 좋은 길이요, 위대한 힘이며, 하나님의 인격을 소유하게 하는 것입니다. 이 귀한 사랑을 실천하시기 바랍니다.

평가와 결심

1. 은사 중에 제일 좋은 길은 무엇입니까?
   (고전 12:31, 제일 좋은 길은 사랑)
2. 사랑의 위대함이 어디에 있습니까?
   (벧전 4:11, 제3의 힘을 창출함)
3. 성경에 나오는 위대한 사람의 특징은 무엇입니까?
   (요일 3:18, 사랑, 넓은 아량을 가짐)

주간 경건의 시간 <26> · 날마다 말씀과 함께

요일 / 내용	월(Mon)	화(Tue)	수(Wed)	목(Thu)	금(Fri)	토(Sat)
찬송	413/ 470	412/ 469	446/ 500	445/ 502	478/ 78	482/ 49
성경	요 16:	요 17:	요 18:	요 19:	요 20:	요 21:
적용	진리의 성령	영생은 그리스도를	한 사람이 죽는 것이	유대인 의 왕 예수	나의 주 내 하나님	네가 나를 사랑하느냐

* "쾌락의 삶은 심지어 가장 강한 마음까지도 마지막에는 천하게 만든다." <에드워드 조지 벌워-리튼, 1803-1873, 영국 소설가>

7단원 치유 · 교육의 달

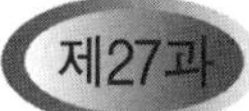

말씀이 교육에 유익하다

찬송 / 257, 258, 270/ 통 189, 190, 214

성경 / 디모데후서 3:14-17

요절 / 디모데후서 3:16

"모든 성경은 하나님의 감동으로 된 것으로 교훈과 책망과 바르게 함과 의로 교육하기에 유익하니"

목표/ 성경 교육의 유익성을 알고 열심히 배우는 태도를 기른다.

시작하는 말

영국의 빅토리아 여왕은 64년 동안 왕위에 있으면서 영국을 해가 지지 않는 나라로 만든 위대한 왕입니다. 전 왕인 윌리엄 4세가 죽던 날 밤 전격적으로 차기 왕에 선택된 그녀는 곧바로 무릎을 꿇고 성경을 펼쳤습니다. "주여, 제가 영국의 왕이 되면 하나님의 말씀대로 통치하게 해주시옵소서!" 이 기도대로 빅토리아 여왕은 영국을 다스리면서 하나님의 말씀 속에서 모든 문제를 해결하려고 노력했습니다. 후일 인도의 왕자 한 사람이 정치를 잘하는 비결에 대해서 물었을 때 여왕은 옆에 있는 성경을 펴 들고는 "바로 이 성경"이라고 대답했다고 합니다. 안정과 질서를 회복하는 길은 바로 하나님 말씀인 성경에 따라 실천하는 것입니다.

오늘의 말씀

1. 하나님의 말씀에서 창작의 영감이 나옵니다(딤후 3:16)

오스트리아의 하이든은 <천지창조>와 같은 오라토리오를 발표한 위대한 작곡가입니다. 언젠가 "어쩌면 그렇게 당신의 교회음악이 감동적일 수 있는가?" 하는 질문을 받은 적이 있었습니다. 그때 그는 "나는 하나님의 말씀을 깊이 묵상할 때면 풍성한 기쁨으로 인해 곡조들이 춤추듯이 떠올라, 펜을 움직여 구원의 기쁨과 감사하는 영혼으로 주님을 찬양하고 경배하는 음악을 작곡합니다." 라고 고백했습니다. 하이든은 말씀을 묵상함으로 아름다운 오라토리오를 작곡할 수 있었던 것입니다. 오늘날 교육이 국가의 운명을 좌우하는 시금석이기에 '교육입국'(敎育立國)을 강조하고 있습니다. 성도 여러분! 하나님의 말씀인 성경을 제대로 배우고 가르쳐서, 하나님의 감동과 감격으로 새로움을 창작하는 진실한 하나님 나라의 일꾼이 되시기를 바랍니다.

· 함께 읽어요 : 디모데후서 3장 16절
"모든 성경은 하나님의 감동으로 된 것으로 교훈과 책망과 바르게 함과 의로 교육하기에 유익하니"

2. 말씀은 인생길의 등불입니다(시 119:105-106)

여러분! 칠흑 같은 어두운 밤에 동서남북을 분별하기 어려울 때 손전등 하나만 있어도 방향을 알 수 있지 않습니까? 한 번밖에 없는 인생길에 주의 말씀은 우리를 인도하시는 밝은 등불이 되기 때문에 늘 읽고 묵상해야 합니다. 스위스의 법학자 힐티는 "성경 읽고 배우는 자는 절대 타락하지 않게 된다."고 했습니다.

조지 뮬러는 "성경 말씀이 인간의 삶의 표준이요 판단의 근거라."고 말했습니다. 성경은 우리에게 지혜를 주는 안내자요, 선생입니다. "주의 말씀은 나의 모사이니라."에서 모사는 온갖 꾀를 내는 사람이란 뜻입니다. "지혜는 진주보다 나으므로 무릇 원하는 것 이외에는 비교할 수 없느니라." 말씀합니다. 세계를 움직이는 모든 나라들이 성경말씀대로 정치하고 말씀대로 국가를 세워 통치하고 있습니다. 하나님의 말씀인 성경은 우리의 인생길에 밝은 등불이 되며, 힘이요, 능력입니다.

· 함께 읽어요 : 시편 119편 105-106절
"105 주의 말씀은 내 발에 등이요 내 길에 빛이니이다. 106 주의 의로운 규례를 지키기로 맹세하고 굳게 정하였나이다."

3. 하나님의 말씀은 실천할 때 행복이 옵니다(시 119:116)

한 장로님의 가정에서는 매주 성경을 한 구절씩 암송하기로 했습니다. 열 살짜리 민희와 여섯 살짜리 지영, 두 딸이 부모보다 더 성경암송을 잘했습니다. 어느 날 저녁, 큰딸 민희와 둘째딸 지영이가 소리를 지르며 싸움이 붙었습니다. 서로 밉다면서 싸우고 있을 때 아버지인 장로님은 큰딸을 불렀습니다. 그리고 "이번 주 성경구절이 어디지?"라고 물었습니다. 그러자 민희는 요한 1서 4장 11절 "사랑하는 자들아 하나님이 이같이 우리를 사랑하셨은즉 우리도 서로 사랑하는 것이 마땅하도다."라고 줄줄 암송하며 대답했습니다. 그리곤 다시 방으로 들어가 심하게 싸우는 것이었습니다. 말씀을 암기하고는 있었지만 그대로 살지 못하는 실례입니다. 유명한 신학자는 이렇게 말했습니다. "기독교 서적과 음반이 쏟아져 나오고 교회 출석 인구가 늘어나고 방송설교가 넘쳐흐르고 있다. 그러나 동시에 이혼, 범죄, 자살, 마약중독, 낙태 등 범죄가 전염병처럼 번지고 있다. 종교가 발전하는 것만큼 죄도 발전하고 있다. 이런 문제의 해결은 하나님의 말씀을 받아들이고 그것을 우리의 삶의 현장인 가정, 학교, 직장, 시장 등에서 그대로 적용하고 실천할 때 가능해 질 것이다."라고 말입니다. 이처럼 말씀을 실천하고 삶에 적용할 때 삶은 행복해 집니다.

· 함께 읽어요 : 시편 119편 116절
"주의 말씀대로 나를 붙들어 살게 하시고 내 소망이 부끄럽지 말게 하소서."

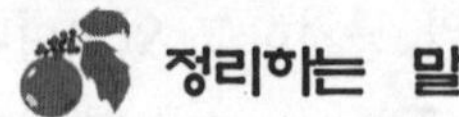

정리하는 말

사랑하는 성도 여러분! 하나님의 말씀인 성경교육이 교회와 나라를 살립니다. 성경은 창작의 영감(靈感)을 줍니다. 새 영과 새 마음을 줍니다. 말씀은 인생길에 빛이요, 길이요, 진리입니다. "주의 말씀은 내 발에 등이요 내 길에 빛이니이다."(시 11:105)라고 고백한 시인의 말씀처럼 하나님의 말씀으로 인생길에 등대를 삼아, 가르쳐 지키게 하고 삶에 적용하여 영·육간에 치유하심을 받으시기를 바랍니다.

평가와 결심

1. 성경 말씀 교육이 인생에게 주는 유익이 무엇입니까?
   (딤후 3:16, 하나님의 감동으로 된 것으로 창작의 영감을 줌)
2. 하나님의 말씀은 인생길에 어떤 역할을 합니까?
   (시 119:105, 말씀은 인생길에 등이요 길에 빛의 역할을 함)
3. 하나님의 말씀이 어떻게 삶에 힘이 되고 능력이 됩니까?
   (시 119:116, 말씀을 실천하며 말씀대로 살 때에)

주간 경건의 시간 <27> · 날마다 말씀과 함께

요일 / 내용	월(Mon)	화(Tue)	수(Wed)	목(Thu)	금(Fri)	토(Sat)
찬송	183/ 172	452/ 505	421/ 210	434/ 491	446/ 500	445/ 502
성경	딤후 3:	딤후 4:	딛 1:	딛 2:	딛 3:	몬 1:
적용	경건한 삶 핍박	전도의 말씀	말씀을 전도로	선한 일에 열심 하라	중생의 씻음	바울의 심복

* 학교의 문을 여는 것은 감옥의 문을 닫는 것이다. <빅 톨 위고(1802~1885>

십자가 사랑으로의 치유

찬송 / 545, 546, 542/ 통 344, 399, 340
성경 / 이사야 53:4-9
요절 / 이사야 53:5
"그가 찔림은 우리의 허물을 인함이요 그가 상함은 우리의 죄악을 인함이라 그가 징계를 받음으로 우리가 평화를 누리고 그가 채찍에 맞음으로 우리가 나음을 입었도다."
목표/ 그리스도의 십자가 사랑을 배우고 치유 받는 삶을 배운다.

시작하는 말

우리가 살아가고 있는 이 세상은 질병과 사망, 고통의 소굴이기도 합니다. 우리가 겪는 인생의 대부분의 질병은 사랑의 통로가 막힘으로 사랑의 결핍과 절망의 구름이 뒤덮인 그 증후로서의 문제들입니다. 그리스도께서는 하나님에게서 멀리 떠난 불쌍한 인생들에게 십자가의 사랑으로 구원과 생명과 치유함을 주시려고 오셨습니다. 결국 이 십자가의 사랑이 우리들을 자유롭게 하고 치유함을 받게 합니다. 주안에서 십자가 사랑의 참된 교육의 유익은 그 사랑을 체험함으로써 극한 질병의 통증과 사망으로부터 치유함을 얻을 수 있게 해 줍니다.

오늘의 말씀

1. 성령은 고통을 이기게 하는 진통제입니다(요 14:26~27)

예수께서 십자가를 지심으로 죄악으로 죽었던 우리 인생들을 살리셨습니다. 찰스 스펄전은 이렇게 말합니다. "그리스도를 묵상하는 것에는 모든 상처를 치유하는 치유제가 있다. 하나님 아버지에 대한 명상에는 모든 슬픔을 근절시켜 주는 것이 있다. 성령님의 감화력 안에는 모든 아픈 곳을 잊게 해주는 진통제가 있다. 여러분의 슬픔을 잊고자 하는가? 여러분의 염려들을 잊고 싶은가? 그렇다면 하나님의 성스러운 깊고 깊은 바다에 잠겨 보라. 하나님의 광대함에 몰두해 보라. 그러면 여러분은 안식처에서 나오는 것처럼 기운을 차리고 생기가 돌아서 나오게 될 것이다. 하나님의 거룩함에 대해 열심히 묵상하는 것보다 더 영혼에 위로를 주는 것을 알지 못한다. 슬픔과 비탄의 굽이치는 파도를 그처럼 진정시키며, 시련의 바람들을 평온하게 해주는 것을 알지 못한다."라고 했습니다. 진정 성령님께서 우리에게 질고를 이기게 하시고 참 평안과 기쁨을 주시는 것입니다.

· 함께 읽어요 : 요한복음 14장 26~27절

"26 보혜사 곧 아버지께서 내 이름으로 보내실 성령 그가 너희에게 모든 것을 가르치시고 내가 너희에게 말한 모든 것을 생각나게 하시리라 27 평안을 너희에게 끼치노니 곧 나의 평안을 너희에게 주노라 내가 너희에게 주는 것은 세상이 주는 것 같지 아니하니라. 너희는 마음에 근심도 말고 두려워하지도 말라."

2. 그리스도의 십자가 사랑이 치유의 특별 처방입니다(사 53:5)

바울은 에베소 교인들에게 '사랑을 입은 자녀같이 너희는 하나님을 본받는 자가 되고 그리스도께서 사랑하신 것 같이 너희도 사랑 가운데서 행하라'고 말씀했습니다. 왜 그렇습니까? 우리 죄를 대속하셔서 흘려주신 물과 피, 보혈의 능력이 최고의 치유제이며 처방이기 때문입니다. 2천 년 전에 십자가 위에서 두 손에 못 박히시고, 두 발에 못 박히시고, 허리에 창이 찔려 뿜어 나오는 그 붉은 피! 그 피가 죄를 용서하고 치유하시는 권세가 있음을 믿으시기 바랍니다. 가시 면류관 십자가에서 뿜어져 나오는 피가 예수님의 얼굴과 온 몸을 흠뻑 적셨습니다. 우리는 성찬식 때 그 피를 상징하여 포도즙을 마십니다. 주님의 보혈! 예수의 피가 놀라운 능력이 되어 우리를 정결케 합니다. 주님의 보혈의 능력! 십자가 사랑의 보혈이 우리의 몸과 마음을 적셔, 삶의 발자국마다 완전 치유함 받으시는 역사가 나타나기 바랍니다.

· 함께 읽어요 : 이사야 53장 5절

"그가 찔림은 우리의 허물을 인함이요 그가 상함은 우리의 죄악을 인함이라 그가 징계를 받음으로 우리가 평화를 누리고 그가 채찍에 맞음으로 우리가 나음을 입었도다."

3. 그리스도의 부활의 능력이 사망을 영생으로 치유합니다(고전 15:52-53)

마리아 앤더슨의 노래는 많은 사람들에게 감동의 눈물을 흘리게 만듭니다. 그녀에게는 흑인이란 엄청난 시련과 어려움이 있었습니다. 그는 흑인에 대한 편견과 차별 때문에 절망할 수밖에 없었습니다. 그래서 신문기자들이 "흑인에 대한 편견과 차별이 이렇게 많은데 희망을 잃지 않고 우뚝 설 수 있었던 것은 어디에 있었습니까?"라고 물었습니다. 그녀는 "견디기 어려운 일에 부딪칠 때마다 언제나 십자가에 못 박힌 예수님, 무덤에서 사흘 만에 부활하신 주님을 바라봅니다. 백인들이 나를 멸시하고 청중들이 나에게 야유를 하고 달걀을 던지고 할 때도 나는 언제나 십자가를 바라봤습니다. 예수님은 죽음을 이기고 부활하셨으니 나도 그리스도와 함께 부활할 것이라고 믿었습니다. 그 부활의 소망이 있었기 때문에 모든 멸시와 천대와 차별과 고통을 이기고 나는 노래를 부를 수 있었고, 오늘의 영광, 부활의 은혜를 누릴 수 있었습니다."라고 고백했습니다. 주님은 오늘도 우리를 사랑하십니다. 예수님의 부활의 능력이 우리에게 죽음을 이기고, 영원한 사랑과 승리를 주실 것을 믿으시기를 바랍니다.

· 함께 읽어요 : 고린도전서 15장 57절

"우리 주 예수 그리스도로 말미암아 우리에게 이김을 주시는 하나님께 감사하노니"

정리하는 말

사랑하는 성도 여러분! 그리스도의 사랑이 우리를 치유합니다. 성령께서 진통을 멎게 하사 평안과 기쁨을 줍니다. 예수 그리스도의 십자가에서 흘리신 보혈은 인류의 모든 질병과 상처를 치유합니다. 내면적으로 망가진 영혼, 육체의 질병을 치유합니다. 성령의 부활의 능력은 사망을 이기게 하고 생명을 줍니다. 성도 여러분! 그리스도의 사랑으로 치유함을 받으시고 세상을 변화시키는 참된 역군들이 되시기를 바랍니다.

평가와 결심

1. 십자가 사랑의 치유법 첫째 처방은 무엇입니까?

   (요 14:26~27, 성령의 진통제)

2. 십자가 사랑의 치유법 둘째 처방은 무엇입니까?

   (사 53:5, 그리스도의 십자가의 보혈)

3. 십자가 사랑의 치유법 셋째 처방은 무엇입니까?

   (고전 15:52-53, 그리스도의 부활의 능력)

주간 경건의 시간 <28> · 날마다 말씀과 함께

내용 \ 요일	월(Mon)	화(Tue)	수(Wed)	목(Thu)	금(Fri)	토(Sat)
찬송	430/ 456	190/ 177	429/ 489	453/ 506	452/ 505	510/ 276
성경	사 51:	사 52:	사 53:	사 54:	사 55:	사 56:
적용	여호와의 팔이여!	좋은 소식을 가져오며	그가 찔림은	노래 할지어다!	값없이 포도주와	안식일을 지키며

* 일의 괴로움이야말로 참다운 기쁨이다. <마너 휴스>

7단원 치유 · 교육의 달

제29과

치유 받는 믿음 교육

찬송 / 186, 196, 212/ 통 176, 174, 347

성경 / 마태복음 9:27-34

요절 / 마태복음 9:28

"예수께서 집에 들어가시매 소경들이 나아오거늘 예수께서 이르시되 내가 능히 이 일 할 줄을 믿느냐 대답하되 주여 그러하오이다 하니."

목표/ 세상에서 건강하게 살아가게 하는 치유 받는 믿음을 배운다.

시작하는 말

기독교인 중에 신앙생활 하면서 믿음의 기도로 치유 받은 경험을 가진 성도들이 많습니다. '경건'한 믿음은 치유의 능력을 가지는 것입니다. 복음서의 곳곳에 믿음의 치유법을 공개하고 있습니다. 본문에 두 소경이 "다윗의 자손이여 우리를 불쌍히 여기소서."라고 외치자 예수님은 "내가 능히 이 일 할 줄을 믿느냐?" "주여, 믿나이다."라고 할 때 눈을 만지시며 "믿은 대로 되라." 하시니 눈들이 밝아졌습니다. 이번 공과에서는 '치유 받는 믿음'에 대하여 공부하겠습니다.

오늘의 말씀

1. 믿음교육의 시작은 예배생활에서부터입니다(롬 12:1-2)

빌 하이벨스의 『인생경영』에 보면 이런 말이 나옵니다. "사람은 누구나 자신은 유혹과 죄에 약하지 않다고 생각하고 싶어 한다. 그러나 자신의 연약함을 깨닫고 인정하는 것은 성숙의 한 부분인 것이다. 내가 지금 어리고 약하다고 인정할 때 비로소 주님의 도움을 받을 수 있는 것이다. 그렇게 될 때 우리는 자신의 두려움과 약점, 충족되지 못한 필요, 불순한 욕망 등을 뚫고 들어오는 상황이 발생하기 전에 미리 인생의 중대한 결정을 해 두는 것이 얼마나 중요한 일인지 깨닫게 된다."고 말입니다. 어릴 적에 치유 받는 믿음의 교육은 일평생 삶의 현장에 지대한 역할을 하게 됨을 명심하고, 더욱 열심히 습관적인 예배생활을 통해서 믿음교육을 제대로 받으시기를 바랍니다.

· 함께 읽어요 : 로마서 12장 1절

"그러므로 형제들아 내가 하나님의 모든 자비하심으로 너희를 권하노니 너희 몸을 하나님이 기뻐하시는 거룩한 산제사로 드리라 이는 너희의 드릴 영적 예배니라."

2. 믿음으로 전인적인 치유를 받는 것입니다(히 11:33~35)

한 유부남과 불륜의 관계를 맺고 괴로워하면서 너무 정이 들어 헤어지면 죽을 것만 같이 느껴져, 숙명처럼 그 속에서 지옥이라도 갈 수 밖에 없다는 한 여학생이 있었습니다. 목사님은 그에게 예수님이 능히 당신의 상황이나 마음을 바꿔서 치료할 수 있으니 믿으라고 권했습니다.

그래서 그는 "주님, 믿음 없음을 도와주세요. 제가 믿겠습니다."라고 울면서 억지로 기도를 했습니다. 목사님은 '믿음대로 될지어다.'라고 예수의 이름으로 말했습니다. 2주 후 그 자매는 믿음대로 완전히 치유를 얻었습니다. 믿는 대로 된 것입니다. 여러분, 믿음을 가지고 승리하시기를 바랍니다. 믿음교육은 건강에도 큰 효능이 있음을 명심하시기 바랍니다. 교회나 주일학교에서 기독교 교육은 이런 철저한 '믿음교육'으로 이루어져야 하는 것입니다. 이 '믿음'을 소유하도록 전인적인 치유 받는 믿음생활을 가르쳐야 하는 것입니다.

· 함께 읽어요 : 히브리서 11장 33~35절

"33 저희가 믿음으로 나라들을 이기기도 하며 의를 행하기도 하며 약속을 받기도 하며 사자들의 입을 막기도 하며 34 불의 세력을 멸하기도 하며 칼날을 피하기도 하며 연약한 가운데서 강하게 되기도 하며 전쟁에 용맹 되어 이방 사람들의 진을 물리치기도 하며 35 여자들은 자기의 죽은 자를 부활로 받기도 하며 또 어떤 이들은 더 좋은 부활을 얻고자 하여 악형을 받되 구차히 면하지 아니하였으며."

3. 믿음은 점점 성장해 가야 합니다(딤전 4:8~9)

'어린 믿음'이란 순풍이 불면 기뻐하다가도 작은 파도라도 일기시작하면 스스로 두려워하고 어쩔 줄 모르며, 주변을 탓하고 하나님을 원망하는 믿음입니다. 입술로는 하나님을 온전히 의뢰한다고 말하면서도 매순간 자기 자신만을 의지하고, 자신의 연약함을 인정치 않는 믿음입니다. 우리가 이러한 '미성숙한 믿음'을 벗어나 '성숙한 신앙'으로 서기 위해서는 먼저 주님 앞에 자신의 진실 된 모습을 드려야 합니다. 어떤 아이들을 보면 집에 멋진 장난감이 있다고 자랑을 늘어놓지만 가서 한 번 보자고 하면 머뭇거리면서 딴전을 부립니다. 이것은 우리가 신앙생활을 하면서도 확실한 증거를 보지 못하고 갖지 못했을 때 그렇습니다. 철야기도, 금식기도, 시간을 정해 놓고 실천하지 못하는 사람은 기도얘기만 나오면 주저합니다. 간구함으로 진정 기도의 응답을 받아보지 못한 사람은 다른 사람들의 간증을 우습게 여기면서도 자신에 대해 확신이 없습니다. 믿음이 자라가기를 기도하면서 '성숙한 믿음'의 주인공이 되어 보시기를 바랍니다.

· 함께 읽어요 : 디모데전서 4장 8~9절

"8 육체의 연습은 약간의 유익이 있으나 경건은 범사에 유익하니 금생과 내생에 약속이 있느니라. 9 미쁘다 이 말이여 모든 사람들이 받을만하도다."

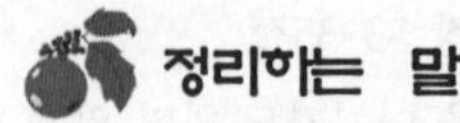

정리하는 말

성도 여러분! 오늘날은 참으로 특별한 '믿음'이 요구되는 비상한 시대입니다. 불신 세력이 교회 안까지 밀고 들어오는 형국입니다. 성도 여러분은 모름지기 믿음을 성장시키고(눅 17:6), 성숙한 믿음으로 그리스도와 사도들의 치유능력의 신앙에 이르도록 노력하시기를 바랍니다. 예배와 교회생활을 통해 훈련받는 신앙의 훈련은 분명히 범사에 큰 유익을 줄 것입니다. 능력 있는 신앙으로 주께 영광 돌리시기 바랍니다.

평가와 결심

1. 믿음 교육은 무엇으로부터 시작 됩니까?(딘 2:12, 예배생활)
2. 믿음으로 무엇을 얼마만큼이나 치유 받게 됩니까?
   (히 11:22~25, 전인적인 치유)
3. 치유함을 받는 믿음이 되기 위해 어떻게 해야 합니까?
   (눅 17:6, 어린 믿음을 성숙한 믿음으로 성숙시켜야 함)

주간 경건의 시간 <29> · 날마다 말씀과 함께

요일 / 내용	월(Mon)	화(Tue)	수(Wed)	목(Thu)	금(Fri)	토(Sat)
찬송	420/ 212	421/ 210	423/ 213	424/ 216	425/ 217	426/ 215
성경	요 2:	요 3:	요 4:	요 5:	요 6:	요 7:
적용	물로 된 포도주	물과 성령으로	신령과 진정으로	생명의 부활로	하나님의 일	생수의 강

* 일을 좇아가는 사람은 일에 쫓긴다. <일본 속담>

제30과

성령은 치유의 생수다

찬송 / 315, 327, 240/ 통 512, 361, 231

성경 / 요한복음 7:37-39

요절 / 요한복음 7:37

"나를 믿는 자는 성경에 이름과 같이 그 배에서 생수의 강이 흘러 나리라 하시니"

목표/ 성령은 치유의 생수임을 깨달아 성령 충만함을 받게 한다.

시작하는 말

교회는 오순절 마가의 다락방에서 성령이 임하심으로 시작되었습니다. 기독교회의 탄생도 엄밀히 말해 성령이 강림하심으로부터라고 말할 수 있습니다. 예수님이 승천하신 후에 제자들과 주님을 사랑하는 성도들 120명은 모여서 기도하던 마가의 다락방에서 성령의 임재를 경험하게 되었고, 모든 심령들에게는 삶의 환희와 자유와 평강이 넘쳤습니다. 이 복음은 순식간에 예루살렘에서부터 사마리아, 안디옥, 갈라디아, 데살로니가 뿐 아니라 로마와 인도에까지 전해지게 되었습니다. 그리고 이 복음과 성령의 물결은 2천년이 지나 이 땅에도 복음과 함께 치유의 생수가 흘러 넘치게 하시고, 역사하사 은혜와 축복을 허락해 주시는 것입니다.

오늘의 말씀

1. 성령은 구원과 생명과 기쁨과 자유 함을 줍니다(요 7:37)

하나님의 영이 있는 곳에는 구원과 생명과 자유와 기쁨이 있습니다. 구약의 이스라엘 백성들은 언제나 하나님을 창조자, 전능하신 자, 심판자이신 하나님으로 믿었기에 항상 하나님 앞에서는 두렵고 불안하게 살았습니다. 그러나 신약시대에는 성령이 우리 안에 오심으로 하나님의 자녀가 되어 하나님을 아버지라 부르며 한없는 자유와 기쁨을 누리게 된 것입니다. 구약이 하나님과 백성의 관계로 보는 선민사상(選民思想)의 사랑이라면, 신약은 하나님의 자녀로 살아가는 '가족사랑'을 말합니다. 부모와 자녀는 사랑과 긍휼의 마음으로 자식에 대한 뜨거운 애정으로 만나는 것입니다. 성령이 임하심으로 은혜의 샘에서 사랑이 솟아납니다. 이 기쁨은 빼앗을 자가 없고 불변한 것이며, 영원히 솟아나는 샘물입니다. 이같이 성령은 우리를 그리스도로 말미암아 보증케 하시고 구원과 영생을 확실하게 주신 것입니다.

· 함께 읽어요 : 요한복음 7장 37절
"나를 믿는 자는 성경에 이름과 같이 그 배에서 생수의 강이 흘러나리라 하시니."

2. 성령은 생수같이 치유함과 생명을 주십니다(요 7:38-39)

성령은 물과 생수같이 여러 가지 역할을 합니다. 첫째, 생명을 줍니다. 물이 없으면 생명이 살수 없듯이 교회, 예수 그리스도, 성령을 떠나서는 살수 없는 것입니다. 둘째, 성령은 갈급한 심령에 단비를 주십니다. 셋째, 성령은 성장하게 합니다. 식물이 물을 줄 때에 점점 자라나듯이 우리의 신앙도 교회에 열심히 나오면 성령으로 자라게 하시는 것입니다. 넷째, 성령은 우리를 풍성하게 합니다. 다섯째, 성령은 적응력이 있습니다. 어떤 경우에도 성령이 함께 하는 사람은 적응을 잘하고 자유 함을 얻는 것입니다. 여섯째, 성령은 만족함이 있습니다. 일곱째, 성령은 우리를 깨끗하게 하십니다. 더러워진 우리의 마음을 깨끗하게 하며, 오염된 세상을 성령으로 정결하게 씻어 주십니다. 우리 성도들도 성령의 도우심으로 교회를 통하여 정결하고 깨끗한 삶을 살며, 주님이 오실 때까지 영·육간에 건강함으로 주님을 맞는 복된 성도들이 되시기를 바랍니다.

· 함께 읽어요 : 요한복음 7장 38~39절

"38 나를 믿는 자는 성경에 이름과 같이 그 배에서 생수의 강이 흘러나리라 하시니 39 이는 그를 믿는 자의 받을 성령을 가리켜 말씀하신 것이라(예수께서 아직 영광을 받지 못하신 고로 성령이 아직 저희에게 계시지 아니하시더라)."

3. 성령 충만함으로 영적 승리를 얻게 됩니다(엡 5:18)

에베소서에서는 '성령으로 인 치심'을 받는다고 했습니다(1:13). '인 치심'은 성령을 받는다는 말이며, 우리가 집이나 땅을 사고 팔 때 혹은 중요한 서류에 도장을 찍는 것처럼 성령께서 우리가 믿음을 가졌을 때 인을 쳐서 우리를 그의 소유물로 삼으시고, 보호하시며 인도하신다는 뜻입니다. 그러면 '성령 세례'는 무엇입니까? 이것은 우리 구원에 대한 하나님의 확증이며, 성령충만을 일컫는 것입니다. 중요한 것은 '성령 세례'를 받지 않고는 구원을 받을 수 없다는 점입니다.

성령 충만은 선택적인 것이 아니라 모든 성도에게 주시는 명령임을 기억해야 합니다. 에베소서 5장 18절에 분명히 말씀하기를 "오직 성령의 충만을 받으라."고 했습니다. '충만을 받으라.'(원문 πληρούσΘε 플레루스데)는 말은 '현재명령형'으로 성도는 계속적으로 성령 충만을 받아야 한다는 뜻입니다. 하나님의 일을 하며 사탄과의 영적 전쟁에서 승리하기 위해서 성령 충만을 받아야 합니다. 성령은사를 받아 확신 속에서 성령의 열매를 맺으시며, 승리하는 삶을 살아가시기를 바랍니다.

· 함께 읽어요 : 고린도전서 15장 57절

"우리 주 예수 그리스도로 말미암아 우리에게 이김을 주시는 하나님께 감사하노니."

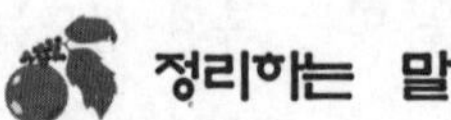

사랑하는 성도 여러분! 성령 충만은 모든 성도에게 주신 명령입니다. 성령 충만하심으로 성령의 9가지 열매(갈 5:22-23)를 맺으시고, 하나님 중심, 말씀중심, 교회중심을 통하여, 사탄과의 영적전쟁에서 승리하시고 상처 받은 믿음을 치유 받아 참 기쁨과 행복을 누리시기 바랍니다.

1. 성령의 생명 강수가 주는 첫째 은사가 무엇입니까?
   (요 7:37, 구원과 영생, 기쁨과 자유 함을 주심)
2. 성령의 생수로 주시는 여러 가지 은사가 무엇 무엇입니까?
   (생명, 갈증 없앰, 자라게 함, 풍성하게 함, 적응성, 만족, 깨끗함)
3. 성령 충만으로 궁극적으로 무엇을 주십니까?
   (고린도전서 15:57, 그리스도로 말미암아 영적 전쟁에서 승리를 주심)

주간 경건의 시간 <30> · 날마다 말씀과 함께

요일 / 내용	월(Mon)	화(Tue)	수(Wed)	목(Thu)	금(Fri)	토(Sat)
찬송	430/ 456	429/ 489	436/ 493	435/ 492	438/ 495	439/ 496
성경	요 9:	요 10:	요 11:	요 12:	요 13:	요 14:
적용	인자를 믿느냐	선한 목자라	믿게 하려 함이라	나사로 까닭에	예수팔려는 생각을	길, 진리, 생명

* 가장 훌륭한 교육방법은 남의 어리석음에서 이익을 얻는 것이다. <S 폴리니우스>

8단원 건강 치유의 달

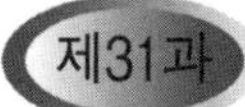

제31과

가정 건강, 교회 건강

찬송 / 259, 260, 428/ 통 193, 194, 488

성경 / 창세기 21:1-7

요절 / 시편 90:10

"우리의 년 수가 칠십이요 강건하면 팔십이라도 그 년 수의 자랑은 수고와 슬픔뿐이요 신속히 가니 우리가 날아가나이다."

목표/ 성도가 가정과 교회가 건강하게 사는 태도를 기른다.

시작하는 말

현대인들은 건강에 관심이 많습니다. 그러나 건강에 대해 관심은 가지고 있으나 건강하지 못한 이들이 많습니다. 건강하지 못한 이들에게 필요한 것은 건강한 사람들의 도움이 필요하고, 그들의 질병을 고쳐줄 의사가 필요합니다. 마음이 약하고 상처받은 자들에게는 그들을 위로해 줄 자가 필요합니다. 영적인 일도 마찬가지입니다. 오늘 본문에서 바울은 데살로니가 성도들의 영적인 상태를 염려하면서 그들의 영적 건강을 위해 그들을 도와줄 수 있는 디모데를 보냅니다. 그리고 그를 통해 데살로니가 교회 성도들의 믿음을 굳게 하고, 그들이 당한 많은 고난에 대해 위로하고 그들의 수고를 격려해 줍니다.

오늘의 말씀

1. 긍정적인 생각과 웃음은 건강의 청신호입니다(행 3:19).

웃음과 미소는 입 모양과 표정의 변화에 불과하지만 건강에 많은 유익을 얻게 합니다. 미소는 마음에서 우러나오고 따뜻한 미소여야 합니다. 미소는 기분 나쁠 때도 억지로라도 웃으면 이내 행복감으로 전유됩니다. 미소는 안면과 두뇌에 혈액 공급을 원활하게 해주어 건강을 지켜줍니다. 미소는 상대방에게도 금방 옮겨져 기분을 전환해 줍니다. 미소야말로 돈이 들지 않습니다. 많이 웃으세요. 사람은 미소는 짓는 만큼 오래 삽니다. 미소는 사회를 따뜻하게 해 줍니다.

그렇습니다. 웃으면 가정에도 교회에도 건강이 옵니다. '내가 미소 지으면 세상도 함께 미소를 짓습니다.' 혼란한 사회! 전쟁에 놀라고, 사건에 놀라고, 일에 지치고, 그래도 우리 크리스천은 가정이나, 교회, 사회 어디서나 웃음을 창조해 내야 합니다. 세상에 제일 불행한 사람은 웃음을 잃은 사람입니다. 성도들이여! 얼굴에 환한 미소와 웃음으로 건강의 회복과 활력을 되찾으시기를 바랍니다.

· 함께 읽어요 : 사도행전 3장 19절

"그러므로 너희가 회개하고 돌이켜 너희 죄 없이 함을 받으라. 이같이 하면 유쾌하게 되는 날이 주 앞으로부터 이를 것이요."

2. 개인이나 교회나 상부상조할 때 건강합니다(대하 25:8).

가정은 서로를 책망하고 비방하고 멸시하는 관계가 아니라 위로의 관계가 되어야 합니다. 남편은 아내를, 아내는 남편을, 부모는 자식을, 자녀는 부모를 상부상조(相扶相助) 하는 관계가 되어야 합니다. 그러면 가정은 더욱 건강하게 될 것입니다. 서로 사랑하며 도와갈 때 건강해집니다. 자식의 부족한 부분도 꾸중하기보다는 위로하고 격려해야 합니다. 칭찬과 위로와 격려는 그 어느 비싼 보약보다 더 값진 약이라는 사실을 알아야 합니다. 가정은 식구들을 지킬 수 있는 최소한의 울타리입니다. 내가 그 울타리를 없애 버린다고 한다면 가정의 건강은 보장 받을 수 없습니다. 교회도 마찬 가지입니다. 하나님께서 주신 가정과 교회를 통해 우리 모두가 건강해져야 합니다. 서로 도와 '사랑의 공동체'를 이뤄 상부상조해 갈 때 건강한 가정, 건강한 교회가 되어 악의 세력이 넘보지 못할 것입니다.

· 함께 읽어요 : 역대하 25장 8절
"왕이 만일 가시거든 힘써 싸우소서. 하나님이 왕을 대적 앞에 엎드러지게 하시리이다. 하나님은 능히 돕기도 하시고 능히 패하게도 하시나이다."

3. 건강한 성도가 쓰임 받을 수 있습니다(행 6:1-6).

하나님의 선한 도구로 쓰인다고 한다는 것은 얼마나 복된 일이며 건강한 삶인지 모릅니다. 건강한 사람만이 일할 수 있습니다. 건강한 신앙을 가질 때 하나님을 위해 귀하게 쓰임 받을 수 있는 것입니다. 병든 신앙을 가진 자들은 결코 성도가 건강한 신앙을 가질 수 있도록 결코 도울 수가 없습니다. 그렇기 때문에 우리는 내가 먼저 건강한 신앙인이 되어야 합니다. 내가 건강한 신앙인이 될 때 하나님의 일군으로 하나님의 도구로 사용될 수 있습니다. 하나님의 도구로 사용된다고 하는 것은 복된 일입니다. 도구도 어떤 이들에게 쓰임 받는가에 따라 받는 영광이 다르다는 사실을 알아야 합니다. 우리가 하나님께 쓰임 받는 도구라면 얼마나 복된 인생입니까? 하나님께 쓰임받기 위해서는 건강한 교회, 건강한 성도가 되어야 합니다. 건강한 성도가 많은 교회는 정말 힘이 있는 교회이며, 성도들 간에 화합하고 믿음을 굳게 하게 될 것입니다. 성도들이 어려움을 당해도 건강한 성도가 능히 그런 자들을 위로하는 사명을 감당 할 수 있을 것입니다.

· 함께 읽어요 : 사도행전 6장 3-4절
"3 형제들아 너희 가운데서 성령과 지혜가 충만하여 칭찬 듣는 사람 일곱을 택하라 우리가 이 일을 저희에게 맡기고 4 우리는 기도하는 것과 말씀 전하는 것을 전무하리라 하니"

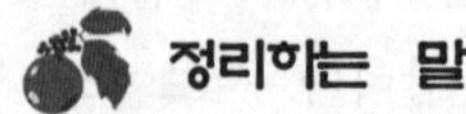

정리하는 말

사랑하는 성도 여러분! "건강한 육체에 건전한 정신이 깃든다."는 말이 있습니다. 영 · 육간에 건강함으로 맡은 바 사명을 잘 감당할 수 있기를 바랍니다. 가정이나 교회, 개인의 건강은 우연히 얻는 삶의 부산물이 아닙니다. 하나님이 주신 건강을 잘 유지하고 부흥시켜야 합니다. 특별히 하나님이 도우시도록 자신이 절제하고, 영 · 육간에 건강함으로 주님의 일에 쓰임 받는 귀한 여러분 되시기를 기원합니다.

평가와 결심

1. 건강의 청신호가 무엇입니까?
   (창 21:3-6, ①긍정적인 생각 ②웃음)
2. 개인이나 단체의 건강법은 무엇입니까?
   (대하 25:8, 서로 도와야함 - 상부상조<相扶相助>)
3. 누가 하나님의 일꾼으로 쓰임을 받습니까?
   (행 6:3-4, ①성령과 지혜가 충만함 ② 칭찬 듣는 자)

주간 경건의 시간 <31> · 날마다 말씀과 함께

요일 / 내용	월(Mon)	화(Tue)	수(Wed)	목(Thu)	금(Fri)	토(Sat)
찬송	427/ 516	428/ 488	405/ 458	406/ 464	322/ 357	323/ 355
성경	창 16:	창 17:	창 18:	창 19:	창 20:	창 21:
적용	감찰하시는 하나님	이삭이라 하라	네게로 돌라오리	소돔 성의 멸망	치료하사 생산케	눈을 밝히시매

* 건전한 정신은 건강한 육체에 깃든다. <영·미·독일 격언>

크리스천의 웰빙 건강법

찬송 / 382, 325, 292/ 통 432, 359, 415
성경 / 마가복음 7:15-23
요절 / 마가복음 7:18
"예수께서 이르시되 너희도 이렇게 깨달음이 없느냐 무엇이든지 밖에서 들어가는 것이 능히 사람을 더럽게 하지 못함을 알지 못하느냐?"
목표/ 신자로서 웰빙 건강 법대로 살아가는 태도를 기른다.

시작하는 말

요즈음 세간의 관심거리들 중 으뜸이 건강인가 봅니다. 심지어 '웰빙(well-being)족'이라는 건강에 유독 신경을 많이 쓰는 무리까지 우리 사회에 등장했습니다. 이들에게는 '잘 먹고 건강하게 사는 것'이 무엇보다 중요한 일이라고 합니다. 주위를 살펴보면 이들 외에도 건강을 위해 '무엇을 먹을 것인가?'라고 질문하는 사람들이 적지 않습니다. 전통 보양식(保養食)에 건강보조식품, 유기농 및 균형 잡힌 식단 등 매스컴을 통해 흘러나오는 정보수집으로 이들 모두 예외 없이 거의 전문가 수준입니다. 그러면 성도의 '웰빙 건강법'은 무엇입니까?

오늘의 말씀

1. 깨끗하고 신선한 것으로 섭양(攝養)해야 합니다(막 7:15~19).

예수님 당시에도 무엇을 먹을 것인가라는 문제는 매우 중요했습니다.

그러나 먹는 것만으로 건강해 질 수 있다는 편견을 버려야 합니다. 그래서인지 유대인들은 '육체의 건강'보다는 '종교적 건강'(의식적 깨끗함)에 더 관심이 있었습니다. 예수님께서는 '내적 건강의 중요성'을 강조하면서, "무엇이든지 밖에서 사람에게로 들어가는 것은 능히 사람을 더럽게 하지 못하되 사람 안에서 나오는 것이 사람을 더럽게 하는 것이니라(막 7:15~16)."고 말씀하셨습니다. 이것은 내적 건강의 결핍이 얼마나 더럽고 추악한 것인지 강조하는 말씀입니다. 건강의 시작은 내적 건강입니다. 얼마 전에 뉴스위크지에서 '하나님과 건강'이라는 특집으로 믿는 이들이 건강하게 장수한다는 내용이 있었습니다. 이것은 다른 이들보다 절제된 삶을 살고 건강한 생활 자세와 사고방식을 가져야 한다는 것입니다. 그래야 병원을 멀리할 수 있고 병에 걸리지 않는다는 것입니다. 그러니까 우리 몸속에 들어가는 것 뿐 아니라 머릿속, 마음속에 들어가는 것(시청각이나 미디어 매체)이 우리 건강에 매우 위협적인 역할을 한다는 사실을 잊어서는 안 될 것입니다.

· 함께 읽어요 : 마가복음 7장 18절

"예수께서 이르시되 너희도 이렇게 깨달음이 없느냐 무엇이든지 밖에서 들어가는 것이 능히 사람을 더럽게 하지 못함을 알지 못하느냐?"

2. 건강은 하나님의 말씀이라는 보약을 먹어야 합니다(히 4:12).

우리가 건강하게 신앙생활하기 위해서는 신·구약말씀을 먹어야 합니다. 바울은 골로새 교인들에게 '예수님 안에 뿌리를 깊게 박고 살라'고 권면하고 있습니다. 예수님께서는 말씀을 듣고 30배, 60배, 100배의 결실을 맺어야 한다고 말씀하셨습니다. 건강한 나무가 많은 열매를 맺을 수 있는 것처럼 건강한 교회와 가정이 많은 결실을 맺을 수 있습니다.

시편 1편 3절에는 "저는 시냇가에 심은 나무가 시절을 좇아 과실을 맺으며 그 잎사귀가 마르지 아니함 같으니 그 행사가 다 형통하리로다." 라고 했습니다. 시냇가에 심은 나무가 건강하듯 하나님 말씀 안에 뿌리를 내려야 가정이나 교회가 건강한 것입니다. 말씀에 뿌리를 내려 신·구약의 보약을 먹게 되면 영적 · 육적으로 건강하게 되며, 어떤 시험이 와도 물리칠 수 있으며, 질병이나 허약 증세에서 벗어나 건강하게 살아갈 수 있는 것입니다.

· 함께 읽어요 : 히브리서 4장 12절

"하나님의 말씀은 살았고 운동력이 있어 좌우에 날선 어떤 검보다도 예리하여 혼과 영과 및 관절과 골수를 찔러 쪼개기까지 하며 또 마음의 생각과 뜻을 감찰하나니"

3. 건강은 건강할 때 지키는 것이 웰빙 건강법입니다(골 3:9~10).

여러분! 우리의 생각과 육체와의 관계를 생각하며 올바른 신앙생활을 할 때 우리 모두가 경험하게 되는 '온전한 웰빙 건강'의 참 의미를 생각해 볼 수 있는 것입니다. 성경에서는 하나님에 대한 믿음에서 출발하는 '긍정적 사고방식'과 성령 충만할 때 경험하는 '활력과 에너지'는 우리로 하여금 참다운 웰빙(Wellbeing, 복지, 안녕, 행복)을 경험하게 할 수 있다고 가르치고 있습니다. 우리의 신앙생활의 삶은 단순히 영원한 천국의 삶에만 관계하는 것이 아니라 현재의 삶과도 밀접한 관계가 있다는 사실을 기억해야 합니다(딤전 4:8). 건강은 건강할 때 지키셔서 온전한(holistic) 웰빙 크리스천(Wellbeing Christian)이 되시기를 바랍니다.

· 함께 읽어요 : 골로새서 3장 9-10절

"9 너희가 서로 거짓말을 말라 옛 사람과 그 행위를 벗어버리고 10 새 사람을 입었으니 이는 자기를 창조하신 자의 형상을 좇아 지식에까지 새롭게 하심을 받는 자니라."

정리하는 말

사랑하는 성도 여러분! 우리 크리스천들도 웰빙 시대에 걸 맞는 웰빙 건강법을 익혀야 합니다. 음식도 '깨끗하고 신선한 것'을 섭취하듯 현대 매스컴 정보와 인터넷 바다에서 건전한 정보를 접하셔야 합니다. 하나님 주신 신·구약 성경 말씀의 보약을 날마다 복용하십시오. 성도가 건강해야 가정도 교회도 건강한 법입니다. 그래서 건강한 육체와 깨끗한 영으로 하나님을 기쁘시게 찬양하며 섬기는 성도들이 되시기를 바랍니다.

평가와 결심

1. 크리스천의 웰빙 건강법 첫째가 무엇입니까?
   (막 7:15~19, 깨끗하고 신선한 것을 섭취해야 함)
2. 크리스천의 웰빙 건강법 둘째가 무엇입니까?
   (히 4:12, 신·구약 성경 하나님의 말씀의 보약 복용해야 함)
3. 크리스천의 웰빙 건강법 셋째가 무엇입니까?
   (골 3:9~10, 건강은 건강할 때 챙기셔야 함)

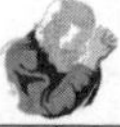

주간 경건의 시간 <32> · 날마다 말씀과 함께

요일 / 내용	월(Mon)	화(Tue)	수(Wed)	목(Thu)	금(Fri)	토(Sat)
찬송	380/ 424	381/ 425	382/ 432	384/ 434	385/ 435	383/ 433
성경	막 9:	막 10:	막 11:	막 12:	막 13:	막 14:
적용	믿음 없는 세대	하나님은 다 하심	그대로 되리라	가이사의 것	권능들이 흔들림	언약의 피니라

* 좋은 건강과 좋은 감각은 두 가지 다 커다란 축복이다. <로마 격언>

8단원 건강 치유의 달

영·육간 질병을 치유받자

찬송 / 472, 471, 458/ 통 530, 528, 513

성경 / 누가복음 7:1~10

요절 / 누가복음 13:12-13
"12 예수께서 보시고 불러 이르시되 여자여 네가 네 병에서 놓였다 하시고 13 안수하시매 여자가 곧 펴고 하나님께 영광을 돌리는지라."

목표/ 영·육간의 질병을 치유 받아 건강하게 살아가는 태도를 기른다.

시작하는 말

이사야 53장 4절에 "그는 실로 우리의 질고를 지고 우리의 슬픔을 당하였거늘 우리는 생각하기를 그는 징벌을 받아서 하나님에게 맞으며 고난을 당한다 하였노라."고 하신 말씀 중에 히브리 원어의 뜻은 "우리의 질병(disease)과 고통(pains)을 짊어지셨다"는 뜻입니다. 이것은 베드로전서 2장 24절에 "친히 나무에 달려 그 몸으로 우리 죄를 담당하셨으니 이는 우리로 죄에 대하여 죽고, 의에 대하여 살게 하려 하심이라. 저가 채찍에 맞음으로 너희는 나음을 얻었나니"라는 말씀에 잘 나타나 있습니다. 2천년 전 예수님이 이미 우리의 질병을 담당하셨습니다. 이를 믿고 기쁨으로 받아들여 건강하고 행복하게 살아가시기를 바랍니다.

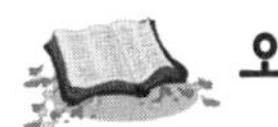

오늘의 말씀

1. 치유하심은 하나님의 기쁘신 뜻입니다(마 8:16-17).

인류의 시조 아담이 하나님께 불순종함으로 나타난 죄악과 질병을 창조주 하나님께서는 깨끗이 고쳐주시기를 원하십니다. 그러므로 병 고침을 받는 것은 하나님의 뜻입니다. 질병은 하나님께로부터 온 것이 아니라 사탄 마귀로부터 온 것입니다. 하나님은 그의 자녀들이 사탄이 준 것을 품고 살아가기를 원치 않으십니다. 사도행전 10장 38절에 "하나님이 나사렛 예수에게 성령과 능력을 기름 붓듯 하셨으매 저가 두루 다니시며 착한 일을 행하시고 마귀에게 눌린 모든 자를 고치셨으니 이는 하나님이 함께 하셨음이라."고 했습니다. 사탄 마귀에게 눌린 병자들을 고치셨다는 말씀입니다. 병 고침은 하나님의 구속사업의 계획안에 이미 들어있기 때문입니다. 예수님의 사역은 질병을 고쳐주심을 동반하고 있습니다.

· 함께 읽어요 : 마태복음 8장 16-17절

"16 저물매 사람들이 귀신 들린 자를 많이 데리고 예수께 오거늘 예수께서 말씀으로 귀신들을 쫓아내시고 병든 자를 다 고치시니, 17 이는 선지자 이사야로 하신 말씀에 우리 연약한 것을 친히 담당하시고 병을 짊어지셨도다함을 이루려 하심이더라."

2. 성자 예수께서 치유하시러 오셨습니다(눅 13:15~17).

누가복음 13장 16절에 "그러면 십팔 년 동안 사단에게 매인 바 된 이 아브라함의 딸을 안식일에 이 매임에서 푸는 것이 합당치 아니하냐?"고 말씀하셨습니다. 아마도 현대 병명으로 관절염(arthritis)에 걸려 18년 동안 꼬부리고 다녔던 모양인데, 예수님께서 귀신을 내어 쫓고 고쳐주셨습니다. 요한복음 10장 10절에 "도적이 오는 것은 도적질하고 죽이고 멸망시키려는 것뿐이요 내가 온 것은 양으로 생명을 얻게 하고 더 풍성히 얻게 하려는 것이라."고 말했습니다. 마귀는 우리의 건강을 도적질하고 물질을 도적질하고 생명을 파괴하려고 오지만 예수님은 생명을 살리고 풍성케 하려고 오셨다고 했습니다. 사랑하는 성도 여러분! 병마에 움츠리지 말고 "예수님의 이름으로 명하노니, 병마야! 물러가라."고 꾸짖고 물리치시기를 바랍니다. 그래야 병 고침을 받을 수 있습니다.

· 함께 읽어요 : 요한일서 3장 8절
"하나님의 아들이 나타나신 것은 마귀의 일을 멸하려 하심이니라."

3. 치유의 역사는 믿음을 통한 신유의 역사입니다(눅 7:1~10).

인간의 믿음을 통한 병 고침이 있었습니다. 베데스다 연못가에 많은 앉은뱅이, 소경, 병든 자가 있었지만 예수님께서 38년 된 환자를 자원하여 찾아가 고쳐주셨습니다. 하나님의 신유의 역사는 모든 사람에게 다 나타나는 것이 아닙니다. 신유의 은사가 강한 사람도 15~20%만 고침 받는다고 합니다. 또한 한 혈루증 앓던 여인이 간절히 사모하여 예수님의 옷 가만 만져도 나을 줄 믿고 손을 대었을 때, 곧 혈루 근원이 말라버렸습니다. 이렇게 간절한 믿음을 가질 때 치유의 역사가 일어납니다. 그 때 예수님이 "네 믿음이 너를 낫게 했다"고 했습니다. 치유에는 즉각적인(instant) 치유와 점차적인(gradual) 치유가 있습니다. 누가복음 17장에 열 문둥이들이 예수님의 말씀을 믿고 "가다가 고침 받았다"고 했습니다. 어떤 사람은 목발을 짚고 다녔는데 기도 받고 두 달 후에 나았습니다. 즉시 낫는 것이 오히려 저주일 수도 있습니다. 병 고침을 받고 나서 하나님의 은혜를 잊어버리면 그 병이 다시 재발할 수도 있기 때문입니다. 치유의 역사는 믿음에 달려있음을 명심하시기 바랍니다.

· 함께 읽어요 : 누가복음 7장 9절
"예수께서 들으시고 저를 기이히 여겨 돌이키사 좇는 무리에게 이르시되 내가 너희에게 이르노니 이스라엘 중에서도 이만한 믿음은 만나보지 못하였노라 하시더라."

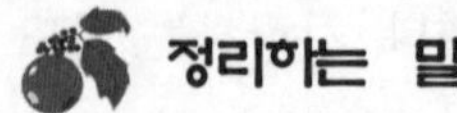

정리하는 말

성도가 영 · 육간에 건강한 삶을 살아가는 것이 하나님께서 원하시는 뜻입니다. 하나님께서 건강하게 지키셨기에 봉사와 섬김의 활동을 잘 감당할 수 있는 것입니다. 사랑하는 성도 여러분! 세상에서 살아갈 동안 건강한 육체와 건전한 정신, 그리고 성령으로 충만한 성도들이 되셔서, 즐거운 마음으로 생명력 넘치는 봉사활동을 하면서 기쁘고 복된 삶을 누리시기를 바랍니다.

평가와 결심

1. 영·육간의 치유하심은 첫째 어떻게 이루어집니까?
(마 8:16~17, 하나님의 기쁘신 뜻대로)
2. 영·육간의 치유하심은 둘째 어떻게 이루어집니까?
(눅 13:15~17, 성자 예수님이 고쳐주심으로)
3. 영·육간의 치유하심은 셋째 어떻게 이루어집니까?
(눅 7:1~10, 믿음을 통한 신유의 역사하심으로)

주간 경건의 시간 <33> · 날마다 말씀과 함께

요일 / 내용	월(Mon)	화(Tue)	수(Wed)	목(Thu)	금(Fri)	토(Sat)
찬송	324/ 360	325/ 359	337/ 363	336/ 383	347/ 382	348/ 388
성경	눅 16:	눅 17:	눅 18:	눅 19:	눅 20:	눅 21:
적용	부자와 나사로	겨자씨 한 알	믿음을 보겠느냐	장사하라	산 자의 하나님	일어나 머리 들라

* 건전한 신앙은 몸을 건전케 한다.

<윌리엄 E, 글래드스턴(1809~1898) 영국 정치가>

8단원 건강 치유의 달

마음 건강, 육체 건강

찬송 / 423, 357, 412/ 통 213, 397, 469

성경 / 열왕기하 5:8-14

요절 / 잠언 14:30

"마음의 화평은 육신의 생명이나 시기는 뼈의 썩음이니라."

목표/ 건강한 삶의 요소를 알고 실천하는 태도를 가지도록 한다.

시작하는 말

베이컨은 "건강한 몸은 정신의 사랑방이며, 병든 몸은 감옥이다"라고 했습니다. 사람마다 건강과 아름다움을 추구하며 살아가기를 원합니다. 그러나 현대인은 육체의 건강을 위해서는 힘쓰지만 마음과 내면적인 건강을 위한 노력이 적습니다. 육체의 건강을 위해 헬스클럽에 다니며, 새벽공기를 마시며 조깅을 하는 것처럼 새벽기도회에 참석해 보십시오. 영혼이 맑아지며 마음도 건강해지고, 육신도 건강해 짐을 느낄 것입니다. 본과에서는 성경이 말하는 바, 건강한 삶에 대하여 살펴보겠습니다.

오늘의 말씀

1. 예수를 만나야 새 생명과 건강을 얻습니다(마 20:29-34).

영동세브란스 병원 암 센터 소장 이희대 소장은 암이 열 번이나 재발하였으면서도 "나는 평안합니다."라고 말합니다. 그는 우리나라에서 손

꼽히는 유방암 권위자입니다. 그는 현재 4기 암 환자이면서 대장에서 발병한 암은 간과 뼛속까지 파고들어 12번 치료를 받았고, 10번 재발했습니다. 그러나 그의 영혼까지는 침투하지 못했습니다. 그는 암 4기에 접어들고서야 '새 생명'에 눈을 떴습니다. 그가 말하는 '암 환자 십계명'은 다음과 같습니다. ① 찬양하며 운동한다. ② 욕심을 버린다. ③ 암 5기는 있어도 말기는 없다. ④ 암은 축복이다. ⑤ 꿈을 갖자. ⑥ 암을 전셋집으로 만들자. ⑦ 섬김 받기 보다는 섬김의 삶을 실천하자. ⑧ 새 생명의 소망을 갖자. ⑨ 씨 맺는 채소와 씨 있는 열매를 먹자. ⑩ 감사 기도를 드리며 기쁜 마음을 갖자. 오직 자신의 암을 다스릴 수 있는 길은 '영적인 힘'이라고 말합니다. 성경에 여리고의 두 소경처럼 예수님께 나아와 더러운 죄악을 멀리하고 죄 사함을 받아 '새 생명'을 얻어 밝고 건강한 삶을 누리시기를 바랍니다.

· 함께 읽어요 : 마태복음 20장 34절
"예수께서 민망히 여기사 저희 눈을 만지시니 곧 보게 되어 저희가 예수를 좇으니라."

2. 영혼이 치유 받으면 육체도 치유됩니다(사 53:4-6).

하나님은 영이시므로 하나님의 능력도 성령을 통해서 나타납니다. 그러므로 성령을 등지고 마귀를 받아들일 때 성령이 떠나는 동시에 질병이 다시 생길 수가 있습니다.

요한계시록 3장 11절에 "…네가 가진 것을 굳게 잡아…"라고 말씀하셨습니다. 마귀는 항상 다시 침투해 들어오려고 노리고 있습니다. 두려움과 의심을 물리쳐야 합니다. 신유의 은사는 느낌이 중요하지 않습니다. 열이 나고 쑤시고 아파도 말씀을 붙잡고 나아가야 합니다. 보는 것으로 행치 않고 믿음으로 행해야 합니다.

베드로전서 2장 24절에 "친히 나무에 달려 그 몸으로 우리 죄를 담당하셨으니 이는 우리로 죄에 대하여 죽고 의에 대하여 살게 하려 하심이라 저가 채찍에 맞음으로 너희는 나음을 얻었나니" 하신 말씀과, 마태복음 8장 17절의 "…우리 연약한 것을 친히 담당하시고 병을 짊어 지셨도다…"라고 하신 말씀을 항상 기억하고 믿어야 합니다. 성경은 의학과 과학적인 치료를 허용합니다. 그래도 낫지 않을 때는 기도하여 하나님의 신유(神癒)로 근본적인 치유를 받을 것을 말씀하고 있습니다.

· 함께 읽어요 : 이사야 53장 5절

"그가 찔림은 우리의 허물을 인함이요 그가 상함은 우리의 죄악을 인함이라 그가 징계를 받음으로 우리가 평화를 누리고 그가 채찍에 맞음으로 우리가 나음을 입었도다."

3. 주 안에서 안수를 받음으로 치유함을 받습니다(약 5:13-16).

질병을 치유할 때 안수를 합니다. 마가복음 16장 15-18절에 "너희는 온 천하에 다니며 만민에게 복음을 전파하라. 믿고 세례를 받는 사람은 구원을 얻을 것이요. 믿지 않는 사람은 정죄를 받으리라. 믿는 자들에게는 이런 표적이 따르리니 곧 저희가 내 이름으로 귀신을 쫓아내며, 새 방언을 말하며 뱀을 집으며, 무슨 독을 마실지라도 해를 받지 아니하며, 병든 사람에게 손을 얹은즉 나으리라."고 했습니다. 안수는 신유의 역사를 나타내는 또 하나의 방편입니다. 크리스천들은 누구나 안수 받을 수 있습니다. 그러나 아무나 안수하려들거나 아무한테나 안수 받으려고 하면 안 됩니다. 너무 안수만 자꾸 받으려고 하면 남을 의지하는 버릇이 생깁니다. 안수는 하나님과의 접촉점(point of contact)을 만들고 믿음이 흘러 들어가게도 합니다. "너희가 기도할 때에 무엇이든지 믿고 구하는 것은 다 받으리라 하시니라."(마 21:22)고 하셨습니다. 그러므로 믿음으로 받아들이는 것이 중요하다는 사실을 명심하시기 바랍니다.

· 함께 읽어요 : 마가복음 16장 18절
“뱀을 집으며 무슨 독을 마실지라도 해를 받지 아니하며 병든 사람에게 손을 얹은즉 나으리라 하시더라.”

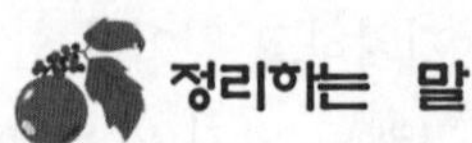

정리하는 말

여러분! 건강하시기를 원하십니까? 만병의 대 의사되시는 예수께 나오십시오. 예수를 영접하고 ‘새 생명’을 얻으십시오. 예수 그리스도의 십자가의 보혈로 죄 용서함을 받아 영혼이 치유되면 육신의 건강은 자연히 따라옵니다. 죄를 멀리하고, 말씀을 가까이하며 주님의 종들의 안수함을 받음으로 질병을 치유함 받고 건강하게 살아가시기를 바랍니다.

평가와 결심

1. 마음 건강, 육체 건강의 비결 첫째가 무엇입니까?
(마 20:29-34, 예수님께 나와 새 생명을 얻어야 함)
2. 마음 건강 육체 건강의 비결 둘째가 무엇입니까?
(왕하 5:14, 먼저 십자가 보혈로 씻음과 새 생명을 얻어야 함)
3. 마음 건강 육체 건강의 비결 셋째가 무엇입니까?
(막 16:18, 주님의 종들의 안수를 받음으로 치유 얻음)

주간 경건의 시간 <34> · 날마다 말씀과 함께

요일 / 내용	월(Mon)	화(Tue)	수(Wed)	목(Thu)	금(Fri)	토(Sat)
찬송	357/ 397	182/ 169	187/ 171	531/ 321	495/ 271	496/ 260
성경	왕하 2:	왕하 3:	왕하 4:	왕하 5:	왕하 6:	왕하 7:
적용	당신의 영감이	가문도 탈 때에	그릇을 빌라	지금이 어찌 은을	아버지여 치리이까	아름다운 소식

* 진실한 사랑은 이격을 높이고 심정을 견실케 하고, 또 생활을 정화한다. <아미루>

8단원 건강 치유의 달

건강을 위해 투자하라

찬송 / 382, 357, 546/ 통 432, 397, 399
성경 / 이사야 58:4-11
요절 / 이사야 58:9
"네가 부를 때에는 나 여호와가 응답하겠고 네가 부르짖을 때에는 말하기를 내가 여기 있다 하리라.".
목표/ 건강한 삶을 위해 투자하는 태도를 가지도록 한다.

시작하는 말

홍수가 나면 정작 마실 물을 찾기가 힘듭니다. 지금은 모든 것이 홍수시대입니다. 지식과 문화의 홍수, 정보와 첨단기술의 홍수, 사상의 홍수, 너무나 많은 것들이 있어서 손만 뻗으면 무엇이든 쉽게 얻을 수 있지만 정작 현대인들은 정신적인 고갈상태에서 목말라 할 뿐, 만족이 없습니다. 그 어느 것으로도 풀 수 없는 이 갈증은 참 진리 되시는 예수님만이 해결하실 수 있습니다. 예수께서는 "내가 주는 물을 먹는 자는 영원히 목마르지 아니하리니 나의 주는 물은 그 속에서 영생하도록 솟아나는 샘물이 되니라."(요한복음4:14)고 하셨습니다. 갈급한 이 시대에 우리 영혼의 목마름을 해결할 방법이 무엇이겠습니까?

오늘의 말씀

1. 성령이 충만한 성령의 사람이 되어야 합니다(요 7:38-39)

최근의 의학이 발견한 호르몬 중에 '다이돌핀'이라는 것이 있습니다. 엔돌핀이 암을 치료하고 통증을 해소하는 효과가 있다는 것은 이미 알려진 이야기지만 이 다이돌핀의 효과는 엔돌핀의 4,000배라는 사실이 발표되었습니다. 이 다이돌핀은 언제 우리 몸에서 생성될까요? 바로 '감동받을 때'입니다. 좋은 노래를 들었거나 아름다운 풍경에 압도되었을 때, 전혀 알지 못했던 새로운 진리를 깨달았을 때, 엄청난 사랑에 빠졌을 때 이때 우리 몸에서는 놀라운 변화가 일어납니다. 전혀 반응이 없던 호르몬 유전자가 활성화되어 안나오던 엔돌핀, 도파민, 세로토닌이라는 아주 유익한 호르몬들을 생산하기 시작합니다. 특히 굉장한 감동이 왔을 때 드디어 위에서 말씀드린 '다이돌핀'이 생성됩니다. 이 호르몬들이 우리 몸의 면역체계에 강력한 긍정적 작용을 일으켜 암을 공격합니다. 대단한 효과이지요. 그래서 기적이 일어납니다. 다른 것은 일시적이지만, 감동적인 설교나 기도, 찬양 등 하나님을 경외할 때, 성령 충만하면 이 다이돌핀이 가장 많이 생성 된다고 합니다. 믿음을 허락하신 하나님께 감사하면서 주 하나님께 영광 돌리시기를 바랍니다.

· 함께 읽어요 : 요한복음 7장 38-39절

"38 나를 믿는 자는 성경에 이름과 같이 그 배에서 생수의 강이 흘러나리라 하시니 39 이는 그를 믿는 자의 받을 성령을 가리켜 말씀하신 것이라."

2. 사랑을 실천하는 사랑의 사람이 되어야 합니다(잠 18:12-15)

현대의학은 하루가 다르게 발전하고 있지만 지나치게 전문화, 기계화, 상업화되어가고 있습니다. 병원에서는 환자의 육체를 치료하지만 마음은 고치지 못합니다. 때문에 질병의 원인인 생활습관과 가치관을 바꾸려 시도하지 않습니다. 어쩌면 오늘날 현대의학은 총체적 위기를 맞고 있는 셈이며 인간 전 영역의 새로운 '통합의학'의 등장이 요구됩니다.

통합의학은 전인(全人, Whole Person)을 뜻합니다. 모든 환자가 육체뿐만 아니라 정서적, 사회적, 영적으로 치유돼야 함을 뜻합니다. 전의(全

醫, Whole Medicine)로서 환자를 위해서라면 서양의학 뿐 아니라 한의학, 대체의학, 그리고 성경에 나타난 다양한 의학을 포용하는 통합의학을 추구해야 합니다. 모든 분야에, 모든 곳에서 병원에서 뿐만 아니라 소외된 우리의 이웃과 장애인들, 그리고 어머니 자궁속의 수정란에서부터 죽음을 앞둔 임종환자까지 전 영역을 책임져야 합니다. 나아가 북한과 중국, 아프리카를 포함하는 전 세계에 십자가 사랑으로 나아가야 합니다. 그리하여 사랑을 실천하는 귀한 사도가 되어야 합니다.

· 함께 읽어요 : 잠언 18장 14절
"사람의 심령은 그 병을 능히 이기려니와 심령이 상하면 그것을 누가 일으키겠느냐?"

3. 긍정적이고 신앙의 사람이 되어야 합니다(전 6:12-14)

미국의 노인의학연구소장 레너드 푼 박사가 1백세 이상 장수 노인의 건강 비결을 발표했습니다. 그는 10년 동안의 연구를 통해 3대 장수 비결을 찾아냈습니다. 그것은 ① 긍정적인 사고방식과 ② 독실한 신앙, ③ 봉사정신이었습니다. 유전이나 특별한 음식은 장수와 무관했습니다. 장수하는 사람들은 현재의 삶에 만족하는 사람들이었습니다. 탁월한 유머감각과 매사를 밝게 생각하는 낙관적 인생관을 소유하고 있었습니다. 낙관주의는 비행기를 만듭니다. 그러나 비관주의자는 낙하산을 만듭니다. 낙관주의자는 올라갈 것을 생각하지만 비관론자는 내려갈 것을 생각합니다. 무슨 일에나 긍정적인 사고를 가지시기를 바랍니다. 매사에 낙관적이고 신앙적인 삶과 봉사하는 삶은 나를 기쁘게 하고 남도 기쁘게 하며 자신도 남도 행복하게 합니다.

· 함께 읽어요 : 전도서 6장 14절
"형통한 날에는 기뻐하고 곤고한 날에는 생각하라 하나님이 이 두 가지를 병행하게 하사 사람으로 그 장래 일을 능히 헤아려 알지 못하게 하셨느니라."

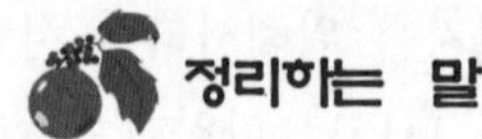

정리하는 말

여러분! 건강을 위해 투자하십시오. 성령 충만키 위해 기도하십시오. 무엇보다도 열심히 사랑하는 사랑의 사람이 되십시오. 매사에 긍정적이고, 신앙적인 사람이 되기 위해 말씀과 기도로 열심히 투자하시고, 영혼의 질병을 치유하는 교회를 항상 가까이 하시기를 바랍니다. 그리하여 주의 종들과 함께 치유의 일꾼이 되셔서 하나님께 영광 돌리는 주인공이 되시기 바랍니다. 자신도 치유 받고, 타인도 치유 받게 하시기를 바랍니다.

평가와 결심

1. 건강을 위해 투자해야할 첫째가 무엇입니까?
   (요 7:38, 성령 충만한 사람 되어야 함)
2. 마음 건강 육체 건강의 비결 둘째가 무엇입니까?
   (잠 18:14, 사랑을 실천하는 사랑의 사람이 되어야 함)
3. 마음 건강 육체 건강의 비결 셋째가 무엇입니까?
   (전 6:14, 긍정적이고 신앙적인 사람이 되어야 함)

주간 경건의 시간 <36> · 날마다 말씀과 함께

요일 내용	월(Mon)	화(Tue)	수(Wed)	목(Thu)	금(Fri)	토(Sat)
찬송	354/ 394	358/ 400	359/ 401	360/ 402	371/ 419	376/ 422
성경	사 58:	사 59:	사 60:	사 61:	사 62:	사 63:
적용	치료가 급속할 것	의의 호심경	빛을 발하라	기름을 부으사	거룩한 백성	주의 성신 근심케 말라

* 천재의 배출은 열심의 결과로 얻어진 것이다. <벤 자민 디스레일러, 1803-1881) 영국 정치가>

9단원 영성 치유의 달

제36과

영적 감각을 회복하자

찬송 / 428, 492, 491/ 통 488, 544, 543
성경 / 누가복음 7:29-35
요절 / 누가복음 7:32
"비유컨대 아이들이 장터에 앉아 서로 불러 가로되 우리가 너희를 향하여 피리를 불어도 너희가 춤추지 않고 우리가 애곡을 하여도 너희가 울지 아니 하였다 함과 같도다."
목표/ 하나님의 자녀로서 영적인 감각을 회복하는 태도를 기른다.

시작하는 말

오늘 우리의 시대를 '감각을 잃어버린 시대'라고 말합니다. 많은 사람을 해쳐도 죄의식을 느끼지 못하고 또 그런 사건을 보고 들어도 아무런 느낌을 갖지 못하며, 모든 감각기능이 마비되어 영적 식물인간처럼 되어버린 우리들의 모습이 아닌가 한번쯤 생각해 보시기 바랍니다. 자녀는 자녀의 자리에서, 부모는 부모의 자리에서 하나님이 기뻐하는 아름다운 영적감각을 회복해서 한 시대를 우리 주님의 영광을 드러내는 능력을 가지고 살아야 하겠습니다. 어쩌면 오늘 이 시대는 피리를 불어도 춤추지 않고 애곡을 하여도 울지 않는 그런 상태입니다. 우리 자신은 어떻게 해야 할까요?

오늘의 말씀

1. 영적 시각을 회복해야 합니다(창 13:14-17)

인생에는 두 가지 길이 있다고 합니다. 하나는 룻의 길이고 하나는 롯의 길입니다. 룻의 길은 고난과 역경과 문제가 온다고 할지라도 하나님을 바라보고 하나님만 의지하고 끝까지 도전하고 나가는 모습이요. 결국에는 인생의 역전을 맛보는 승리의 길입니다. 반면에 롯의 길은 편안하고 편리하고 눈에 보이는 화려함을 좇아가다가 점점 더 하나님과는 멀어져서, 결국에는 세상만 바라보고 나 자신만을 생각하다가 인생의 벼랑길에 서게 되는 그런 길입니다. 사랑하는 성도 여러분! 인생의 영적 시각과 눈을 뜨셔서 예수님의 제자들처럼 옳은 길, 바른 방향으로 충성하시기 바랍니다.

· 함께 읽어요 : 창세기 13장 14~15절

"14 롯이 아브람을 떠난 후에 여호와께서 아브람에게 이르시되 너는 눈을 들어 너 있는 곳에서 동서남북을 바라보라 15 보이는 땅을 내가 너와 네 자손에게 주리니 영원히 이르리라."

2. 감사와 찬미의 입술을 회복해야 합니다(히 13:15-17)

"행복은 감사의 문으로 들어왔다가 불평의 문으로 나간다."는 말이 있습니다. 혹시 우리 가정이 행복을 잃어버렸다면 감사를 잃어버렸기 때문이고 혹시 행복을 얻었다면 내 안에 감사를 회복하고 살기 때문일 것입니다. 여러분은 어느 길을 가고 있습니까? 감사의 입술입니까? 아니면 원망의 입술입니까? 주님이 기뻐하는 아름다운 길, 그 길은 감사와 찬미의 입술을 회복하는 길입니다. 피리를 불어도, 소고를 쳐도 왜 아무런 느낌을 갖지 못할까요? 영적 식물인간처럼 되어버린 모습이 혹 우리의 모습은 아닐까요? 하나님께 독생자 예수 그리스도를 화목제물로 주시고, 구원과 영생을 주셨으니 감사와 찬미의 제사를 드리시기를 바랍니다.

· 함께 읽어요 : 히브리서 13장 15절

"이러므로 우리가 예수로 말미암아 항상 찬미의 제사를 하나님께 드리자 이는 그 이름을 증거 하는 입술의 열매니라."

3. 영적 은사의 가능성을 항상 열어두어야 합니다(빌 4:13)

일반적인 상식의 사람들은 콩 심은데 콩 나고, 팥 심은데 팥 나는 것이 당연하다고 생각하고 그렇게 믿고 삽니다. 그러나 영적 기업가들은 물고기 뱃속에서 동전을 끄집어내고 하늘에서 만나를 떨어뜨리고, 공중에 메추라기를 날려 보냅니다. 쓴물을 단물로 바꿀 수 있으며, 안 될 때 되게 하는 능력의 주인공이 영적 기업가들의 특징입니다. 많은 사람들이 "안돼" "틀렸어" "이건 불가능해" 이렇게 말할 때, 그 환경을 뚫고 승리를 만들고 기적을 만들어내는 사람들이 있습니다. 우린 그런 사람을 "참 위대했다" "정말 대단했다"라고 말합니다. 우리 주님은 언제나 불가능한 환경을 가능으로 바꾸시는 기적의 주인공이십니다. 이제 모두 "어렵다" "모두 힘들다" "모두 안 된다"라고 말하는 그 환경을 도리어 역전시키는 가정과 교회가 되어야 합니다. 구기경기를 보면 전반전이 끝나고 나면 하프 타임이 있고, 그 하프 타임이 지나고 나면 반드시 후반전이 있습니다. 우리의 전반전이 실패했다고 그냥 무너질 수 없습니다. 마침내 후반전을 승리로 이끄는 역전 드라마를 연출해야 합니다. 여러분의 가정도 우리 교회도 영적 가능성을 회복하셔서 그야말로 세상적인 불가능을 하나님이 주시는 가능으로 바꾸어나가는 능력의 주인공이 되시기를 바랍니다. 세계적인 발레리나 강수진 양의 발, 모든 발가락이 오랜 연습 때문에 변형되어서 마치 관절염 환자의 발가락처럼 휘어져 있답니다. 그녀의 영광은 연습과 피땀 어린 노력의 결과입니다. 힘들고 어려운 일일지라도 영적 가능성을 열어두고서 최선을 다하는 피땀 어린 노력의 과정이 있기를 바랍니다. 그 길만이 여러분의 삶을 더 풍요롭게 할 것입니다.

· 함께 읽어요 : 빌 4장 13절

"내게 능력 주시는 자 안에서 내가 모든 것을 할 수 있느니라."

정리하는 말

사랑하는 성도 여러분! 우리 성도들이 영적 감각을 회복해서 형제의 아픔과 슬픔, 고통을 느낄 줄 알고, 은혜에 감사하며 찬양할 수 있도록 회복된다면 얼마나 신바람 나고 얼마나 행복할까요? 기쁠 때 기뻐할 줄 알고, 슬플 때 슬퍼할 줄 아는 것은 바로 감각을 회복한 자가 누릴 수 있는 진정한 행복입니다. 우리 구역과 속회가 영적 감각을 회복한, 진정 행복한 교회의 모습이기를 바랍니다. 그래서 속회와 구역, 가정이 세상에서 영적으로 건강한 하나님의 드림팀이기를 간절히 소망합니다.

평가와 결심

1. 영적 감각의 회복 첫째 단계가 무엇입니까?
   (창 6:9, 영적 시각을 회복하는 것)
2. 영적 감각의 회복 둘째 단계가 무엇입니까?
   (히 13:15, 감사와 찬미의 입술을 회복해야함)
3. 영적 감각의 회복 셋째 단계가 무엇입니까?
   (빌 4:13, 영적 은사의 가능성을 항상 열어두어야 함)

주간 경건의 시간 <36> · 날마다 말씀과 함께

요일 / 내용	월(Mon)	화(Tue)	수(Wed)	목(Thu)	금(Fri)	토(Sat)
찬송	197/ 178	191/ 427	190/ 177	183/ 172	184/ 173	211/ 346
성경	눅 2:	눅 3:	눅 4:	눅 5:	눅 6:	눅 7:
적용	마음에 지키어	성령과불의 세례	성령의 권능으로	깊은 데 그물을	기도하시러 따로	청년아 일어나라

* 말을 많이 한다는 것과 잘한다는 것은 별개의 문제이다.

<소포클래스, B.C. 495~406, 그리스 비극시인>

언어의 영성을 회복하자

찬송 / 215, 195, 196/ 통 354, 175, 174

성경 / 출애굽기 4:10-13

요절 / 야고보서 3:2

"우리가 다 실수가 많으니 만일 말에 실수가 없는 자면 곧 온전한 사람이라 능히 온 몸도 굴레 씌우리라."

목표/ 언어의 영성을 회복하는 태도를 기른다.

시작하는 말

성도의 신앙생활 중에 '언어생활'은 대단히 중요합니다. 오늘날 인간 성공학을 연구하는 학자들은 사람마다 입에서 하는 말대로 그의 인생이 만들어져 간다고 합니다. 출애굽할 때 이스라엘의 민족의 지도자 모세도 "나는 본래 말에 능치 못한 자라."(출 4:10)고 고백했습니다. 어떤 사람이나 그 말은 그 사람의 됨됨이를 알 수 있습니다. 이번 공과에서는 영성 치유에서 언어생활의 치유를 다루려고 합니다. 이 과를 통하여 아름다운 언어생활을 추구하시기 바랍니다.

오늘의 말씀

1. 언어의 영성을 여는 3가지 문이 있습니다(눅 11:2~4)

데이 C. 세퍼드의 '세 가지 황금 문'이란 글을 보면 언어생활에 대해 다음과 같은 충고합니다. "말하기 전에 언제나 세 가지 황금 문을 지나게 하라. 다 좁은 문이다. ① 첫째 문, 그것은 참말인가? ② 둘째 문, 그것은 필요한 말인가? ③ 셋째 문, 그것은 친절한 문인가? 이 세 문을 지나왔거든 그 말의 결과가 어찌 될 것인가 염려하지 말고 크게 외쳐라." 아쉽게도 오늘날 이 사회의 위기는 상당 부분 잘못된 말에 기인합니다. 진실을 확인하지 않고 말해 이웃을 곤경에 빠뜨리곤 합니다. 불필요한 말로 실수가 많습니다. 가깝다는 이유로 거칠고 무례한 말을 내뱉기 일쑤입니다. 그런데 크리스천은 한 가지 문을 더 통과해야 합니다. 곧 '기도의 문'입니다. 말하기 전에 주의 말씀을 상고하며 진심으로 기도하면 진실한 말을 하게 되고, 꼭 필요한 말을 하게 되며, 친절한 말을 하게 됩니다. 우리가 기도하고, 말한 대로 믿음의 역사가 일어나는 것입니다. 영성에서 언어생활은 그 기초입니다.

· 함께 읽어요 : 시편 141편 3절
"여호와여 내 입에 파수꾼을 세우시고 내 입술의 문을 지키소서."

2. 경우에 합당한 말을 해야 합니다(잠언 25:11)

프랑스의 시인인 로제 카이유의 이야기 중에 나오는 말입니다. "저는 태어날 때부터 장님입니다." 그런 팻말을 목에 걸고 프랑스 파리의 미라보 다리 위에서 구걸을 하고 있는 한 장님이 있었습니다. 그런데 그 곁을 지나가던 어떤 사람이 그 걸인에게 당신이 이렇게 해서 구걸하는 액수가 하루에 얼마나 되느냐고 물었습니다. 그러자 그 걸인은 침통한 목소리로 겨우 10프랑 정도밖에 되지 않는다고 대답했습니다. 그 소리를 들은 행인은 고개를 끄덕이면서 걸인의 목에 걸려있는 팻말을 뒤집어 놓으며 다른 어떤 말을 적어놓았습니다. 그로부터 약 한달 후, 그 행인이 그 곳에 다시 나타나 물었을 때 걸인은 행인의 손을 붙잡고 감격해 하며 물었습니다. "참으로 고맙습니다. 선생님께서 다녀가신 뒤 요사이는 50

프랑까지 수입이 오르니 대체 어떻게 된 연유인지 모르겠습니다. 도대체 무슨 글을 써놓았기에 이런 놀라운 일이 생기는 겁니까?" 그러자 행인은 이렇게 대답했습니다. "별다른 게 아닙니다. 원래 당신의 팻말에 써 있는 글 '저는 때어날 때부터 장님입니다.'라는 말 대신에 '봄이 오건만 저는 그것을 볼 수 없답니다.' 라고 써 놓았을 뿐이죠." 이 이야기는 우리가 쓰는 말 한마디에 따라 얼마든지 결과가 달라질 수 있다는 사실입니다. 사용하는 말에 좀더 아름다운 상상의 날개를 달아야 사람들의 마음에 호감을 끌 수가 있는 것입니다.

· 함께 읽어요 : 잠언 25장 11절
"경우에 합당한 말은 아로새긴 은쟁반에 금 사과니라."

3. '사랑 한다'는 말은 치유의 말입니다(잠 12:18)

'마라스머스'라는 이상한 병은 주로 전쟁고아나 고아원에서 외롭게 자라는 어린이들에게 나타나는 병입니다. 증상은 신체발육이 부진하고 온몸에 힘이 빠지는 것으로 나타납니다. 그리고 환자는 시름시름 앓다가 결국 죽고 맙니다. 이 병은 영양부족이나 병균 때문에 생기는 것이 아닙니다. 마음속의 사랑을 표현하지 못하거나 남들로부터 전혀 사랑을 받지 못하는 사람은 '마라스머스'와 유사한 병에 걸릴 확률이 높습니다. 의사들이 밝히는 이 병의 치료법은 너무도 간단합니다. "매일 사랑을 고백하십시오." 의인의 진실한 입술은 상처받은 사람에게 위로의 말을, 낙심하고 절망한 사람에게 소망의 말을, 환난과 핍박 가운데 있는 사람에게 힘과 용기를 주는 말을, 문제를 당한 사람에게 지혜로운 말을, 나태한 사람에게 권면과 훈계의 말을, 죽어 가는 사람에게 생명의 말과, 사랑한다는 말을 하셔서 서로의 상한 심령을 치유하시기를 바랍니다.

· 함께 읽어요 : 잠언 12장 18절
"혹은 칼로 찌름 같이 함부로 말하거니와 지혜로운 자의 혀는 양약 같으니라."

정리하는 말

사랑하는 성도 여러분! 요즘 세상 어떻게 살아가십니까? 말 많은 세상! 말 때문에 얼마나 상처받고 괴로워하십니까? 참말, 필요한 말, 친절한 말을 서슴지 말고 하십시오. 그리고 경우에 합당한 말을 하십시다. 어둡고 힘든 세상이지만 언어의 영성을 살리는 "사랑한다."는 말을 하면서 정말 살맛나는 세상! 주 안에서 주님의 일을 위해 만나고 싶은 시간들을 재창조하면서 살아가시기를 바랍니다.

평가와 결심

1. 언어의 영성을 여는 말의 3가지 문이 무엇입니까?
   (시 141:3, ①참말인가? ②필요한 말인가? ③친절한 말인가?)
2. 언어의 영성을 향상시키는 말이 무슨 말입니까?
   (잠 25:11, 경우에 당한 말)
3. 언어의 영성을 살리는 '치유의 말' '생명의 말'은 무엇입니까?
   (잠 12:18, 사랑한다는 말)

주간 경건의 시간 <37> · 날마다 말씀과 함께

요일 / 내용	월(Mon)	화(Tue)	수(Wed)	목(Thu)	금(Fri)	토(Sat)
찬송	210/ 245	211/ 346	212/ 347	213/ 348	214/ 349	215/ 354
성경	출 2:	출 3:	출 4:	출 5:	출 6:	출 7:
적용	삯을 주리라	여호와라 하라	손에 잇는 것이 뭐냐	감찰하시고	내 백성을 삼고	물이 피로 변하더라

* 세상에서 가장 힘든 일은 모든 사람이 생각하지 않고 말하는 것을 생각하면서 말하는 것이다.(알랭)

9단원 영성 치유의 달

영적 리듬을 회복하자

찬송 / 354, 347, 325/ 통 394, 382, 359

성경 / 다니엘 6:10-13

요절 / 요한복음 4:24

"하나님은 영이시니 예배하는 자가 신령과 진정으로 예배할지니라."

목표/ 영적 리듬을 회복하고 섬김을 다하는 태도를 기른다.

시작하는 말

성공적인 사람은 모두 다 바람직한 생활 리듬이 있는 것을 알 수가 있습니다. 리듬이 깨지면 그 사람은 얼마 안 가서 건강도 잃고 사업도 깨지고 맙니다. 생활에 리듬이 없이 생각나는 대로, 충동적으로 그때그때 움직이고 행동하는 사람은 무슨 일에나 성공할 수 없습니다. 영적인 건강도 리듬이 있습니다. 어떤 훌륭한 선배목사님은 기도생활이나, 운동하는 것이나, 꼭 리듬을 맞춰 생활하기 때문에 건강도 유지하고 영력도 배가하면서 교회를 부흥시키고 있는 것을 보았습니다. 여러분이 영적 건강을 위해 하나님이 원하시는 것이 무엇이겠습니까?

오늘의 말씀

1. 기도생활의 리듬을 회복해야 합니다(행 3:1-10)

사도행전 3장에 보면 제9시 기도 시간에 베드로와 요한이 성전에 올라가서 규칙적으로 기도한 것을 볼 수 있습니다. 당시 제자들은 3시, 6

시, 9시[1] 등 하루 몇 차례씩 성전에 가서 기도하곤 했습니다. 제 9시 기도 시간에 기도하려고 성전에 올라가다가, 나면서 앉은뱅이 된 자를 보고 "베드로가 가로되 은과 금은 내게 없거니와 내게 있는 것으로 네게 주노니 곧 나사렛 예수 그리스도의 이름으로 걸으라."(3:6) 하고 명했습니다. 그리고 오른손을 잡아 일으키니 발에 힘을 얻고 일어나 뛰며 서서 걸었습니다. 이같이 기도생활의 리듬이 있어야 기적이 일어납니다.

다니엘 6장에 보면 왕의 총애를 받는 다니엘을 시기하던 총리와 방백들이 다니엘을 모함하여 죽이려고, 앞으로 한 달 동안 왕 외에 어떤 신에게나 기도하는 사람은 사자 굴에 던져 넣기로 한 금령을 알고도 다니엘은 하루 세 번씩 예루살렘 창을 열고 기도했습니다. 결국 다니엘을 사자 굴에 던졌으나 사자들의 입이 봉해져 살아났습니다. 그러나 모함하던 총리와 방백들은 사자 굴에 들어가자마자 맹수들에게 찢기고 참혹하게 먹히고 말았습니다. 기도의 영적 생활의 리듬이 그렇게 중요하다는 사실입니다.

· 함께 읽어요 : 다니엘 6장 10절

"다니엘이 이 조서에 어인이 찍힌 것을 알고도 자기 집에 돌아가서는 그 방의 예루살렘으로 향하여 열린 창에서 전에 행하던 대로 하루 세 번씩 무릎을 꿇고 기도하며 그 하나님께 감사하였더라."

2. 예배생활의 리듬을 회복해야 합니다(요 4:21-24)

살아있는 신앙생활은 예배가 규칙적으로 반복되어야 합니다. 예배드리는 생활은 중요한 영적 생활의 리듬을 회복시키는 지름길 입니다. 불규칙하게 별로 할 일이 없을 때나 교회에 나와 예배드리는 것은 종교를 가졌다는 위안이 될지는 모르지만, 진정 거듭난 사람의 영적 생활은 아

1) 유대인의 시각은 해 뜨는 시각을 0시로 계산하기에 거기에 6시간을 더해야 우리나라 시각과 같아집니다.

닙니다. 하나님은 지금도 지구상에 있는 그 많은 사람들 중에 '신령과 진정(진리)으로 예배하는 자'를 찾으시고, 귀중히 여기십니다. 어떤 사람은 비가 온다고 예배 빠지고, 날씨가 좋으면 들로 산으로 놀러 가느라고 예배드리러 오지 않고, 꼭 날씨가 우중충 할 때만 나오는 사람도 있습니다. 이것은 영적 생활의 리듬을 질식시키는 사람입니다. 예배생활에 리듬을 잘 지키는 사람은 자신과 그 후손이 반드시 복을 받을 줄 믿으시기 바랍니다.

· 함께 읽어요 : 요한복음 4장 23절

"아버지께 참으로 예배하는 자들은 신령과 진정으로 예배할 때가 오나니 곧 이때라 아버지께서는 이렇게 자기에게 예배하는 자들을 찾으시느니라."

3. 헌금 봉사생활의 리듬이 회복되어야 합니다(고후 9:6~7)

어떤 분은 밤새도록 기도했다가 기분이 안 나면 몇 날, 며칠 동안 안 하는 것은 영적 생활의 리듬이 깨진 것입니다. 헌금 봉사생활도 기분 내키면 한 번 하고 한 달 두 달, 하지 않는 것은 영적 생활에 리듬이 깨진 것이기 때문에 성령의 인도함을 받는 생활이 아닙니다. 헌금생활의 리듬은 성경이 제시하고 있습니다. 적든 많든 수입이 생길 때마다 온전한 십일조를 드리는 것입니다. 이것이 영육 간에 축복받는 중요한 비결입니다. 굶어도, 빚을 져도, 잘 지켜나가면 언젠가는 하나님의 기적과 축복이 나타납니다. 감사헌금도 정해 놓고 해야 합니다. 어떤 교인은 교통위반 딱지 뗀 셈 치고, 자동차 사고 나서 수리비 쓴 셈 치고, 매 주일 감사헌금 드립니다. 어떤 분은 다른 보험 드는 대신에 하늘나라 보험 든 셈치고, 규칙적으로 감사헌금 드립니다. 헌금 봉사생활에도 리듬이 있어야 제대로 하는 신앙생활이며 복 받는 생활입니다.

· 함께 읽어요 : 고린도후서 9장 7절

"각각 그 마음에 정한대로 할 것이요 인색함으로나 억지로 하지 말지니 하나님은 즐겨 내는 자를 사랑하시느니라."

정리하는 말

리듬(rhythm)이란 말은 흔히 음악에서 쓰는 말인데 "규칙적인 반복운동" 혹은 "일정한 틀에 따라 반복하는 것"을 의미합니다. 하나님의 영적 거성들은 영적 생활에 리듬이 있는 생활을 했던 것을 알 수 있습니다. 하나님의 보호를 받고 축복을 받는 생활을 위하여 영적 리듬을 회복하시기를 바랍니다.

평가와 결심

1. 회복해야 될 영적 리듬 첫째가 무엇입니까?
   (단 6:10, 행 3:1, 기도생활의 리듬 회복)
2. 회복해야 될 영적 리듬 둘째가 무엇입니까?
   (요 4:24, 예배생활의 리듬 회복)
3. 회복해야 될 영적 리듬 셋째가 무엇입니까?
   (고후 9:6~7, 헌금 봉사생활의 리듬 회복)

주간 경건의 시간 <38> · 날마다 말씀과 함께

요일 / 내용	월(Mon)	화(Tue)	수(Wed)	목(Thu)	금(Fri)	토(Sat)
찬송	324/ 360	325/ 359	330/ 370	329/ 267	327/ 361	297/ 191
성경	단 8:	단 9:	단 9:	단 10:	단 11:	단 12:
적용	환상의 해석	70주간의 비밀	기도를 시작할 때	바사국 군	남방 왕 북방 왕	별과 같이 빛나리라

* 봉사를 주로 한 사업은 흥하고, 이득을 주로 한 사업은 망한다.

<헨리 포드(1863~1947), 미국 자동차 왕>

9단원 영성 치유의 달

잃은 영권을 회복하자

찬송 / 356, 357, 352/ 통 396, 397, 390

성경 / 누가복음 10:17-20

요절 / 누가복음 10:19

"내가 너희에게 뱀과 전갈을 밟으며 원수의 모든 능력을 제어할 권세를 주었으니 너희를 해할 자가 결단코 없으리라."

목표/ 그리스도의 증인으로서 사명을 위해 영권을 회복한다.

시작하는 말

존 알렉산더 다위(John Alexander Dawie)라는 목사는 스코틀랜드 출신인데 호주에 부흥회 인도하러 갈 때 종종 풍랑을 만났습니다. 그 때마다 예수님이 바다의 풍랑을 꾸짖듯이 예수의 이름으로 꾸짖으면 잠잠해지곤 했다고 합니다. 사람은 육신과 영혼으로 구성되어 있습니다. 육신을 연마해서 건강을 가진 자가 있고, 지식을 많이 쌓아서 해박한 지식을 가진 사람이 있고, 영적 훈련을 열심히 해서 영적 권위인 영권을 소유한 자가 있습니다. 사탄 마귀가 삼킬 자를 찾아다니는 이 세상에서 우리 성도들은 영적 권세를 소유하고 이를 충분히 활용할 줄 알아야 합니다.

오늘의 말씀

1. 하나님의 자녀로서의 영권(靈權)이 있어야 합니다(눅 10:17~19)

먼저 예수 그리스도를 영접하고 확실히 거듭난 신자로서의 확신을 가져야 합니다. 요한복음 1장 12절에 "영접하는 자 곧 그 이름을 믿는 자들에게는 하나님의 자녀가 되는 권세를 주셨으니 이는 혈통으로나 육정으로나 사람의 뜻으로 나지 아니하고 오직 하나님께로서 난 자 들이니라." 고 했습니다. 아무리 마귀가 사자같이 무섭고 독사같이 지독해도 하나님의 자녀들에게는 이빨 빠진 사자에 불과합니다. 사탄이 엄습하여 모든 불안과 근심과 고난으로 공격해도 하나의 공갈이요, 위협이요, 거짓에 불과한 것입니다. 주 안에서 대적하고 물리치면 안개처럼 다 사라지고 맙니다. 담대한 믿음으로 유혹을 이기고 대적하여 어떠한 공격도 물리쳐야 합니다.

· 함께 읽어요 : 누가복음 10:19절
"내가 너희에게 뱀과 전갈을 밟으며 원수의 모든 능력을 제어할 권세를 주었으니 너희를 해 할 자가 결단코 없으리라."

2. 하나님의 뜻과 방법을 아는 자녀에게 영권을 주십니다(요 5:19)

영권의 능력을 소유하려면, 먼저 거듭나서 하나님의 자녀가 되어야 합니다. 그리고 하나님의 뜻과 방법을 알아야 합니다. 하나님의 뜻을 어느 정도 아느냐에 따라 영적 권위가 결정됩니다. 하나님의 뜻을 모르고 하나님의 방법도 모르고 함부로 날뛰는 자에게는 하나님이 영권을 허락할 수가 없는 것입니다. 그런 사람에게 영권을 주면 어린아이에게 큰칼을 맡기는 것과 같기 때문입니다. 가장 큰 영권을 가진 자, 즉 하늘과 땅의 모든 권세를 가지신 예수님께서 요한복음 5장 19절에 말씀하시기를 "아버지의 하시는 일을 보지 않고는 아무 것도 할 수 없나니"라고 하셨습니다. "나는 나의 원대로 하지 않고 나를 보내신 이의 원대로 하는 고로 내 심판은 의로우니라."고 말씀하셨습니다. 여러분이 가령 큰 재산과 많은 회사와 기구를 가지고 있다면, 여러분의 뜻을 잘 받들어 일 할 사람에게 재산도 맡기고 귀한 직책도 맡길 것입니다. 하나님께서도 하나님의 뜻과 방법을 잘 아는 성도들에게 영권을 맡기는 것입니다. 귀한 영권의 소유자가 되시기 바랍니다.

· 함께 읽어요 : 요한복음 5장 19절

"그러므로 예수께서 저희에게 이르시되 내가 진실로 진실로 너희에게 이르노니 아들이 아버지의 하시는 일을 보지 않고는 아무 것도 스스로 할 수 없나니 아버지께서 행하시는 그것을 아들도 그와 같이 행하느니라."

3. 권위에 순종하는 자에게 영권을 주십니다(롬 13:1)

하나님이 맡기신 영권의 소유자에게 순종하는 것은, 귀한 영권 소유의 지름길이요, 비결입니다. 다윗은 사울 왕이 자기를 잡아 죽이려고 쫓아다니는데도 죽이지 않았습니다. 그 이유는 다윗이 하나님께서 사울 왕에게 기름 부어 권세(authority)를 주신 것을 알고 보았기 때문입니다. 그러므로 권세를 주셨던 하나님이 그를 처리하실 때까지 손을 대지 않았습니다. 한번은 엔게디 굴속에 깊이 숨어 있는데, 사울과 그 부하들이 그 굴속에 들어와 시원한데서 잠이 들었습니다. 그 때 아비새 장군이 창을 들어 단번에 찌르려 했지만 다윗은 "하나님이 기름 부어 권위자로 세운 자를 해치지 말라"고 명하고 사울의 옷자락만 베어 가지고 나왔습니다. 한번은 사울 왕의 부하들이 밤에 들판에서 잠이 들었는데 다윗의 부하들이 그를 죽일 수 있었지만 창과 물병만 가지고 왔습니다. 다윗은 사울의 권세를 존중히 여겼습니다. 하나님은 이런 다윗을 보시고 사울은 전쟁에서 전사하게 하고, 다윗은 죽을 때까지 그의 권세를 보장해 주셨습니다. 그리하여 원수들이 공격에도 백전백승하게 해주셨습니다. 다윗이 범죄 할 때 괴롭히는 무리들이 있었으나 그를 징계한 다음에는 원수를 다 멸해 주셨습니다. 권세에 순종한 만큼, 큰 권세를 받게 된다는 사실을 명심하시기 바랍니다.

· 함께 읽어요 : 로마서 13장 1절
"각 사람은 위에 있는 권세들에게 굴복하라 권세는 하나님께로 나지 않음이 없나니 모든 권세는 다 하나님의 정하신 바라."

정리하는 말

사랑하는 성도 여러분! 여러분에게도 영권(靈權)을 주셨습니다. 성도에게 하나님의 자녀의 권세, 죄와 마귀를 물리치는 권세, 세상을 이기는 권세를 주셨습니다. 하나님의 뜻을 알고, 주신 권세들에게 복종함으로 하나님께서 주신 권세와 큰 능력을 삶의 현장에서 적용하고, 체험하는 기회로 삼으시기를 주님의 이름으로 기원합니다.

평가와 결심

1. 예수 그리스도를 영접하는 자에게 주신 권세가 무엇입니까?
(요 1:12, 하나님의 자녀가 되는 권세를 주심)
2. 하나님의 권세를 누구에게 첫째 누구에게 주십니까?
(요 5:19, 하나님의 뜻을 알고 순종하는 자에게 주심)
3. 하나님의 권세를 누구에게 둘째 누구에게 주십니까?
(롬 13:1, 주신 권세에 순종하는 자에게 주심)

주간 경건의 시간 <39> · 날마다 말씀과 함께

요일 / 내용	월(Mon)	화(Tue)	수(Wed)	목(Thu)	금(Fri)	토(Sat)
찬송	353/ 391	354/ 394	355/ 386	350/ 393	351/ 389	347/ 382
성경	눅 9:	눅 10:	눅 11:	눅 12:	눅 13:	눅 14:
적용	예수만 보이더라	추수할 일꾼	구제하라	까마귀를 생각하라	안수하시매	내 집을 채우라

* 무심코 던진 말 한 마디가 상대방의 가슴에 못을 박는다.
<유관지, 목사, 수필가, 교수, 극동방송전도국장>

10단원 말씀 치유의 달

제40과

사람은 말씀으로 산다

찬송 / 198, 199, 200/ 통 284, 234, 235
성경 / 마태복음 4:1-11
요절 / 마태복음 4:4
"예수께서 대답하여 가라사대 기록되었으되 사람이 떡으로만 살 것이 아니요 하나님의 입으로 나오는 모든 말씀으로 살 것이라 하였느니라 하시니"
목표/ 사람은 하나님의 말씀으로 살아가는 것을 알게 한다.

시작하는 말

사람은 육신적인 생명과 영적인 생명이 있습니다. 생명은 같지만 먹고 사는 양식이 다릅니다. 육신적인 생명이 물질적인 음식을 날마다 먹어야 살아가는 것처럼 영적인 생명도 영적인 말씀을 날마다 먹으며 살아가야 합니다. 그렇다면 여러분들은 과연 매일 육신의 양식처럼 영적인 양식을 섭취하고 있습니까? 이것이 우리의 과제입니다. 그리고 당신의 영혼이 잘되고 강건하기 위해서, 여러분의 영성을 치유하기 위해서 어떻게 살아야 하겠습니까?

오늘의 말씀

1. 신령한 말씀을 사모하십시오(벧전 2:2-3)

건강한 아이는 젖을 사모하듯 건강한 심령은 말씀을 사모합니다. 사도 베드로는 "갓난아이들 같이 순전하고 신령한 젖을 사모하라 이는 이로 말미암아 너희로 구원에 이르도록 자라게 하려 함이라 주의 인자하심을 맛보았으면 그리하라."(벧전 2:2~3)고 했습니다. 여기 '순전하고 신령한 젖'은 '하나님의 말씀'을 가리킵니다. '하나님의 말씀'은 영적인 모유입니다. 하나님의 말씀을 먹어야 영적인 생명이 보존되고 자라갑니다. 갓난아이가 모유를 먹으면서 어머니의 사랑의 맛을 보는 것처럼 우리는 하나님의 말씀을 먹으면서 인자하신 주님의 맛을 보며 살아가야 합니다. 우리는 주님의 말씀 속에서 인자하신 주님을 찾아 주님을 닮아 가야하는 것입니다. 이 목적을 이끄는 삶은 성경 말씀이 양식이며 보약입니다.

· 함께 읽어요 : 이사야 55장 1절

"너희 목마른 자들아 물로 나아오라 돈 없는 자도 오라 너희는 와서 사 먹되 돈 없이, 값없이 와서 포도주와 젖을 사라."

2. 말씀의 정상을 정복 하십시오(시편 19:8~10)

우리가 영적 건강을 유지하려면 영적 입맛을 회복해야 합니다. 그래서 양식을 맛있게 정한 시간에 가리지 않고 잘 먹어야 건강한 것입니다. 그런데 우리는 영적 육신의 생명을 위해서는 온갖 좋은 것을 다 섭취하면서, 영적인 생명을 위해서 하나님의 말씀을 얼마나 섭취하고 있습니까? 육신적인 양식은 한 끼라도 거르면 죽을 것처럼 찾아 먹으면서 영적인 양식은 몇 주, 몇 개월, 몇 년 걸러도 아무런 느낌이 없지 않습니까? 여기에 우리의 영적 건강에 비상이 걸린 것입니다. 영적인 양식을 성취하지 않고 영적으로 살아있는 것처럼 착각하는 데, 이것은 심각한 문제가 있습니다. 여러분, 하나님의 말씀인 성경을 꿀보다 더 달게 느끼면서 읽고 묵상하며, 시간을 정해 놓고 매일 매일, 그리고 신약 · 구약을 균형 있게 읽고 들으면서 영적 건강을 회복하시기를 바랍니다. 그리하여 영적 건강의 정상에 거하시기를 바랍니다.

· 함께 읽어요 : 시편 19장 8-10절

"8 여호와의 교훈은 정직하여 마음을 기쁘게 하고 여호와의 계명은 순결하여 눈을 밝게 하도다. 9 여호와를 경외하는 도는 정결하여 영원까지 이르고 여호와의 규례는 확실하여 다 의로우니 10 금 곧 많은 정금보다 더 사모할 것이며 꿀과 송이 꿀보다 더 달도다."

3. 하나님의 말씀이 영적 생명을 풍요롭게 합니다(신 8:1-3)

예수님은 "사람이 떡으로만 살 것이 아니요 하나님의 입으로 나오는 모든 말씀으로 살 것이라"(마 4:4)고 말씀하셨습니다. 예수님은 떡으로 사는 것을 부인하신 것이 아니라 '떡으로만' 사는 것을 인정하시지 않았습니다. 사람은 떡이 필요하지만 떡으로만 사는 것은 바람직하지 않습니다. 이것은 육신적인 생명이기 때문입니다. 영적인 생명은 영적인 음식이 필요합니다. 성경 '하나님으로부터 나오는 모든 말씀'이 영적인 음식입니다. 예수님은 40일 동안 금식을 하신 후에 육적인 양식이 극도로 필요한 형편에 처하셨습니다. 예수님은 그런 극한 상황에서 사단으로부터 "이 돌들을 떡덩이가 되게 하라"는 유혹을 받았습니다. 예수님은 돌로 떡을 만들 능력이 있었지만 "사람이 떡으로만 살 것이 아니요 하나님의 입으로 나오는 모든 말씀으로 살 것이라."고 말씀하신 것입니다. 육신적인 생명을 유지하기 위한 떡보다, 영적인 생명을 주고 풍요롭게 하는 하나님의 말씀이 훨씬 더 귀하다는 것입니다. 하나님의 말씀인 성경은 영육간에 양식이요. 보약임을 명심하고, 끊임없는 섭취로 영·육간에 건강 회복하시기를 바랍니다.

· 함께 읽어요 : 신명기 8장 3절

"3 너를 낮추시며 너로 주리게 하시며 또 너도 알지 못하며 네 열조도 알지 못하던 만나를 네게 먹이신 것은 사람이 떡으로만 사는 것이 아니요 여호와의 입에서 나오는 모든 말씀으로 사는 줄을 너로 알게 하려 하심이니라."

정리하는 말

사랑하는 성도 여러분! 성경은 하나님께서 우리에게 주신 말씀인 영의 양식인 것입니다. 하나님의 말씀은 우리 삶을 푸른 초장으로 안내해 주는 이정표요, 나침반 입니다. 때문에 우리를 바른 길로 인도하십니다. 우리는 말씀을 듣고 깨닫는 대로 행하며 실천해야 합니다. 여러분 이제부터 하나님의 말씀에 귀를 기울여 듣고, 주님의 뜻대로 살아가는 복된 삶의 주인공들이 되시기를 바랍니다. 하나님의 말씀에 붙잡혀 굳게 서서 건강하고 아름답고 멋진 생애를 펼쳐 가시기를 바랍니다.

평가와 결심

1. 말씀으로 치유를 위해 첫째 우리가 어떻게 살아야 합니까?
   (벧전 2:2-3, 신령한 젖을 사모해야 함)
2. 말씀으로 치유를 위해 둘째 우리가 어떻게 해야 합니까?
   (시편 19:8~10, 말씀을 제때에 맛있게 먹어야함)
3. 말씀으로 치유를 위해 셋째 우리가 어떻게 살아야 합니까?
   (신 8:3, 말씀대로 실천하며 살아야 함)

주간 경건의 시간 <40> · 날마다 말씀과 함께

요일 / 내용	월(Mon)	화(Tue)	수(Wed)	목(Thu)	금(Fri)	토(Sat)
찬송	88/ 88	199/ 234	200/ 235	207/ 243	209/ 247	184/ 173
성경	마 2:	마 3:	마 4:	마 5:	마 6:	마 7:
적용	별을 보고	성령과 불	성령에게 이끌리어	예물 제단 앞에 두고	이렇게 기도하라	문을 두드리라

* 진정한 회개는 죄악 된 행동을 그만 두는 것이다. <성 암부로스(340-87) 주교>

10단원 말씀 치유의 달

제41과

말씀은 순결하게 합니다

찬송 / 184, 183, 182/ 통 173, 172, 169

성경 / 시편 119:9-16

요절 / 시편 119:9

"청년이 무엇으로 그 행실을 깨끗케 하리이까? 주의 말씀을 따라 삼갈 것 이니이다."

목표/ 성도로서 말씀으로 순결하게 살아가는 태도를 기른다.

시작하는 말

우리가 바르게 산다는 것은 거룩함으로 살아가는 것입니다. 하나님께서 기뻐하시는 삶이란 하나님 앞에서 거룩하고 온전하며 순결하게 사는 것입니다. 우리가 죄의 유혹에서 이기고, 죄악 세상에서 순결하게 살아갈 수 있는 방법은 하나님의 말씀을 따라 사는 것입니다. 죄와 더러움, 욕망에서 자신을 지켜낼 수 있는 것은 하나님의 말씀입니다. 성경은 하나님을 떠나 우상을 섬기는 생활을 남편을 떠나 외도하는 부정한 여인의 모습으로 비유하셨습니다. 여러분, 말씀으로 순결하게 살아가려면 어떻게 해야 하겠습니까?

오늘의 말씀

1. 우리는 말씀을 따라 행해야 합니다(시편 119:9)

본문 9절에 "청년이 무엇으로 그 행실을 깨끗케 하리이까? 주의 말씀을 따라 삼갈 것이니이다."라고 권하고 있습니다. 더럽고 추한 죄인이 깨끗해지고 정결케 할 수 있는 것은 주님의 말씀에 따라 행동하는 것입니다. 어린이로부터 노인까지 모든 사람들이 시편 기자가 권고하듯이 죄악에서 벗어나야 합니다. 죄의 유혹에 밀려 넘어질 때, 죄의 파도에 휩쓸릴 때, 죄의 구렁텅이에 빠지게 될 때 말씀을 붙들고 나아가십시오. 하나님의 말씀이 우리를 죄에서 구원해 주시고 승리케 하실 것입니다. 하나님의 말씀은 어떤 길이라도 명확하게 안내해 주는 지도와 같기 때문입니다. 사랑하는 성도 여러분! 하나님의 말씀을 기억하고 말씀이 뜻하는 대로 실천하여 죄악의 권세를 물리치고 성공의 주인공이 되시기 바랍니다.

· 함께 읽어요 : 시편 119편 9절

"청년이 무엇으로 그 행실을 깨끗케 하리이까 주의 말씀을 따라 삼갈 것이니이다."

2. 하나님 말씀에서 떠나지 말아야 합니다(시편 119:10)

시편 기자는 전심으로 여호와를 구하는 자는 주님의 계명에서 떠나지 않는다고 말합니다. 하나님의 말씀에서 떠나지 않는 것이 전심으로 주님을 찾고 구하는 일입니다. 세상의 광야에서 하나님의 말씀으로 우리의 인생을 지켜야 합니다. 그러기 위해서 간절한 마음으로 하나님을 찾고 사모해야 합니다. 하나님을 만나겠다는 믿음과 하나님의 말씀으로 자신의 삶을 돌이켜 순결한 마음으로 교회에 출석해야 합니다. 여러분, 얼마나 열심히 하나님을 찾으십니까? 얼마나 간절히 만나기를 원하십니까? 하나님을 간절히 찾는 자에게 하나님은 만나주시고 역사하십니다. 신앙이란 온 마음과 정성을 다해 하나님을 찾는 것입니다. 우리가 전심으로 하나님을 찾고 하나님의 말씀에서 떠나지 않을 때, 죄악에서 자신을 지켜가고 거룩하게 구별될 수 있습니다. 그러나 우리가 전적으로 하나님을 바라보지 못하도록 하는 것이 있습니다. 바로 '염려'와 '불신앙'입니다. 우리 안에 있는 염려는 하나님을 찾지 못하게 만듭니다. 또 '불신앙'은 우리를 하나님께 향하지 못하도록 합니다. 이것이야말로 하나님을 향한 의심이요, 배반입니다. 이런 염려, 불신앙, 의심을 다 떨쳐버리고, 온전한 신앙을 소유하시기 바랍니다.

· 함께 읽어요 : 시편 119편 10절
"내가 전심으로 주를 찾았사오니 주의 계명에서 떠나지 말게 하소서."

3. 말씀을 마음에 두어야 합니다(시편 119:11)

이 세상에서 가장 귀한 것은 하나님의 말씀입니다. 그리고 그 말씀이 살아 역사하는 가장 적합한 장소는 바로 우리의 '마음'입니다. 우리의 '마음'은 생각과 긴밀한 관계가 있습니다. 건전한 사고를 위해 나의 생각에 주님의 말씀이 거하고 있어야 합니다. 그것은 주님의 자녀로서 주님께 범죄치 아니하려는 이유에서입니다. 고린도후서 4장 7절에서 바울은 "우리가 이 보배를 질그릇에 가졌으니 이는 능력의 심히 큰 것이 하나님께 있고 우리에게 있지 아니함을 알게 하려 함이라."고 했습니다. 우리가 질그릇에 보배를 담고 있다고 말씀합니다. 그 보배는 바로 '예수 그리스도'입니다. 귀하신 주님을 질그릇에 담고 있다는 뜻입니다. 예수 그리스도는 완전하시고 순결하시며 흠이 없으신 분이십니다. 주님의 말씀을 담는 우리의 마음은 실상 흠이 많습니다. 상처투성이, 연약함, 부족함이 있는 우리의 마음이지만, 그 안에 보배이신 예수 그리스도를 담아둘 때 우리에게 크신 능력이 나타나는 것입니다. 연약하고 부족하지만 우리 안에 하나님의 말씀을 담아둘 때, 우리의 능력은 곧 말씀의 능력으로 변화 받아 죄에서 승리할 수 있는 것입니다.

· 함께 읽어요 : 시편 119편 11절
"내가 주께 범죄치 아니하려 하여 주의 말씀을 내 마음에 두었나이다."

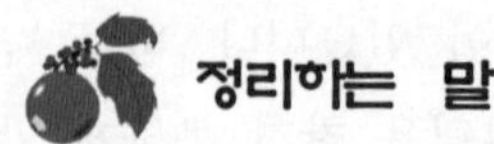

정리하는 말

하나님의 말씀이 우리를 죄에서 구원해 주십니다. 하나님의 말씀은 우리 인생의 안내자요, 나침반입니다. 죄악으로 더러워진 우리가 거룩함과 순결함으로 나아가는 길은 '오직 말씀!' 뿐입니다. 말씀의 지시대로 따를 때, 인생의 목적지에 안전하게 도달할 수 있는 줄 믿으시기 바랍니다.

평가와 결심

1. 순결하게 살아가는 방법 첫째가 무엇입니까?
   (시 119:9, 하나님의 말씀을 따라 행해야 함)
2. 순결하게 살아가는 방법 둘째가 무엇입니까?
   (시 119:10, 하나님의 말씀에서 떠나지 말아야 함)
3. 순결하게 살아가는 방법 셋째가 무엇입니까?
   (시 119:11, 하나님의 말씀을 마음에 두어야 함)

주간 경건의 시간 <41> · 날마다 말씀과 함께

요일 / 내용	월(Mon)	화(Tue)	수(Wed)	목(Thu)	금(Fri)	토(Sat)
찬송	159/ 149	237/ 226	241/ 232	242/ 233	257/ 189	258/ 190
성경	시119:41-80	시119:81-120	시119:121-160	시119:161-176	시120:1-7	시121:1-8
적용	내 소유	종일 묵상	여호와의 일하실 때	하루 일곱 번 찬양	로뎀나무 숯불	나의 도움

* 하나님이 영혼을 구원하시기 위하여 어떤 때는 우리 육신에 병을 준다.
<성 프랜시스(1567~1622), 프랑스 주교, 작가>

빛의 자녀처럼 행하라

찬송 / 423, 424, 425/ 통 213, 216, 217
성경 / 에베소서 5:1-14
요절 / 에베소서 5:8
"너희가 전에는 어두움이더니 이제는 주 안에서 빛이라 빛의 자녀들처럼 행하라."
목표/ 성도로서 빛의 자녀들처럼 행하는 태도를 기른다.

시작하는 말

바울은 불신 상태와 예수를 믿은 이후의 변화의 상태를 어둠과 빛으로 이야기합니다. 불신앙 상태는 어둠이요, 예수를 믿은 이후의 상태는 빛이라는 것입니다. 신자가 된다는 것은 어둠의 자녀에서 빛의 자녀가 되는 것입니다. 예수 그리스도를 영접함으로써 빛 되신 주님을 우리의 마음속에 받아, 그 빛을 반사하기에 우리는 빛의 자녀가 되는 것입니다. 그러나 빛 된 우리가 빛의 제 기능을 제대로 하지 못하고 있기 때문에 어둠에 묻혀 살기도 합니다. 말씀을 통해서 빛이라는 우리 자신의 신분과 빛으로서의 사명과 그 역할을 다하며 살아야 하겠습니다.

오늘의 말씀

1. 빛의 자녀는 빛 되신 하나님을 본받아야 합니다(엡 5:1-2)

하나님을 본받는다는 것은 하나님을 닮아가는 삶을 의미합니다. 하나님을 닮아간다는 것은 하나님의 성품을 닮아가는 것입니다. 성경은 주님과 주님의 사랑을 닮아가야 할 것을 말씀하고 있습니다. 주님이 너희를 사랑하고 희생하셨듯이 '너희도 사랑을 실천하라'고 권고하신 것입니다. 우리는 주님을 닮아가야 합니다. 특별히 주님께서 자신을 희생하며 우리를 사랑하신 것처럼 우리도 주님을 사랑하고 이웃을 사랑해야 합니다. 그것이 우리의 도리요, 사명인 것입니다.

· 함께 읽어요 : 에베소서 5장 1-2절

"1 그러므로 사랑을 입은 자녀 같이 너희는 하나님을 본받는 자가 되고 2 그리스도께서 너희를 사랑하신 것 같이 너희도 사랑 가운데서 행하라 그는 우리를 위하여 자신을 버리사 향기로운 제물과 생축으로 하나님께 드리셨느니라."

2. 빛의 자녀들은 어둠의 일을 버려야 합니다(엡 5:3-7)

빛과 어둠은 공존할 수 없습니다. 우리가 그리스도 밖에 있을 때는 어둠의 세력이었으나 빛이 들어왔으므로 어둠의 일을 버려야 합니다. 어둠의 일이 무엇입니까? 첫째는 부도덕한 삶입니다. 즉, 음행과 더러움과 탐욕의 삶입니다. 둘째는 부적절한 언어생활입니다. 누추한 말, 어리석은 말, 인격 모독의 말입니다. 이런 것들이 이제 빛의 자녀로서 빛이 들어왔으므로 다 사라져야 합니다. 예수 그리스도를 진실하게 믿는 자로서 부도덕한 생활이나 더럽고 추한 말들이 사라져야 합니다. 그런데 우리의 문제는 아직까지도 이런 어둠의 일들을 버리지 못한다는 데 있습니다. 만일 우리가 빛 되신 예수 그리스도를 영접했다면 우리는 과거 어둠을 다 버려야 합니다. 이 사회가 어두운 것은 우리가 빛의 역할을 제대로 감당하지 못했기 때문입니다. 진정 우리는 예수 그리스도를 믿어 모든 어둠의 일을 다 물리쳐야겠다는 결심으로 살아야 합니다.

· 함께 읽어요 : 에베소서 5장 3절
"음행과 온갖 더러운 것과 탐욕은 너희 중에서 그 이름이라도 부르지 말라 이는 성도의 마땅한 바니라."

3. 빛의 자녀는 빛의 열매를 맺어야 합니다(엡 5:8-14)

본문에서는 빛의 열매를 세 가지로 말하고 있습니다. 그것은 '착함'과 '의로움'과 '진실함'입니다. 여기서 '착함'은 너그러움, 관용을 의미합니다. 세상은 너무나 각박하여 이기적입니다. 그리스도인은 자기밖에 모르는 세상 속에서 이웃을 향한 선행과 너그러움을 드러내야 합니다. '의로움'은 도덕적으로 악이나 부정에 반대되는 개념입니다. 우리는 의롭지 못하며, 불법이 성행하며, 도덕적 부패가 극에 달한 세상에 살고 있습니다. 우리는 이러한 세상에서 세상 사람들과 무엇인가 다르게 살아야 합니다. '진실'은 허위와 위선의 반대 개념입니다. 우리는 허위와 위선이 가득 찬 세상에서 참됨과 진실함을 보여주어야 합니다. 불신이 팽배한 세상에서 그리스도인이기에 신뢰성과 진실성을 소유해야 합니다. 우리는 빛의 자녀입니다. 따라서 주님을 닮아가야 합니다. 혹시 우리는 꺼진 등이 아닌지, 우리가 진정 빛을 밝히 비추고 있는지, 빛의 자녀처럼 살아갈 것을 다짐하시고 실천하시기 바랍니다.

· 함께 읽어요 : 에베소서 5장 8-9절
"8 너희가 전에는 어두움이더니 이제는 주 안에서 빛이라 빛의 자녀들처럼 행하라
9 빛의 열매는 모든 착함과 의로움과 진실함에 있느니라."

정리하는 말

사랑하는 성도 여러분! 우리 크리스천들이 주님의 빛 된 삶을 따르지 못하며, 그런 용기가 없음을 반성해야 합니다. 우리의 삶이 선한 행실로

세상의 구석구석을 밝히는 희망의 등불이 되시기를 바랍니다. 우리의 영혼을 주님의 빛으로 밝게 비추시고 어두움의 세력을 물리치시기를 바랍니다. 주 성령님의 불이 우리의 몸과 마음에 주님의 성령의 불이 임하여 주를 향한 열정으로 승화되어 타오르게 하시고, 세상에서 이 빛으로 밝히 비추시기를 바랍니다.

평가와 결심

1. 빛의 자녀들은 세상에서 첫째 어떻게 살아야 합니까?
(엡 5:1-2, 하나님을 본받아 살아야 함)
2. 빛의 자녀들은 세상에서 둘째 어떻게 살아야 합니까?
(엡 5:3-7, 어둠의 일을 버려야 함)
3. 빛의 자녀들은 세상에서 셋째 어떻게 살아야 합니까?
(엡 5:8-14, 빛의 열매 즉 착함, 의로움, 진실함의 열매를 맺어야 함)

주간 경건의 시간 <42> · 날마다 말씀과 함께

요일 / 내용	월(Mon)	화(Tue)	수(Wed)	목(Thu)	금(Fri)	토(Sat)
찬송	546/ 399	333/ 381	347/ 382	351/ 389	381/ 425	411/ 473
성경	엡 5:	엡 6:	빌 1:	빌 2:	빌 3:	빌 4:
적용	빛의 자녀	단 마음으로	영광과 찬송	마음을 같이하여	성령으로 봉사	향기로운 제물

* 찬양은 기도보다 더 거룩하다. 기도는 우리의 길을 하늘로 향하게 하지만 찬양은 이미 그곳에 있다. <에드워드 영(1683~1765) 영국 시인>

10단원 말씀 치유의 달

제43과

성장 법칙을 지켜 살자

찬송 / 426, 427, 428/ 통 215, 516, 488

성경 / 빌립보서 4:4-9

요절 / 빌립보서 4:9

"너희는 내게 배우고 받고 듣고 본 바를 행하라 그리하면 평강의 하나님이 너희와 함께 계시리라."

목표/ 크리스천은 성장의 법칙을 지켜 살아가는 태도를 기른다.

시작하는 말

성장은 생명체의 기본적인 법칙입니다. 그러므로 성장하지 않는 것은 병이 들었거나 죽어가고 있는 것입니다. 영성 치유란 왕성한 성장을 기본으로 하고 있습니다. 성경에는 영·육간의 성장의 법칙을 제시해 주고 있습니다. 치유의 영성을 펼칠 수 있는 하나님의 나라는 왕의 공동체'(The Community of the King.)로서 성장해 가야 합니다. 모두 왕이신 하나님의 백성이며 일꾼으로 성장되기를 바랍니다. 그리하면 평강의 하나님이 함께하실 것입니다. 그러면 그 성장의 법칙이 무엇입니까?

오늘의 말씀

1. 기뻐하고 관용을 베풀어야 합니다(빌 4:4-5)

성장의 제 1법칙은 기뻐하는 것입니다. 바울 사도는 말씀합니다. "주 안에서 항상 기뻐하라."(빌립보서 4:4)고 말입니다. 하나님의 성장 계획은 삶의 태도로부터 시작됩니다. 그 태도의 기본이 기뻐하는 것입니다. 식물에게도 기쁜 목소리로 계속 말하면 식물도 더 잘 자란다는 보고가 있는데 하물며 자기 영혼을 기쁨으로 채우는 사람에게 영혼의 성장이 없겠습니까? 그래서 사도 바울은 4절 후반부에서 다시 한번 "항상 기뻐하라 내가 다시 말하노니 기뻐하라."고 권면합니다. 기쁨은 성장의 가장 기본적인 요소입니다.

성장의 제 2법칙은 관용을 베푸는 것입니다. 빌립보서 4장 5절에는 "너희 관용을 모든 사람에게 알게 하라."고 했습니다. 진정한 회개를 통해서 하나님과의 관계가 회복된 사람에게 '관용'이 나타납니다. 그처럼 관용을 베푸는 마음을 통해서 어렵고 힘든 일 중에서도 살아갈 힘과 용기가 솟아나고, 문제 해결의 능력이 생길 뿐 아니라, 영혼의 성숙함을 얻게 됩니다. 이와 같이 성장법칙에 따라 기도와 간구로 준비하여 전도 사역에 성공할 수 있기를 바랍니다.

· 함께 읽어요 : 빌립보서 4장 4-5절

"4 주 안에서 항상 기뻐하라 내가 다시 말하노니 기뻐하라 5 너희 관용을 모든 사람에게 알게 하라 주께서 가까우시니라."

2. 염려하지 말고 감사하며 기도하는 것입니다(빌 4:6-7)

성장의 제 3법칙은 염려하지 않는 것입니다(빌 4:6). "아무 것도 염려하지 말고." 염려는 영혼과 육신을 동시에 죽이는 것입니다. 의학적으로도 염려는 점차 혈압을 높이고, 위궤양과 심장병의 중요한 원인이 된다고 합니다. 미국 건강협회 보고서에 의하면 병원에 있는 60%의 사람들이 직접 또는 간접으로 염려로부터 그 병이 초래되었다고 합니다.

성장의 제 4법칙은 '감사하며 기도하는 것'입니다. "오직 모든 일에 기도와 간구로, 너희 구할 것을 감사함으로 하나님께 아뢰라." 감사기도는 내 영혼의 집에 맑은 영적 공기가 들어오도록 하는 영적 통풍 장치와 같은 것입니다. 감사의 기도는 절망을 이기는 힘의 원천이고, 성장을 견인해주는 가장 소중한 영적 도구입니다. 감사의 기도는 위기를 기회로 만들고, 영적 난쟁이를 성장시켜 영적 거인으로 만들어 주는 것입니다.

· 함께 읽어요 : 빌립보서 4장 6~7절
"6 아무 것도 염려하지 말고 오직 모든 일에 기도와 간구로, 너희 구할 것을 감사함으로 하나님께 아뢰라 7 그리하면 모든 지각에 뛰어난 하나님의 평강이 그리스도 예수 안에서 너희 마음과 생각을 지키시리라."

3. 생각을 통제하는 것입니다(빌 4:8)

영적 성장의 제 5법칙은 생각을 통제하는 것입니다. 빌립보서 4장 8절에 "종말로 형제들아 무엇에든지 참되며 무엇에든지 경건하며 무엇에든지 옳으며 무엇에든지 정결하며 무엇에든지 사랑할만하며 무엇에든지 칭찬할만하며 무슨 덕이 있든지 무슨 기림이 있든지 이것들을 생각하라."고 말씀합니다. 만약 사람이 자신의 생각을 잘 통제하는 훈련을 한다면 자신의 마음, 자신의 혀, 자신의 행동도 통제할 수 있을 것입니다. 항상 좋은 생각을 하고, 좋지 않은 생각은 생각하지 말아야 합니다. 좋은 생각은 반드시 좋은 결실을 맺고, 좋지 않은 생각은 반드시 좋지 않은 결과를 낳습니다. 주 안에서 자신의 생각을 통제함으로 영성 성장과 영적 바른 성숙이 있으시기를 바랍니다.

· 함께 읽어요 : 빌립보서 4장 8절
"종말로 형제들아 무엇에든지 참되며 무엇에든지 경건하며 무엇에든지 옳으며 무엇에든지 정결하며 무엇에든지 사랑할만하며 무엇에든지 칭찬할만하며 무슨 덕이 있든지 무슨 기림이 있든지 이것들을 생각하라."

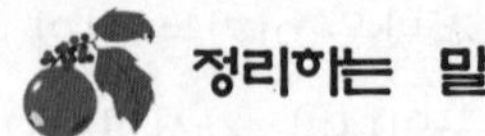

정리하는 말

사랑하는 성도 여러분! 성숙한 사람은 결코 늙지 않습니다. 카를 로저스는 "인생이야말로 한 인간이 성숙되어가는 과정이라."고 정의를 내렸습니다. 가정과 교회는 성숙으로 이끌어내기 위한 하나님의 훈련학교입니다. 영적 성장의 법칙을 잘 지켜서 건강하게 성장하여 성숙한 성도와 성장한 크리스천이 되시기를 주님의 이름으로 기원합니다.

평가와 결심

1. 성장의 제1, 2법칙은 무엇입니까?
   (빌 4:4-5, ①기뻐하는 것 ②관용하는 것)
2. 성장의 제3, 4법칙은 무엇입니까?
   (빌 4:6-7, ③염려하지 말고 ④감사 기도하는 것)
3. 성장의 제 5법칙은 무엇입니까?
   (빌 4:8, ⑤생각을 통제하는 것)

주간 경건의 시간 <43> · 날마다 말씀과 함께

요일 내용	월(Mon)	화(Tue)	수(Wed)	목(Thu)	금(Fri)	토(Sat)
찬송	397/ 454	401/ 457	400/ 463	405/ 458	406/ 464	407/ 465
성경	히 2:	히 3:	히 4:	히 5:	히 6:	히 7:
적용	교회 중에 찬송	깊이 생각하라	하나님의 말씀	구원의 근원	안수와 부활과	영원한 제사장

* 내가 복음을 전하지 않으면 지옥에 가리라. <윌리엄 A(빌리) 선데이, 1683~1935>

정신적 빈혈을 치유받자

찬송 / 210, 220, 227/ 통 245, 278, 283
성경 / 고린도전서 16:13~18
요절 / 고린도전서 16:13
"깨어 믿음에 굳게 서서 남자답게 강건하여라."
목표/ 성도의 삶에서 정신적 빈혈을 치유 받아 건강한 삶의 태도를 기른다.

시작하는 말

우리가 건강하다가도 빈혈증세가 생기면 어지럽고, 생활하기에 불편을 느낍니다. 그리스도인들이 조심해야 할 것은 영적 빈혈 증세입니다. 영적빈혈은 정신적으로 멍해지고 어지럽고 신앙생활에 쉽게 싫증이 나고 피곤을 느낍니다. 빈혈은 의학적으로 볼 때 심한 출혈, 소화불량, 지라에 염증이 생기거나, 비타민 B12의 부족 등으로 생긴다고 합니다. 영적빈혈 증세에는 순종을 통한 '정신 강화훈련'이 필요합니다. 철저하게 '말씀순종'을 훈련하되 서로 중첩 되지 않고 균형 있는 영적 식단을 마련하여 실천함으로 정신적 빈혈증을 치유해야 합니다. 정신적 빈혈증을 치유하려면 어떻게 해야 하겠습니까?

오늘의 말씀

1. 먼저 영적 출혈을 막아야 합니다(왕상 19:1-8)

기계가 일을 제대로 수행하려면 가끔 기계에 기름칠을 해주어야 합니다. 또한 기계의 조작 기술을 익혀야 합니다. 기계의 목적에 맞도록 사용해야 합니다. 영적으로 빈혈증이 보이십니까? 인생의 목적과 방향을 꼼꼼하게 점검해 보시기 바랍니다. 사람의 제일 되는 목적은 "하나님을 영화롭게 하고 영원토록 그를 즐거워하는 것이니라."고 소 요리문답 제 1문에 가르치고 있습니다. 아무리 힘센 장수라도 심한 출혈을 당하고 보면 힘이 떨어지는 것입니다. 엘리야는 이세벨의 칼날을 두려워하여 로뎀나무 아래 기진해 쓰러져 자고 있었습니다. 천사가 어루만지며 '일어나서 먹으라.'고 했습니다. 사랑하는 성도 여러분! 영적으로 심한충격을 받았거든 성령의 능력으로 영적 출혈을 막으시기 바랍니다.

· 함께 읽어요 : 열왕기상 19장 4절

"스스로 광야로 들어가 하룻길쯤 행하고 한 로뎀나무 아래 앉아서 죽기를 구하여 가로되 여호와여 넉넉하오니 지금 내 생명을 취하옵소서. 나는 내 열조보다 낫지 못하니이다 하고"

2. 영적 편식과 소화불량을 치유 받으셔야 합니다(롬 13:7)

개인적인 생활에서 편식과 소화불량을 그대로 방치하면 건강에 위협을 줍니다. 음식을 먹을 때 무엇이나 가리지 말고 골고루 맛있게 먹어야 합니다. 성경은 영적인 편식을 막으려면 기도생활, 성경연구, 봉사생활 등 신앙생활을 조화 있게 할 것을 권고합니다. 우리가 성경을 연구할 때도 신약과 구약 성경 66권을 편식하지 말고, 조화 있게 읽고 묵상해야 합니다. 바울은 순종에 대하여 실제적인 삶 속에서 남편(고전 14:34), 관원들(롬 13:3~4), 국가(롬 13:1~3), 업주들(골 3:22, 엡 6:5), 그리고 교회 지도자들(히 13:7) 누구에게나 진리 안에서 폭넓게 순종하라고 가르칩니다. 바울은 말세의 세태를 경계할 것을 권고합니다. "자기사랑, 돈사랑, 자긍함, 교만, 훼방, 부모거역, 감사치 않음, 조급함, 쾌락사랑, 경건의 능력부인" 등의 소화불량증을 사랑의 언어와 말씀으로 치유 받으시고, 하나님의 말씀의 만나, 그리스도의 십자가의 보혈로 영적 빈혈증과 불균형을 완치하시기 바랍니다.

· 함께 읽어요 : 요한복음 6장 55-56절
"55 내 살은 참된 양식이요 내 피는 참된 음료로다 56 내 살을 먹고 내 피를 마시는 자는 내 안에 거하고 나도 그 안에 거하나니"

3. 믿음과 사랑으로 정신 불량성 빈혈을 치유 받아야 합니다(마 6:10)

우리의 육신에 염증이 생긴 것을 영적으로 비유한다면 정신적으로 삐뚤어지고 사고방식이 왜곡되고 아집이 세고 불평이 가득 찬 사람입니다. 그런데 정신적 빈혈 가운데 가장 무서운 것은 '정신적 재생 불량성 빈혈' 입니다. 이 병은 한마디로 피가 만들어지지 않는 병입니다. 영적으로 피가 만들어지지 않는다면 그 사람은 영적으로 죽어가는 것입니다. 참으로 깊은 회개와 함께 주님께 대수술을 받지 않는다면 전혀 소생할 가망성이 없습니다. 사도 바울은 다메섹 도상에서 주님으로부터 영적 대수술 받아 치유함을 받았습니다. 그래서 그는 '정신적 재생 불량 성 빈혈증세' 인생에서 180도 바뀐 '예수 충만' 인생으로 변화되었습니다.

성경에 종말에는 사람들에게 사랑이 식어진다고 했습니다. 그러나 예수꾼은 날마다 예수의 피가 생수의 강처럼 흘러 자신이 먼저 정신적 빈혈증에 치유 받고, '사랑의 헌혈'로 다른 사람까지도 살려낼 수 있는 것입니다. 예수 그리스도의 십자가의 보혈은 사랑의 능력이 있어 영적으로 못 고칠 질병이 없습니다. 인간의 암세포는 두려움에서 기하급수적으로 불어난다고 합니다. 그러나 그리스도를 향한 담대한 믿음과 사랑이면, 정신적으로 다 죽어가는 생명도 치유됩니다. 이 사실을 믿으시기 바랍니다.

· 함께 읽어요 : 요한1서 4장 18절
"사랑 안에 두려움이 없고 온전한 사랑이 두려움을 내어 쫓나니 두려움에는 형벌이 있음이라 두려워하는 자는 사랑 안에서 온전히 이루지 못하였느니라."

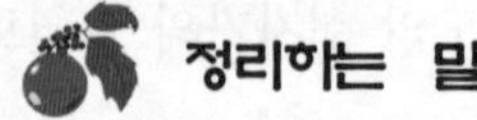

정리하는 말

예수님은 "내가 세상의 빛이라."고 하셨습니다. 그러기에 예수님은 우리의 믿음의 대상이요, 소망이요, 생명입니다. 이 빛에 대한 어둠의 영은 오늘도 복음 전파자를 공격하고 있습니다. 어둠의 영은 자기 수중의 인간들에게 물질, 명예, 권세, 쾌락, 같은 것들이 최고의 행복을 주는 것처럼 그릇된 가치관을 심어줍니다. 하지만 복음만이, 오직 예수 그리스도만이 행복을 주며 진정한 사랑과 기쁨과 소망을 줍니다. 여러분, 그리스도 안에서 산 소망을 가지시고, 십자가 보혈로 영적 빈혈에서 치유함 받아 하나님의 일꾼, 십자가의 정병으로 죄악과 자신과 세상을 이기고 승리하시를 바랍니다.

평가와 결심

1. 정신적 빈혈에서 치유 받는 첫째 방법이 무엇입니까?
   (왕상 19:18, 성령의 기름으로 빈혈치유 받아야 함)
2. 정신적 빈혈에서 치유 받는 둘째 방법이 무엇입니까?
   (롬 13:7, 영적 편식과 소화불량에서 치유 받아야 함)
3. 정신적 빈혈에서 치유 받는 셋째 방법이 무엇입니까?
   (요 6:55, 예수님의 살과 피를 먹고 마심)

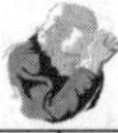

주간 경건의 시간 <44> · 날마다 말씀과 함께

요일 / 내용	월(Mon)	화(Tue)	수(Wed)	목(Thu)	금(Fri)	토(Sat)
찬송	283/ 183	284/ 206	285/ 209	286/ 218	287/ 205	288/ 204
성경	렘 16:	렘 17:	렘 18:	렘 19:	렘 20:	렘 21:
적용	나의 힘 나의 보장	주는 나의 찬송	토기장이의 집	토기장이의 그릇	노래하라 찬양하라	여호와께 간구하라

* 말이 생각보다 앞서지 않도록 하라. <킬론, 디오게네스, B.C. 412~323>

제45과

건강 회복제는 감사다

찬송 / 587, 588, 383/ 통 306, 307, 433
성경 / 하박국 3:17-19
요절 / 하박국 3:18
"나는 여호와를 인하여 즐거워하며 나의 구원의 하나님을 인하여 기뻐하리로다."
목표/ 건강 회복제인 감사를 실천하는 태도를 가지게 한다.

시작하는 말

현대인은 불평과 원망의 바이러스로 인해 사회 전체가 구름 낀 날처럼 암울합니다. 사탄은 이런 분위기 속에서 술과 마약, 성욕과 쾌락을 동원해 인간을 유혹하고, 농락합니다. 더욱 무서운 것은 이단과 향락문화를 통해 사로잡으려고 합니다. 이런 상황에서 승리할 수 있는 것은 감사생활의 회복 외에는 없습니다. 본래 '감사'란 어떤 외적인 조건에서 생기는 것이 아니라 내적인 요인에서 오는 것입니다. 바울은 데살로니가 교회에 보내는 편지에서 "범사에 감사하라. 이는 그리스도 예수 안에서 너희를 향하신 하나님의 뜻이니라."(살전 5:18)고 권고했습니다. 감사가 하나님의 뜻이라는 것입니다. 그렇다면 여러분! 잃어진 감사를 회복하려면 어떻게 해야 하겠습니까?

오늘의 말씀

1. 감사의 영적 분위기를 회복해야 합니다(합 3:17-18)

당시 하박국 선지자는 주변의 고난과 불의의 모습을 보면서 '하나님께서 의로우시고 권능이 있다면 어떻게 이럴 수 있습니까?'라고 절규하다가 마침내 깨달았습니다. 그는 '비록 없을지라도' 조건 없이 감사한다고 했습니다. 비록 무화과, 포도, 감람열매, 식물이나, 양이나 소가 없을지라도 감사한다는 것입니다. 그렇다면 그가 감사하는 이유는 무엇입니까? 여호와로 인해, 구원의 하나님으로 인해 감사한다고 고백했습니다. 이것이 바로 우리가 본받아 회복해야 할 신앙적 자세인 것입니다. 사탄은 최근 세상교회를 통해서 '번영의 신학'과 '기복신앙'을 전파해 혼란스럽게 하고 있습니다. 그러나 예수님께서 마태복음 5장 '팔복'에서 말씀하신 것처럼 우리가 추구하는 복은 영적인 것에 중심을 두어야 한다는 것을 잊지 말아야 합니다.

· 함께 읽어요 : 하박국 3장 17-18절

"17 비록 무화과나무가 무성치 못하며 포도나무에 열매가 없으며 감람나무에 소출이 없으며 밭에 식물이 없으며 우리에 양이 없으며 외양간에 소가 없을지도 18 나는 여호와를 인하여 즐거워하며 나의 구원의 하나님을 인하여 기뻐하리로다."

2. 하나님을 기쁘시게 하려면 감사해야 합니다(시편 69:30-31)

미국의 세인트루이스를 여행 중이던 한 변호사가 주일 아침에 거리에서 교통정리를 하는 경찰에게 다가가 한 교회를 소개해 달라고 말했습니다. 그런데 그가 소개한 교회를 찾아가는 도중에도 몇 개의 교회가 더 있음을 발견하게 되었습니다. 이 변호사는 예배를 마치고 돌아가는 길에 그 경찰관에게 다가가 가까운 교회가 여럿 있는데도 불구하고 왜 굳이 그 교회를 소개했는지 그 이유가 매우 궁금하여 물어보았습니다. 그러자 그가 대답하기를 "이 지역에 어느 교회가 참 교회인지, 좋은 교회인지 제가 직접 가보지 못해서 잘 알지 못합니다. 그러나 주일 아침마다 교통정리를 하면서 보니 그 교회에 다니는 교인들의 표정이 가장 밝고 기뻐 보였습니다. 그래서 제가 그 교회를 자신 있게 소개한 것입니다."라고 말했습니다. 그렇습니다! 이 교회는 감사가 넘치는 교회였습니다. 사랑이 넘치고 기쁨이 넘치는 교회였습니다. 이와 같이 성도들이 감사와 나눠주기를 좋아하고, 베풀기를 좋아하며 대접하기를 좋아하는 교회를 만들어야 합니다. 그래야 믿지 않는 자들까지도 감동시킬 수 있고, 복음의 문을 활짝 열수 있는 것입니다.

· 함께 읽어요 : 시편 69편 30-31절
"30 내가 노래로 하나님의 이름을 찬송하며 감사함으로 하나님을 광대하시다 하리니 31 이것이 소 곧 뿔과 굽이 있는 황소를 드림보다 여호와를 더욱 기쁘시게 함이 될 것이라."

3. 감사의 마음은 하나님이 주십니다(눅 10:21-23)

영국 트렌취 감독의 시에 다음과 같은 것이 있습니다. "어떤 사람은 자기의 가는 평탄한 길에 조그마한 구렁텅이만 있어도 벌써 하나님을 원망하고 사람을 원망한다. 또 어떤 사람은 자기의 가는 험하고 캄캄한 길에 조그마한 빛만 비추어도 하나님의 주시는 자비로우신 빛이라 하여 감사의 기도를 올린다." 이 시 속에서 우리에게 교훈하는 것은 감사는 현재의 은혜를 깨닫는 것이 감사의 출발점임을 강조하고 있습니다. 일본의 내촌감삼 선생은 "하나님께서 만일 인간을 저주하신다면 질병이나 실패, 그리고 배신이나 죽음으로 저주하시는 것이 아니고, 하나님이 계신 것을 믿지 못하는 불신앙으로, 그리고 성경을 읽어도 귀에 들어오지 않는 막힌 귀로, 또한 감사하는 마음이 전혀 생기지 않도록 메마른 마음으로 저주하실 것이다." 라고 말했습니다. 이 사실을 볼 때 하나님은 우리를 벌하지 않고 은혜를 베푸사 분명히 사랑하심을 알 수 있습니다. 여러분, 진정으로 하나님의 은혜를 감사하시기 바랍니다. '감사'라는 말은 우리의 삶을 풍요롭게 만들고 행복하게 만들어주는 언어입니다. 우리가 감사하는 마음까지도 하나님께서 허락하심을 깨닫고 바른 감사생활을 추구하며 하나님께 영광 감사 돌리시기 바랍니다.

· 함께 읽어요 : 누가복음 10장 21절
"이 때에 예수께서 성령으로 기뻐하사 가라사대 천지의 주재이신 아버지여 이것을 지혜롭고 슬기 있는 자들에게는 숨기시고 어린 아이들에게는 나타내심을 감사하나이다 옳소이다 이렇게 된 것이 아버지의 뜻이니이다."

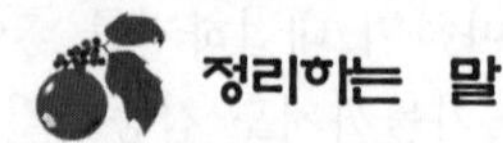

정리하는 말

사랑하는 성도 여러분! 인생의 목적은 하나님을 영화롭게 하는데 있습니다. 그런데 그의 영화와 영광은 우리들이 감사할 때 가장 잘 나타납니다. 사실 우리의 불평과 원망은 우리의 건망증에 기초를 두고 있습니다. 사탄은 불평하는 곳에 안주해 그의 왕국을 넓혀갑니다. 때문에 우리는 하나님의 왕국을 확장해 나가야 합니다. 그 비결은 감사뿐입니다. 따라서, 하나님의 무한한 사랑과 은혜에 감사하는 감사생활을 회복하시기를 바랍니다.

평가와 결심

1. 잃어진 감사를 회복하려면 어떻게 해야 합니까?
   (합 3:17-18, 감사의 분위기를 회복해야 함)
2. 하나님을 기쁘시게 하려면 어떻게 해야 합니까?
   (요일 4:10, 감사를 회복해야 함)
3. 감사의 마음은 누가 주십니까?
   (눅 10:21, 하나님께서 성령을 통해 감사를 주심)

주간 경건의 시간 <44> · 날마다 말씀과 함께

요일 / 내용	월(Mon)	화(Tue)	수(Wed)	목(Thu)	금(Fri)	토(Sat)
찬송	370/ 455	430/ 456	441/ 498	375/ 421	382/ 432	369/ 487
성경	합 1:	합 2:	합 3:	습 1:	습 2:	습 3:
적용	힘으로 자기 신을	여호와의 영광 인정	비록 무화과	여호와의 날	공의와 겸손을	잠잠히 사랑

* 감사할줄 모르는 자들을 벌하는 법을 따로 세우지 않은 까닭은 감사할 줄 모르는 자들은 하나님께서 벌하시기 때문이다 <라이피곱스, 헬라 입법자>

평화와 화해는 치유제

찬송 / 456, 419, 407/ 통 509, 478, 465

성경 / 이사야 9:6-7

요절 / 이사야 9:6

"이는 한 아기가 우리에게 났고 한 아들을 우리에게 주신바 되었는데 그 어깨에는 정사를 메었고 그 이름은 기묘자라, 모사라, 전능하신 하나님이라, 영존하시는 아버지라, 평강의 왕이라 할 것임이라."

목표/ 평화와 화해로 치유하시는 예수님께 감사하는 태도를 기른다.

시작하는 말

예수님이 하시는 중요한 일은 평화를 이루시는 일입니다. 예수님은 '평화의 왕자'로 세상에 오셨습니다. 평화를 이루시기 위해서 세상에 오신 것입니다. 본문 6절에 '평강의 왕'을 영어 성경은 'Prince of Peace' 즉 '평화의 왕자'라고 번역했습니다. 하나님의 아들이 '평화의 왕자'로 세상에 오셨다는 말씀입니다. 그래서 성탄절 아침에 천군 천사는 이렇게 찬양을 했습니다. "땅에서는 사람들 중에 평화로다."(눅2:14).라고 말입니다.

오늘의 말씀

1. 하나님과 평화를 이루어야 합니다(사 9:6)

막달라 마리아는 '평화의 왕자' 메시야와 평화를 이루게 되었고, 하나님과 평화를 이루게 되었습니다. 예수님을 떠나서는 살 수가 없게 되었습니다. 하나님과 완전한 평화를 이루었습니다. 수가성 여인도 세상으로부터 버림받은 불행한 여자요. 다섯 명의 남편들로부터 버림받았고, 수가성 이웃들로부터 따돌림을 받았고, 성전에 가까이 가서도 예배드릴 수 없었으며, 하나님과 사람들로부터 버림 받았던 불행한 여자였습니다. 예수께서는 수가성 여자를 찾아가 만나주셨고, 그녀와 친절한 대화를 나누셨습니다. 그 여자는 그리스도를 만나 이제 하나님께 가까이 나아가 신령과 진정으로 예배드릴 수 있게 되었고, 하나님과 평화를 이루게 되었습니다. 하나님과 담이 없는 완전한 평화를 이루게 되었습니다.

· 함께 읽어요 : 이사야 9장 6절

"한 아들을 우리에게 주신바 되었는데 그 이름은 기묘자라 모사라 전능하신 하나님이라 영존하시는 아버지라 평강의 왕이라 할 것임이니라."

2. 사람들과 평화와 화해를 이루어야 합니다(눅 8:1-3, 마 22:39-40)

막달라 마리아는 누가복음 8장 1-3절에서 예수님과 평화를 이룬 후, 자기를 멸시하고 꺼리고 거부하던 예수님의 제자들과도 평화를 이루었습니다. 예수님을 따르던 경건한 다른 여자들과도 평화를 이루었습니다. 주님께서 그렇게 해주셨습니다. 그리하여 함께 어울리게 되었고, 저들을 따라 다니면서 저희를 섬겼다고 했습니다. 그것은 놀라운 변화였습니다. "이 후에 예수께서 각 성과 촌에 두루 다니시며, 복음을 전하실 쌔 열 두 제자가 함께 하였고 막달라인이라 하는 마리아와 구사의 아내 요안나와 수산나와 다른 여러 여자가 함께 하여 자기들의 소유로 저희를 섬기니라."고 한 것처럼 그 다음부터 막달라 마리아는 초대교회 성도들이 모이는 곳이면 언제나 그곳에 있었을 것입니다. 이것이 하나님의 기적적인 은혜와 사랑이 아니고 무엇입니까?

· 함께 읽어요 : 마태복음 22장 39-40절

"39 둘째는 그와 같으니 네 이웃을 네 몸과 같이 사랑하라 하셨으니 40 이 두 계명이 온 율법과 선지자의 강령이니라."

3. 평화와 화해의 직책까지 주셨습니다(고후 5:18-19)

주님은 우리에게 평화하게 하는 사명과 직책을 맡기셨습니다. 사도 바울은 평화의 왕자가 세상에 오셔서 십자가의 피로 이룬 평화의 이야기를 하다가 이렇게 결론을 지었습니다. "전에 멀리 있던 너희가 그리스도 예수 안에서 그리스도의 피로 가까워졌느니라. 그는 우리의 화평이신지라."(엡 2:12, 13). 여기서 사도 바울은 하나님께서 자기에게 맡기신 사명과 직책이 세상과 모든 사람을 하나님과 화목 시키는 일이라고 선언했습니다. 사도 바울은 그리스도인의 삶의 대헌장인 로마서 12장에서 "할 수 있거든 너희로서는 모든 사람으로 더불어 평화 하라."(롬12:18).고 권고했습니다. 바울은 이 화목과 평화의 사명을 수행하기위해 1차, 2차, 3차 선교여행을 하면서 그의 생애를 송두리째 바쳤습니다. 이 사명과 직책은 오늘 구원 받은 우리 성도에게 주님께서 맡겨 주시는 사명과 직책입니다. "모든 사람과 평화 하라."는 사명은 수행하기 힘든 사명이지만 가장 고귀한 사명입니다. 천사도 흠모하는 사명입니다. 그것이 바로 예수님께서 십자가상에서 이루신 일이기 때문입니다. 그 고귀한 사명을 우리들에게 맡기신 것은 우리들을 너무 사랑하시고 인정하시기 때문입니다. 우리들을 가장 행복하게 만드시기 위해서 입니다. 여러분, 평화와 화해의 직책을 잘 수행하셔서 영·육간에 큰 축복의 주인공이 되시기를 바랍니다.

· 함께 읽어요 : 고린도후서 5:18~19절

"그리스도로 말미암아 우리를 자기와 화목하게 하시고 또 우리에게 화목하게 하는 직책을 주셨으니 이는 하나님께서 그리도 안에 계시사 세상을 자기와 화목하게 하시며 저희의 죄를 저희에게 돌리지 아니하시고 화목하게 하는 말씀을 우리에게 부탁하셨느니라."

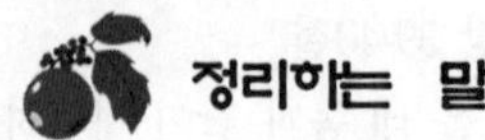

정리하는 말

크리스천의 은혜와 사명 중 하나는 이 땅에 평화와 화해를 이루는 일입니다. 서로가 미워하고 비판하고 싫어하던 사람들과 화목하고 평화를 이뤄야 합니다. 우리가 싫어하는 일본 사람과 일본교회와 그리고 중국, 동족인 북한 사람들과도 화해와 평화를 이루어야 합니다. 세계 다민족 사람들과 여러 국가의 조선족들에 대해서 사랑과 관심을 주고받을 수 있어야 합니다. 이것이 곧 복음의 본질이기 때문입니다. 여러분, 사랑과 평화, 그리고 화해의 삶은 곧 당신의 모든 질병의 치유제(治癒劑) 임을 명심하시고 살아가시기 바랍니다.

평가와 결심

1. 치유를 위한 평화와 화해는 첫째는 누구와 해야 합니까?
   (사 9:6, 하나님과 평화하고 화해해야 함)
2. 치유를 위한 평화와 화해는 둘째는 누구와 해야 합니까?
   (고후 5:18-19, 사람들 곧 이웃과 화해해야 함)
3. 치유를 위해 셋째는 무슨 직책을 주셨습니까?
   (고후 5:18-19, 평화와 화해의 사명과 직책을 맡기심)

주간 경건의 시간 <46> · 날마다 말씀과 함께

요일 / 내용	월(Mon)	화(Tue)	수(Wed)	목(Thu)	금(Fri)	토(Sat)
찬송	393/ 447	386/ 439	388/ 441	380/ 424	358/ 400	293/ 414
성경	사 4:	사 5:	사 6:	사 7:	사 8:	사 9:
적용	여호와의 싹	포도원 노래	거룩한 씨	임마누엘	우리와 함께	평강의 왕

* 감사는 위대한 교양의 결실이며 조야(粗野)한 사람 중에서는 얻기 어려운 것이다.
<사무엘 존슨(1709-1784) 영국 저술가, 담화가>

침묵의 선행이 치유제

찬송 / 293, 263, 259/ 통 414, 197, 193
성경 / 누가복음 10:30-37
요절 / 누가복음 10:37
"가로되 자비를 베푼 자니이다 예수께서 이르시되 가서 너도 이와 같이 하라 하시니라."
목표/ 침묵의 선행은 치유 제임을 알고 실천하는 태도를 기른다.

시작하는 말

예수님이 말씀하신 선한 사마리아 사람의 교훈은 바로 우리 현실 문제의 핵심을 찌르고 있습니다. 강도를 만나서 거의 죽어가는 나그네를 보면서 피해가는 사람들과 도우며 보살펴 살려주는 사마리아인의 이야기는 한국 사회와 교회를 새롭게 깨우치는 바가 큽니다. 불쌍한 이웃을 방치하는 행위는 바로 간접살인이 될 수도 있습니다. 행하지 않는 선행은 범죄라고 할 수도 있습니다. 따라서 선행은 죄악을 예방하는 최선의 치유제인 것입니다.

오늘의 말씀

1. 선행은 습관이 중요 합니다(살전 5:15)

제 2차 세계 대전 중 프랑스의 람파보네라는 조그만 동네에 나치스 군대가 들어 왔습니다. 그들은 이 동네에 숨어있는 유태인들을 잡아내기 시작했습니다. 동네 사람들은 많은 희생을 당하면서도 선한 양심에 의해서 유태인들의 생명을 끝까지 보호하고 지켰습니다. 마침내 전쟁이 끝나고 많은 유태인들이 그 작은 동네에서 살아 나왔습니다. 그 때 기자들이 그 동네 사람들을 찾아가 '어떻게 그렇게 영웅적인 일을 해 낼 수 있었느냐?'고 물었을 때 소박한 그 동네 교인들은 이렇게 이야기 했습니다. 우리는 아무런 영웅심도 없는 그저 소박한 농부들입니다. 우리는 주일마다 성전에 가서 '선한 결실을 맺어야 된다.'는 목사님의 설교를 듣고 그것이 습관화 되었습니다. 우리는 하나님의 말씀대로 습관화된 것을 그대로 행한 것뿐입니다. 여러분! 선한 습관을 가진 성도들이 되어야 합니다. 선한 씨앗을 심고 선한 결실을 맺는 성도들이 될 때에 명예로운 크리스천의 대접을 받게 될 것입니다. 오늘도 온유와 겸손과 존경과 선한 양심을 가진 인격자, 선한 결실을 맺는 명예로운 크리스천의 삶이 계속 되시기를 간절히 바랍니다.

· 함께 읽어요 : 데살로니가전서 5장 15절

"삼가 누가 누구에게든지 악으로 악을 갚지 말게 하고 오직 피차 대하든지 모든 사람을 대하든지 항상 선을 좇으라."

2. 사랑의 가교(架橋)는 치유의 다리입니다(잠 25:21-22)

오래 전에 '영세민 5세아 굶어서 숨졌다'는 기사가 보도되어 많은 사람의 마음을 아프게 했습니다. 불황 때문에 막노동 일자리를 잃은 부모와 함께 사는 두 어린아이 가운데 중장애를 가진 5세 아이가 영양실조와 굶주림으로 죽어 시신을 장롱 속에 보관했고, 남은 2세 아이는 아사직전 발견돼 병원으로 이송됐으나 난치질병으로 병사했습니다. 이웃의 무관심과 방치로 일어난 불행한 사건입니다. 그러나 세상은 한쪽에는 너무 많이 먹고 살이 쪄 체중감량 운동에 시간과 돈을 쏟고, 다른 쪽에서는 가난한 집 어린아이가 무관심 속에 죽어가고 있으니, 지금 이 세상은 사랑의 가교(架橋)가 없기 때문입니다. 여러분, 주님처럼 사랑의 가교가 되십시오. 그리하여 영·육간에 헐벗고 굶주린 자들을 풍요로운 아버지 집으로 인도합니다.

· 함께 읽어요 : 잠언 25장 21절
"네 원수가 배고파하거든 식물을 먹이고 목말라하거든 물을 마시우라."

3. 사랑과 '침묵의 선행'은 치유의 뿌리입니다. (시편 91:14-15, 갈 5:22~23)

사람은 남을 높일 때 평안해지고, 남을 낮출 때 불안해집니다. 남의 허물과 약점을 지배의 기회로 생각할 때 마음은 병들고, 사랑의 기회로 생각할 때 마음은 치유됩니다. 비천한 사람과 장애인, 고아와 노숙자, 그리고 낯선 이방인들의 몸과 마음을 어루만지면 내게 있는 정신의 불구가 극복됩니다. '조용한 선행'이야말로 '치유의 뿌리'입니다. 위대한 선행보다 '조용한 선행'이 어렵습니다. 물질과 시간을 드리려고 마음먹는 것보다 이름을 드러내지 않으려고 마음먹는 것이 더 힘듭니다. 때문에 보상을 기대하지 않는 선행이 진짜 선행입니다. 그처럼 내 선행에 보상할 길이 없는 사회적 약자를 내 인생의 귀한 손님으로 맞이하고, 그의 곁에 머물기를 기뻐하고, 그를 위해 내 손을 내밀 때가 하나님의 역사의 때요, 마음의 치유가 일어날 때입니다. 선행을 동반한 사랑의 원자탄은 다른 사람을 치유할 뿐만 아니라, 사랑을 베푼 자신에게도 치유의 역사가 강하게 일어나는 것입니다. 여러분도 선행을 베풀면서 자신의 영적 고질병에서 고침 받고, 놓임 받으시기를 주님의 이름으로 기원합니다.

· 함께 읽어요 : 시편 91:14-15, 갈라디아서 5장 22~23절
"14 하나님이 가라사대 저가 나를 사랑한즉 내가 저를 건지리라 저가 내 이름을 안즉 내가 저를 높이리라 15 저가 내게 간구하리니 내가 응답하리라 저희 환난 때에 내가 저와 함께하여 저를 건지고 영화롭게 하리라."
"22 오직 성령의 열매는 사랑과 희락과 화평과 오래 참음과 자비와 양선과 충성과 23 온유와 절제니 이 같은 것을 금지할 법이 없느니라."

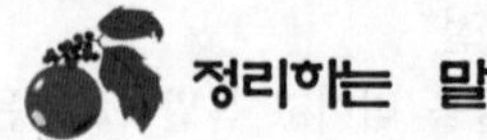

정리하는 말

의학박사로 디트로이트에서 병원을 하고 있는 원종수 권사가 하루는 교회에서 간증을 해달라고 부탁을 받았습니다. 기도 중에 하나님께서는 자신이 어릴 때에 어머니와 함께 거지와 불쌍한 사람들을 도왔던 일들을 생각나게 해 주셨습니다. 그것은 바로 주님을 대접한 것이었습니다. 주위를 돌아보면 고아나 무의탁노인들, 장애자나 소년소녀가장 등 참으로 우리의 사랑과 선행, 도움이 필요한 사람들이 많습니다. 주저하지 말고 '침묵의 선행'을 베푸십시오. 주님께서 치유로 갚아주실 것입니다. "우리가 사랑함은 그가 먼저 우리를 사랑하셨음이라."(요일4:19)고 했습니다. 이 말씀이 우리의 실천 신앙고백이 되어 세상에서 그 능력이 발휘될 수 있기를 바랍니다.

평가와 결심

1. 성도가 첫째 어떻게 사랑과 선행을 베풀 수 있습니까?
   (살전 5:15, 사랑과 선행을 습관화해야 함)
2. 성도가 둘째 어떻게 사랑과 선행을 베풀어야 합니까?
   (잠 25:21-22, 사랑의 가교 노릇을 해야 함)
3. 성도가 셋째 어떻게 사랑과 선행을 베풀어야 합니까?
   (시편 91:14~15, 갈 5:22~23, 침묵의 선행을 베풀어야 함)

주간 경건의 시간 <47> · 날마다 말씀과 함께

요일 / 내용	월(Mon)	화(Tue)	수(Wed)	목(Thu)	금(Fri)	토(Sat)
찬송	451/ 504	450/ 376	449/ 377	457/ 510	456/ 509	90/ 98
성경	잠 26:	잠 27:	잠 28:	잠 29:	잠 30:	잠 31:
적용	온유한 입술	타인으로 칭찬케	기도도 가증	자식을 징계	양 떼의 형	현숙한 여인

* 감사는 기적을 창조한다. <미상>

11단원 정신 치유의 달

건강의 리듬을 회복하라

찬송 / 95, 218, 217/ 통 82, 369, 362

성경 / 에베소서 1:1-6

요절 / 에베소서 1:12

"이는 그리스도 안에서 전부터 바라던 우리로 그의 영광의 찬송이 되게 하려 하심이라."

목표/ 찬송과 감사로 건강의 리듬을 회복하는 태도를 가진다.

시작하는 말

우리가 섬기는 하나님은 천지 만물을 지으신 창조주이십니다. 모든 만물의 주인이신 하나님은 생명의 건강을 위해 삶의 리듬을 주셨습니다. 사람의 육체는 하나님의 최고의 걸작품입니다. 그러므로 감사와 찬송으로 생체의 리듬을 회복하도록 하셨습니다. 이사야 선지자는 "이 백성은 내가 나를 위하여 지었나니 나의 찬송을 부르게 하려 함이니라" (사 43:21)고 말씀했습니다. 찬송과 감사야말로 삶의 청정제 역할을 합니다. 어떻게 하면 건강의 리듬을 생동감 있게 회복하여 건강한 정신, 건강한 육체로 하나님께 영광을 돌릴 수 있을 까요?

오늘의 말씀

1. 창조세계에 찬양의 오케스트라를 즐기십시오(시편 19:1)

창조주에 대한 찬양이 충만하여 창조의 거대한 영역에 넘치고, 하나님의 경이로운 음성과 손길은 만물의 작고 세밀한 부분에서도 발견됩니다.

창조주의 경이로움은, 경청할 준비가 되어 있는 이들에게는 하나님의 영광을 선포하는 피조물의 오케스트라가 도처에서 들려옵니다. 알리스터 맥그래스는 "우리가 우주의 음악을 듣고서 그 아름다운 하모니를 통해 그 음악의 작곡자를 사랑하게 되는 것, 이 또한 창조자가 계획하신 목적의 일부다."라고 했습니다. 피조의 세계는 눈송이 하나, 별 하나, 모두 하나님의 영광을 나타내고, 노래하고 있습니다. 그분은 웅장한 찬양의 오케스트라를 세상 곳곳에 두셨으며, 동시에 이 웅장한 찬양을 받으시는 분이십니다. 태양, 달, 별들, 언덕과 들판, 나무들, 바다와 대양, 천사들, 장로들, 살아 있는 모든 피조물들이 이 웅대한 오케스트라에 참가하고 있으며, 곧 전능자의 영광과 영원한 송가에 참여하고 있는 것입니다.

· 함께 읽어요 : 시편 19편 1절
"하늘이 하나님의 영광을 선포하고 궁창이 그 손으로 하신 일을 나타내는 도다."

2. 건강의 리듬은 바로 감사와 찬송입니다(엡 5:19)

바하(Bach)는 수많은 사람의 영혼을 완전히 사로잡을 만큼 웅장하고 장엄한 찬양과 경배와 감사의 노래들, 그야말로 불후의 명작들을 만들어 내었습니다. 그는 독실한 신자였습니다. 그는 늘 말하기를 "모든 음악의 유일한 목적은 하나님께 영광을 돌려보내고 사람에게 즐거운 감정을 솟아나게 하는 것이라."고 했습니다. 그는 음악의 근원은 하나님께 있다고 믿었고, 음악을 그의 영광을 위해 쓰지 않으면 안 된다고 생각했습니다. 그는 자신이 작곡한 칸타타나 오라토리오의 마지막 부분에 항상 S. D. G 라는 글자를 적어 놓았다고 합니다. 이것은 '오직 하나님의 영광만을 위하여'라는 뜻을 지닌 라틴어의 첫 번째 글자들입니다. 그리고 오르간 연주만을 위한 작품들의 첫 부분에는 I. N. J 즉, '예수 이름으로'라고 적어 놓았다고 합니다. 신앙의 힘이 아름다운 리듬과 찬송을 만들게 했습니다. 현대 음악의 아버지인 바하의 가문에서는 약 200년 동안에 걸쳐 저명한 음악가 50여명이 나왔습니다. 그리스도께서 함께 하시면 황무지 같은 육체에도 건강의 꽃이 핍니다. 건강의 리듬은 감사와 찬송임을 기억하시기 바랍니다.

· 함께 읽어요 : 에베소서 5장 19절
"시와 찬미와 신령한 노래들로 서로 화답하며 너희의 마음으로 주께 노래하며 찬송하며."

3. 건강한 삶의 리듬은 찬송과 감사로 회복됩니다(시 71:23)

하나님께서는 사랑하는 자녀들에게 고난을 당하도록 허용하십니다. 성숙한 성도들일수록 고난을 통하여 노래하게 하시고, 찬송하게 하십니다. 바울과 실라는 빌립보 감옥에 갇힌 죄수의 몸이 되었음에도 슬퍼하거나 실망치 않고 오히려 하나님을 찬송할 때 기적이 일어났습니다. 이들은 어둡고 캄캄한 옥중의 열악한 환경에서도 찬송을 드렸습니다. '찬송으로 하나님께 감사'를 드렸습니다. 그들은 인생의 앞길에 펼쳐진 고난의 기회를 놓치지 않고, '감사와 찬송의 물줄기'로 바꾸었습니다. 신앙의 위대한 인물들은 모두 고난의 터널을 슬기롭게 잘 통과했습니다. 우리 성도들도 고난 앞에 좌절하거나 피하거나 비겁하게 도망치지 말고, 하나님의 은혜를 생각하며 더욱 더 감사드리고, 지금 당하는 고난을 찬송과 감사의 통로로 바꾸시기를 바랍니다.

· 함께 읽어요 : 시편 71편 23절
"내가 주를 찬양할 때에 내 입술이 기뻐 외치며 주께서 구속하신 내 영혼이 즐거워 하리이다."

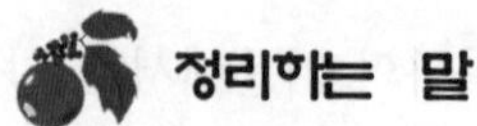

정리하는 말

사랑하는 성도 여러분! 세상에 태어난 순간부터 지금껏 여러분의 삶은 어떤 음악을 만들어 가고 있습니까? 하나님을 만난 후의 삶의 악보는 그 이전과 어떻게 달라졌습니까? 인생의 악보를 주신 분이 하나님이라면 그 악보를 채워가는 것은 여러분 각자의 몫입니다. 여러분들의 삶이 다하는 날까지, 하루하루 신선한 리듬으로 채워진 악보를 통하여 영적 건강의 리듬을 회복시키시고, 영·육간에 건강한 삶으로 여러분 자신이 하나님께 영광과 찬송이 되시기를 바랍니다.

평가와 결심

1. 첫째로 하나님의 창조의 세계에 어떤 음악이 흐르고 있습니까?
(시 19:1, 하나님의 웅장한 오케스트라)
2. 둘째로 건강의 리듬은 어디서 생겨납니까?
(엡 5:19, 찬송과 감사로부터)
3. 셋째로 건강한 삶은 어디에서 얻어집니까?
(대하 20:22, 건강의 리듬 회복으로)

주간 경건의 시간 <48> · 날마다 말씀과 함께

요일 / 내용	월(Mon)	화(Tue)	수(Wed)	목(Thu)	금(Fri)	토(Sat)
찬송	519/ 251	520/ 257	545/ 344	86/ 86	87/ 87	94/ 102
성경	시 30:	시 31:	시 32:	시 33:	시 34:	시 35:
적용	노염은 잠간	나의 영을 주의 손에	만날 기회 기도	찬송은 마땅히	혀를 악에서	가난한 자

* 감사는 예의 중에 가장 아름다운 형태이다. <쟈크 마리탱, 1882~ ? 프랑스 철학자>

다른 복음을 경계하자

찬송 / 520, 502, 501/ 통 257, 259, 255
성경 / 갈라디아서 1:6-10
요절 / 갈라디아서 1:7
"다른 복음은 없나니 다만 어떤 사람들이 너희를 요란케 하여 그리스도의 복음을 변하려 함이라."
목표/ 복음의 성경적 의미를 알고 다른 복음을 경계하는 태도를 기른다.

시작하는 말

이 단원에서는 기독교의 핵심이라고 할 수 있는 '복음'에 대한 올바른 지식을 갖도록 하게 하기 위하여 '지식의 치유'를 다루고 있습니다. 성경에 나오는 '복음'을 뜻하는 헬라어는 유앙겔리온(*εὐαγγέλιον*)이며, 영어로 God-spell(신의 말씀), 즉 Gospel을 '복음'이라고 부릅니다. 일반적으로 '복음'이란 '좋은 소식' 또는 '기쁜 소식'을 뜻합니다(눅 2:10, 롬 10:15). 오늘 공과에서는 사도 바울이 강력하게 경계한 다른 복음의 의미와 그에 대한 교회와 우리 성도들의 대책을 살펴보도록 하겠습니다.

오늘의 말씀

1. '다른 복음'은 성경적 주장을 갖지 못했습니다(갈 1:6, 고전 15:3)

'복음'이란 구약에서는 이스라엘 백성에게, 신약에서는 성도들에게만 해당하는 기쁜 소식입니다. 그런데 요사이 성경에도 없는 이상한 직통

계시라면서 그것을 전하고 거짓 선전을 합니다. '복음'이란 신약의 용어로 생각하기 쉽지만 사실은 구약의 용어입니다. 특히 이 말은 하나님 나라의 도래와 깊은 관련이 있습니다(사 52:7). 신약시대 당시 로마의 압제와 죄의 지배 아래 있던 신약의 이스라엘 백성에게도 그대로 사용되었습니다(마 3:1~2, 4:17). 그런데도 주님의 사도들에 의해 전해진 '천국 복음'(마 4:23, 9:35)이 아닌 자신들의 생각이나 생각의 산물을 '복음'이라고 전하고 있으니, 이런 다른 복음을 경계해야 합니다. 사도적인 전통이 없으며, 성경에도 없는 꾸며낸 건 '복음'이 아닙니다.

· 함께 읽어요 : 고린도후서 15장 3절
"내가 받은 것을 먼저 너희에게 전하였노니, 이는 성경대로 그리스도께서 우리 죄를 위하여 죽으시고"

2. 다른 복음의 내용이 무엇입니까?(갈 1:6)

그러면 다른 복음이란(딤전 6:3) 무엇입니까? 첫째, 예수 그리스도의 말씀 아닌 것이 다른 복음입니다(고전3:10-11, 딤전 6:3-5, 갈1:6-7). 둘째, 자신을 가리켜 예수 그리스도라 가장한 교훈을 말합니다(고전3:10-11, 벧후2:1, 마24:4-5, 살후 1:8-9). 셋째, 진리의 말씀이 아닌 것이 다른 복음입니다(요17:17, 요8:31-32, 살후 2:13-15). 이렇게 다른 복음을 전하는 자는 저주 받을(갈1:8) 것입니다. 넷째, 예수가 하나님의 독생자 됨을 부인하는 자(요일4:1-3, 요이1:7, 고전12:3, 마12:31-32)입니다. 다섯째, 성경을 가감하는 자(마5:18, 벧후3:16-17, 계22:18-19), 위와 같은 자는 저주를 받을 것(갈1:8-9, 고전16:22)입니다. 사랑하는 성도 여러분! 오직 그리스도의 바른 복음만 믿고 전파하시기를 바랍니다(롬1:16).

· 함께 읽어요 : 갈라디아서 1장 6절
"그러나 우리나 혹 하늘로부터 온 천사라도 우리가 너희에게 전한 복음 외에 다른 복음을 전하면 저주를 받을지어다."

3. 복음의 중심은 십자가입니다(고전 1:18)

바울은 당시 최고의 지성인이었습니다. 그런데도 자신의 출신이나 지식 등 이 모든 것들을 다 배설물로 여기고, '예수 그리스도께서 십자가에 못 박힌 것 이외에는 아무것도 알지 아니하기로 했다'라고 했습니다. 십자가와 십자가에 달리신 구주가 나의 구주이심을 믿고, 늘 십자가를 자랑하고 높이며, 감사하고 의지하며 십자가와 함께 살아가는 것이 복음의 핵심이며, 성도들의 삶입니다. 우리는 한 순간도 십자가를 떠나서는 아무것도 할 수 없습니다. 성도의 능력, 교회의 능력이 십자가에 있습니다. 성경 66권은 모두 하나님의 말씀이지만 십자가 하나에 모두가 연결되어 있습니다. 십자가 하나만 들면 성경 66권이 모두 들려집니다. 그래서 성경은 많은 것 가운데 이 십자가가 클라이맥스입니다. 십자가를 알면 모든 것을 알 수 있습니다. 복음의 중심인 예수 그리스도의 십자가를 믿으면 우리는 승리할 수 있습니다.

· 함께 읽어요 : 고린도전서 1장 18절
"십자가의 도가 멸망하는 자들에게는 미련한 것이요 구원을 얻는 우리에게는 하나님의 능력이라."

정리하는 말

올림픽의 꽃이라고 일컬어지는 마라톤의 유래가 있습니다. 그것은 1만 기병의 헬라군대와 11만 대군의 페르시아의 군대와의 전쟁이 있었는데 마라톤 벌판에서 헬라의 용사들이 페르시아 군대를 격파하자 이 기쁜 소식을 전하려 이디 피데스가 25마일을 달려 아테네 시민에게 전하고 쓰러져 숨진 데서 유래되었습니다. 세상 나라의 승리의 소식도 이렇게 기쁜데, 하물며 하나님 나라의 '복음'은 어떻겠습니까? 세상의 기쁨과 어떻게 비교합니까? 우리의 복음은 사망 권세를 깨뜨리신 승리의 쾌거였습니다. 이 귀중한 '복음'을 전하는데 생명을 바쳐야 합니다. 기쁨으로 감당해야 합니다. 그리하여 세상에 널리 자랑하시기를 바랍니다.

평가와 결심

1. 성도들이 먼저 무엇을 경계해야 합니까? (갈 1:6, 다른 복음)
2. 다른 복음이 무엇입니까?(앞에 공과 내용 2대지 참조)
   (갈 1:6-7, 그리스도의 말씀이 아닌 것, 자신을 그리스도라 함)
3. 복음의 중심이 과연 무엇입니까?
   (고전 1:18, 예수 그리스도의 십자가)

주간 경건의 시간 <49> · 날마다 말씀과 함께

요일 / 내용	월(Mon)	화(Tue)	수(Wed)	목(Thu)	금(Fri)	토(Sat)
찬송	95/ 82	94/ 102	191/ 427	214/ 349	250/ 182	254/ 186
성경	갈 1:	갈 2:	갈 3:	갈 4:	갈 5:	갈 6:
적용	다른 복음	기둥같이 여기는	성령으로 시작	때가 차매	그리스도는 자유케	좋은 것 함께하라

* 내가 철학을 전파하였더니, 사람들은 칭찬하였다. 그러나 내가 그리스도를 전파하였더니 사람들은 회개하였다. <A. P. 깁스>

12단원 지식 치유의 달

바른 복음을 전하자

찬송 / 518, 519, 522/ 통 252, 251, 269

성경 / 로마서 1:8-17

요절 / 로마서 1:17

"복음에는 하나님의 의가 나타나서 믿음으로 믿음에 이르게 하나니 기록된바 오직 의인은 믿음으로 말미암아 살리라 함과 같으니라."

목표/ 기독교의 바른 복음을 알고 전하는 태도를 갖도록 한다.

시작하는 말

여러분! 복음이 무엇입니까? '복음'이란 하나님께서 예수 그리스도를 통하여 우리에게 베풀어 주신 '기쁜 소식'을 말합니다. 사도 바울은 하나님 아버지로 말미암아 사도가 되었다고 했습니다. 바울은 신적 권위와 능력을 가지고 '복음'을 전했습니다. 그러나 갈라디아교회로부터 안타까운 소식이 들렸습니다. 갈라디아 교회에 복음이 변질이 일어나고 있다는 소식이었습니다. 여러분, 오늘은 '바른 복음'에 대하여 공부하겠습니다. 그러면 다른 복음이 무엇이며, 바른 복음이란 무엇입니까?

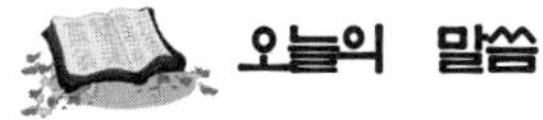

오늘의 말씀

1. 먼저 다른 복음이란 무엇입니까?(고전 12:3)

지난주에 공부했습니다. '다른 복음'을 다시 한번 말씀드린다면 '다른 복음'이란(딤전 6:3) 한 마디로 '다른 교훈'입니다. 진리의 말씀이 아닌 것입니다(요 8:31-32). 성경의 핵심, 즉 구약에서 전하는 오실 메시아, 신약에서 말하는 오신 메시아를 부인하는 것입니다. 이렇게 성경에서 전하는 메시아를 부인하고 자신을 구세주라, 메시아라고 터무니없는 주장을 합니다(거짓 선생 : 벧후2:1). 하나님을 모르는 자들과 예수의 복음을 복종치 않는 자입니다(살후 1:8-9). 성경을 가감하는 자입니다(계 22:18-19). 예수가 하나님의 독생자 됨을 부인하는 자입니다(요일 4:1-3, 요이 1:7, 고전 12:3, 마 12:31-32). 이렇게 다른 복음을 전하는 자들은 분명히 저주를 받습니다(갈1:8). 사랑하는 성도 여러분! 이와 같이 다른 복음에서 떠나 돌아서기 바랍니다. 다른 복음을 전하는 자들에게서 떠나시기를 바랍니다.

· 함께 읽어요 : 고린도전서 12장 3절

"그러므로 내가 너희에게 알게 하노니 하나님의 영으로 말하는 자는 누구든지 예수를 저주할 자라 하지 않고 또 성령으로 아니하고는 누구든지 예수를 주시라 할 수 없느니라."

2. 복음은 사도성이 강조되어야 합니다(갈 1:1)

사도 바울은 갈라디아서를 쓰면서 갈라디아 교인들에게 이 편지의 중요성과 권위성을 강조합니다. 편지 서두에 자기가 '하나님으로부터 말미암은 사도'라는 사도성(使徒性)을 강하게 피력합니다. 이 편지의 내용은 짤막한 문안 인사와 함께(2-5절) 6절부터 본론에 들어갑니다. 그런데 1장 6-10절까지 말씀 중에 가장 많이 나오는 말이 '다른 복음'이란 말입니다. 6절부터 9절까지 매 구절마다 한번, 즉 네 번이나 이 말이 나오고 경고하고 있습니다. 성경은 한마디 한마디 일점일획까지도 중요한 말씀입니다. 그러므로 성경 말씀에 반복한다는 것은 강조하는 것이요, 아주 중요하다는 것입니다. 사도 바울은 고린도전서 1장 1절에서도 "하나님의 뜻을 따라 그리스도 예수의 사도된 바울"이라고 강조합니다. 이는 복음의 참된 변증을 위한 '사도성의 권위'를 세우는 일이기 때문입니다. 그래서 오늘날 말씀선포도 그 사도성과 권위성에 근거하고 있는 것입니다. 뿐만 아니라 예배 때마다 우리가 '사도신경'으로 신앙을 고백하고 있는 것입니다.

· 함께 읽어요 : 갈라디아서 1장 1절

"사람들에게서 난 것도 아니요 사람으로 말미암은 것도 아니요 오직 예수 그리스도와 및 죽은 자 가운데서 그리스도를 살리신 하나님 아버지로 말미암아 사도된 바울은"

3. 복음 전할 열정을 가져야 합니다(고전 9:16)

미국의 선교사 칵스가 아프리카로 떠나기 전에 미들타운에 있는 대학을 방문했습니다. 그는 대학생들과 대화를 나누던 중 한 대학생에게 다음과 같이 말했습니다. "만일 내가 아프리카에서 죽는다면 자네가 직접 아프리카로 와서 묘비를 써 주기 바라네." 그러자 학생은 주저하지 않고 대답했습니다. "아무러면요. 제가 쓰겠습니다. 그런데 무엇이라 쓸까요?" 칵스는 "내가 죽고, 또 수천 명의 선교사가 죽는 한이 있어도 아프리카는 결코 포기할 수 없다." 라고 쓰게. 칵스가 선교하러 가려는 당시의 아프리카는 들짐승과 다름없는 미개한 야만인들과 식인종들이 사는 어두움에 갇힌 미개척지의 세계였습니다. 아프리카는 그곳을 사랑하고 결코 포기하지 않는 선교사들에 의해 점차 복음화 되고, 문명화되어 가고 있습니다. 이렇듯 전 세계를 복음화 시키려는 하나님의 복음의 일꾼과 선교사들의 열정과 헌신에 의해 점점 복음화 되고, 변화되어 그리스도의 세계로 바뀌어 가고 있는 것입니다.

· 함께 읽어요 : 고린도전서 9장 16절

"내가 복음을 전할지라도 자랑할 것이 없음은 내가 부득불 할 일임이라 만일 복음을 전하지 아니하면 내게 화가 있을 것임 이로라."

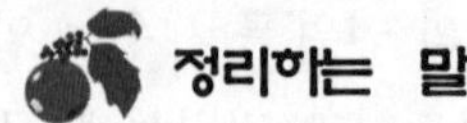

정리하는 말

사랑하는 성도 여러분! 바른 복음은 예수 그리스도의 5대 생애가 그대로 다 복음이며, 하나님의 권능입니다. 구체적으로 보면, 예수 그리스도의 동정녀 탄생, 십자가의 죽으심, 부활, 승천, 재림, 이것이 복음의 핵심입니다. '바른 복음'은 성경적인 권위와 사도적인 권위를 가집니다. 사랑하는 성도 여러분! 바른 복음을 전하고자 하는 열정을 가지시기를 바랍니다. 그리하여 하나님께 영광 돌리는 복된 성도가 되시기를 바랍니다.

평가와 결심

1. 다른 복음이란 무엇을 말하고 있습니까?
   (요 8:31~32, 다른 교훈 즉 진리의 말씀이 아닌 것)
2. 바른 복음이란 어떤 권위를 지녀야 합니까?
   (롬 3:25~26, 성경적 권위와 사도적인 권위를 지녀야 함)
3. 바른 복음에 대한 우리의 태도는 무엇입니까?
   (행 17:31, 바른 복음을 전해야 할 열정을 가져야 함)

주간 경건의 시간 <49> · 날마다 말씀과 함께

요일 / 내용	월(Mon)	화(Tue)	수(Wed)	목(Thu)	금(Fri)	토(Sat)
찬송	94/ 102	212/ 347	214/ 349	220/ 278	219/ 279	252/ 184
성경	롬 2:	롬 3:	롬 4:	롬 5:	롬 6:	롬 7:
적용	악행 하는 영의 곤고	하나님은 참되시다	믿음의 의	환난은 인내를	의의 병기	원하는 바 선

* "하나님은 성경에만 복음을 기록하신 것이 아니라 나무들과 꽃들, 구름들과 별들에도 기록하셨다."(마르틴 루터)

지혜로운 선택을 하자

찬송 / 552, 546, 545/ 통 358, 399, 344
성경 / 골로새서 4:2-6
요절 / 에베소서 5:16
"세월을 아끼라 때가 악하니라."
목표/ 성도로서 지혜로운 선택을 하며 살아가는 태도를 기른다.

시작하는 말

사람의 모든 행위와 행동은 마음에서부터 나옵니다. 그러므로 게으르고 악한 생각을 버리고 치유 받아야 부지런하고 건강한 삶을 살아갈 수 있는 것입니다. 많은 지식을 추구하기보다는 지혜로운 마음을 먼저 품어야 하는 것입니다. 그래서 이번 공과에서는 성도가 '지혜로운 선택'을 하게 함으로써 올바르게 삶을 살아가도록 하는데 목적이 있는 것입니다. 성경 곳곳에 세상에서는 찾아볼 수 없는 지혜로운 분들의 삶이 있습니다. 이처럼 그들의 진솔한 고백과 선택을 통해 지혜의 중요성을 깨닫고 삶의 기로에서 지혜로운 선택으로 승리하시기 바랍니다.

오늘의 말씀

1. 지혜로운 선택위해 시간관리를 잘 해야 합니다(에베소서 5:15~16)

시간관리를 잘하기 위해서는 지혜로운 선택을 해야 합니다. 지혜로운 시간관리는 먼저, 우선순위를 세우십시오. 우리가 이미 알고 있는 것처럼 '긴급'이 '매우 중요한 것'은 아닙니다. 미국의 통계를 보면 평균적으로 아버지가 자녀와 1대1 대화를 하는 것은 주당 평균 17분, 아내와는 27분이라고 합니다. 가족 간의 대화는 중요하긴 하지만 긴급한 일은 아니기에 우선순위에서 밀려났기 때문입니다. 또한 지혜로운 선택은, 내가 관리 할 수 있는 일에 집중하는 것입니다. 여러분이 관리 할 수 있는 일들은 어떤 것입니까? 그것이 중요합니다. 바로 거기에 집중하십시오. 필요성이 충분히 클 때 우리는 평소에는 불가능하다고 믿던 것들을 관리할 수 있습니다. 시간과 일도 소중함을 알 때 제대로 관리를 하게 되는 것입니다.

· 함께 읽어요 : 에베소서 5장 15-16절
"15 그런즉 너희가 어떻게 행할 것을 자세히 주의하여 지혜 없는 자 같이 말고 오직 지혜 있는 자 같이 하여 16 세월을 아끼라 때가 악하니라."

2. 시간 관리의 지혜를 가로막는 것들을 제거해야 합니다(롬 12:2)

시간 관리의 지혜는 한번 가면 돌아올 수 없는 시간의 화살을 잡는 방법이요, 지혜 중에 지혜입니다. 시간을 잘 관리 하려면 시간 도둑을 막아야 합니다. 시간 도둑은 첫째, 방해에 의한 중단입니다. 여건이 변화무상하기 때문입니다. 둘째, 뒤로 미루기입니다. 이것은 가장 흔히 일어나는 일입니다. 그러나 일을 미루면 사건이 우리를 끌고 갑니다. 그러므로 스스로 마감일을 정하십시오. 일이 너무 커 보인다면 헨리 포드의 말처럼 "일을 잘게 나누면 특별히 어려운 일이란 없다."는 것을 기억하십시오. 셋째, 우선순위의 변경입니다. 넷째, 엉성한 계획입니다. 옛날 격언에 "계획에 실패하면 실패를 계획하는 것이다."라고 말했습니다. 주어진 시간을 효과적으로 사용할 수 있도록 노력해야 합니다.

그러므로 좋은 습관을 가지십시오. 습관은 수많은 과중한 일들을 정신적 큰 부담 없이 처리할 수 있게 도와줍니다. 습관은 제2의 천성이라고 했습니다. 그러나 좋은 습관을 가질 것인지 나쁜 습관을 가질 것인지는 여러분의 선택에 달려있음을 명심하시기 바랍니다.

· 함께 읽어요 : 로마서 12장 2절

"너희는 이 세대를 본받지 말고 오직 마음을 새롭게 함으로 변화를 받아 하나님의 선하시고 기뻐하시고 온전하신 뜻이 무엇인지 분별하도록 하라."

3. 지혜로운 선택을 위해 시간을 선용해야 합니다(시 90:12)

창조주 하나님께서는 인간에게 부자나 가난한 사람이나 어른이나 아이들이나 막론하고 누구에게나 하루 24시간을 주셨습니다. 로스앤젤레스에 있는 한 고등학교 선생님은 학생들의 사고력을 증진시키는 독특한 방법을 한 가지 알고 있었습니다. 그녀는 때때로 칠판에 그날의 학습과는 관계없는 몇 마디 말들을 쓰곤 했습니다. 어느 날 아침 학생들은 25,550이라는 숫자가 칠판에 적혀 있는 것을 보았습니다. 한 학생이 그 숫자를 왜 써놓았느냐고 물었습니다. 선생님은 25,550이란 70년을 산다면 수명을 날짜로 바꾼 것이라고 설명하면서 "인생은 짧고 하루하루가 소중하다."는 것을 강조했습니다. 어렸을 때는 세월이 천천히 가는 것만 같습니다. 나이가 들면 세월이 빨리 가는 것을 느낍니다.

야고보 사도의 말을 생각하고 묵상해 봅시다. "너희는 잠깐 보이다가 없어지는 안개니라."(약 4:14) 그러므로 우리 성도들은 하나님을 공경하고, 남을 섬기고, 그리스도를 선포하는 일에 우리의 최선을 다하는 것이 매우 중요합니다. 우리에게 주어진 날들 속에서 헛됨 없이 지혜로운 선택을 할 수 있도록 노력하시기 바랍니다.

· 함께 읽어요 : 시편 90편 12절

"우리에게 우리 날 계수함을 가르치사 지혜의 마음을 얻게 하소서."

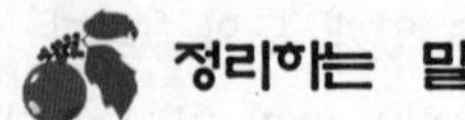

정리하는 말

사랑하는 성도 여러분! 지혜로운 선택을 통하여 시간을 가장 효과적으로 사용할 수 있습니다. 지혜로운 선택의 비결은 역사를 주관하시고, 생명을 주관하시는 하나님의 뜻을 이해하고 그의 뜻을 전적으로 찾는 것입니다. “그런즉 너희가 어떻게 행할 것을 자세히 주의하여 지혜 없는 자같이 말고 오직 지혜 있는 자같이 하여 세월을 아끼라 때가 악하니라. 그러므로 어리석은 자가 되지 말고 오직 주의 뜻이 무엇인가 이해하라.”(엡 5:15-17)고 말씀합니다. 우리는 이 말씀을 묵상하면서 주님의 뜻에 따라 지혜로운 선택을 하고 인생에서 단회적인 유일한 시간을 잘 선용하시기 바랍니다.

평가와 결심

1. 지혜로운 선택을 위해 무엇을 해야 합니까?
   (엡 5:15~16, 시간관리의 지혜를 얻어야 함)
2. 시간 관리의 지혜를 막는 시간 도둑들이 무엇입니까?
   (롬 12:2, ①방해에 의한 중단 ②미룸 ③우선순위 변경 ④엉성한 계획)
3. 지혜로운 선택의 방법이 무엇입니까?
   (시 90:12, 주어진 시간을 선용해야 함)

주간 경건의 시간 <51> · 날마다 말씀과 함께

요일 / 내용	월(Mon)	화(Tue)	수(Wed)	목(Thu)	금(Fri)	토(Sat)
찬송	532/ 323	531/ 321	534/ 324	540/ 219	539/ 483	544/ 343
성경	골 2:	골 3:	골 4:	살전 1:	살전 2:	살전 3:
적용	열매를 맺어	사랑을 더하라	신실한 일꾼	성령의 기쁨	자랑의 면류관	하나님의 일꾼

“당신이 만일 하나님의 복음 가운데서 좋아하는 것만을 믿고 싫어하는 것을 거절한다면 당신이 믿는 것은 복음이 아니라 당신 자신이다.”<어거스틴>

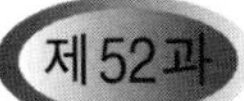

제52과

바른 복음을 간직하자

찬송 / 520, 518, 502/ 통 257, 252, 259

성경 / 고린도후서 4:1-12

요절 / 고린도후서 4:7

"우리가 이 보배를 질그릇에 가졌으니 이는 능력의 심히 큰 것이 하나님께 있고 우리에게 있지 아니함을 알게 하려 함이라."

목표/ 보배인 바른 복음을 간직하고 전하는 태도를 기른다.

시작하는 말

모든 사람은 누구나 귀한 보배를 간직하고 싶어 합니다. 세상에서는 금, 은, 지혜 등을 보배라고 합니다. 베드로 사도는 예수님을 '보배로운 산돌'이라 하였고, 믿음을 '보배로운 믿음'이라고 했습니다. 또한 그리스도의 '보배로운 피'라 말씀했습니다. 신학자들은 본문에서 밝히 말씀하고 있는 '복음'이 바로 '보배'라고 했습니다. 사람들마다 아끼고 간직하고픈 보배가 있습니다. 우리는 이 귀한 보배를 하잘것 없는 것으로 여기고 질그릇에 간직한 것입니다. 사랑하는 성도 여러분! 그리스도께서 주신 이 복음을 왜 귀하게 간직해야 하겠습니까?

오늘의 말씀

1. 복음은 구원의 빛이기 때문에 잘 간직해야 합니다(롬 1:16)

선교사들에 의해 기독교가 소개된 지 얼마 되지 않은 시기에 복음은 무지와 가난, 질병에 고통 받고 있던 자들에게는 물론, 여성들에게 진정 '구원의 빛'이었습니다. 그들이 복음을 받아들일 때의 기쁨과 성령 충만함은 그 어느 것과도 바꿀 수 없는 귀한 것이었습니다. 예수를 믿는다는 이유로 무수한 매질을 당하고 시집에서 쫓겨나기가 일쑤였지만 예수님의 사랑을 깨달은 이들은 좌절하지 않고 담대하게 자신의 믿음을 고백하고 전도했습니다. 한 여인은 자신의 놀라운 변모를 이렇게 고백했습니다.

"난 죄인이라고 하면 도둑과 강도처럼 나쁜 일을 하거나 남을 해치는 사람이라고 생각했기에 결코 죄인이 아니라고 생각했습니다. 그러나 성경을 읽고서 내가 죄인임을 깨달았습니다. 주님이 저의 죄를 사해 주셨고, 믿음생활을 하는 것이 곧 천국에 가는 길임을 알았습니다." 그렇습니다. 이 고백은 기독교의 본질을 깨달은 것입니다. 이 구원의 빛인 복음을 잘 간직하시기를 바랍니다.

· 함께 읽어요 : 로마서 1장 16절

"16 내가 복음을 부끄러워하지 아니하노니 이 복음은 모든 믿는 자에게 구원을 주시는 하나님의 능력이 됨이라 첫째는 유대인에게요 또한 헬라인에게로다."

2. 복음에는 위력이 있기 때문에 간직해야 합니다(고후 4:7)

한국 기독교인은 해방당시 30만 명이었는데 1955년 60만, 1965년 120만, 1975년 350만, 1985년 800만, 1995년 1000만으로 늘어났습니다. 기독교는 한국 땅에 지대한 공헌을 했습니다. 일제의 수난시대에 복음을 받은 지도자들이 민족지도자가 되어 신사참배를 거부하고, 학교와 병원, 교회를 세워 민족운동을 일으켰습니다. 정신적 근대화, 윤리가치의 고양, 인권과 민주적 가치를 귀히 여겼습니다. 기독교인 가운데 이승만, 김구 등 당시 유명한 민족지도자들이 기독교인이었습니다. 이들 대부분이 목사, 장로였습니다. 1955년 4월 태국에 선교사를 파송하고, 1961년에는 파

키스탄에 선교사를 파송, 1988년 선교사가 1,000명에 불과했으나 지금은 선교단체가 130개가 넘고 선교 대상국이 163개국을 넘어섰습니다. 우리나라가 해외에 파송한 선교사가 세계에서 두 번째의 선교 대국이 되었습니다. 복음이야말로 온 세상을 변화시키는 능력입니다. 그 능력이 불과 같이 일어납니다.

· 함께 읽어요 : 고린도후서 4장 7절
"우리가 이 보배를 질그릇에 가졌으니 이는 능력의 심히 큰 것이 하나님께 있고 우리에게 있지 아니함을 알게 하려 함이라."

3. 생명의 복음이기 때문에 보배입니다(행 20:24)

기독교 방송을 '새롭게 하소서'를 통해서 널리 알려진 김진규 목사님이 계십니다. 그는 17년 동안이나 불교에서 스님 생활을 하다가 목사가 된 분입니다. 그 분은 원래, 경북 영양군 일월사 주지의 아들이었는데 스님이 되었다는 것입니다. 하루는 시주를 받기 위해 이집 저집 가정방문을 하던 중, 어느 집에 들어갔더니, 한 청년이 책을 한 권 가지고 나오면서, "내가 당신에게 줄 것은 이것 밖에 없으니, 하나님 말씀을 읽고, 예수나 믿으세요." 하더랍니다. 마음속으로 '당신이나 평생 예수 믿고 사시오' 라고 중얼거리며, 그 집을 나왔는데, 손에 들려 준 성경책을 내버릴까 하다가, 갑자기 호기심이 생기더랍니다. 그래서 성경책을 들고 산으로 올라갔습니다. 단숨에 읽기를 시작해서 다섯 번이나 성경을 읽고 나니 불경의 가르침과 전연 달랐습니다. 불교는 죄를 지으면 지은만큼 대가를 지불해야 속죄를 받지만, 성경은 예수 믿는 자마다 무조건 사함 받는다는 속죄의 가르침이 달랐습니다. 예수 그리스도는 부활 영생하사 천국에 계시나, 불교의 가르침에는 죽은 석가가 부활했다는 이야기가 전혀 없었습니다. 기독교야말로 생명의 복음이요, 소망의 복음이요, 승리의 복음인 것입니다. 이 보배를 잘 간직하여 세계 만방에 전파해야 할 것입니다.

· 함께 읽어요 : 사도행전 20장 24절
"나의 달려갈 길과 주 예수께 받은 사명 곧 하나님의 은혜의 복음 증거하는 일을 마치려 함에는 나의 생명을 조금도 귀한 것으로 여기지 아니하노라."

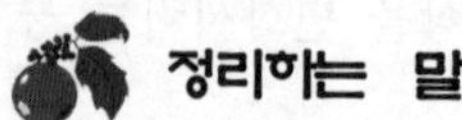

정리하는 말

사랑하는 성도 여러분! '복음'이야말로 보배 중에 보배입니다. 아무리 힘들고 어렵더라도 이 보배를 간직하시기 바랍니다. 지식에까지 새롭게 하심을 받아 구원의 빛이요, 능력의 복음인, 생명의 복음을 심령에 간직하시기를 바랍니다. 그리하여 복음을 널리널리 전파하며 자랑하시기를 바랍니다.

평가와 결심

1. 바른 복음을 간직해야 할 이유 첫째는 무엇입니까?
(롬 1:16~17, 복음이 구원의 빛이기 때문임)
2. 바른 복음을 간직해야 할 이유 둘째는 무엇입니까?
(고후 4:7, 능력의 복음이기 때문임)
3. 바른 복음을 간직해야 할 이유 셋째는 무엇입니까?
(행 20:24, 생명의 복음이기 때문에)

주간 경건의 시간 <52> · 날마다 말씀과 함께

요일 / 내용	월(Mon)	화(Tue)	수(Wed)	목(Thu)	금(Fri)	토(Sat)
찬송	1765/ 163	313/ 352	325/ 359	333/ 381	357/ 397	482/ 49
성경	고후 2:	고후 3:	고후 4:	고후 5:	고후 6:	고후 7:
적용	그리스도의 향기	주의 영이 계신 곳	보배를 질그릇에	화목하게 하는 말씀	마음을 넓혀라	하나님의 뜻대로

* 만일 복음을 전하지 않으면 나는 지옥에 가리라(윌리엄 선데이).

고난주간

기쁘게 십자가를 져라

찬송 / 151, 150, 458/ 통 138, 135, 513

성경 / 마태복음 27:32-44

요절 / 마태복음 27:37

"그 머리 위에 이는 유대인의 왕 예수라 쓴 죄 패를 붙였더라."

목표/ 십자가 지는 자의 복됨을 알고 즐겁게 십자가를 지는 태도를 배운다.

시작하는 말

본문 말씀에 등장하는 시몬은 아프리카 북편 해변에 있는 헬라의 한 성 구레네라는 곳에서 사는 유대인입니다. 유월절을 지키려고 예루살렘에 왔다가 때마침 십자가를 지시고 골고다를 향해 가시는 예수님의 일행을 만났습니다. 예수님은 사형언도를 받으시고, 로마 법률대로 십자가를 지고 로마 군병의 호송을 받아 골고다로 가시는 길이었습니다. 그런데 처형을 받으러 가는 예수께서 너무 허약하셔서 십자가를 지고 가시다가 7번이나 쓰러지셨습니다. 로마군병은 때마침 지나가는 건장한 청년을 발견하고 억지로 잡아 십자가를 대신 지웠습니다. 그 사람이 구레네 시몬이었습니다. 구레네 시몬은 어쩔 수 없이 예수께서 지실 십자가를 대신 지고 골고다까지 올라갔습니다. 여러분은 예수님 지실 그 십자가를 대신 질 수 있겠습니까?

오늘의 말씀

1. 억지로 진 십자가가 어떻게 복이 되었습니까?(:32-)

구레네 시몬은 온 천하 모든 사람 중에 가장 처음으로 예수님 대신 십자가를 졌습니다. 주님께서 십자가를 지시고 가실 때에 수만 군중이 그를 따랐고, 눈물까지 흘리는 사람도 있었습니다. 그러나 로마 군병이 십자가를 대신 질 사람을 찾았지만 선뜻 나서는 자가 없었습니다. 그러나 억지로 진 십자가가 엄청난 결과를 가져왔습니다. 구레네 시몬 자신과 그 가족까지 예수를 믿어 구원을 받게 된 것입니다. 로마서 16장 13절에서 사도 바울은 "주 안에서 택하심을 입은 루포와 그 어머니에게 문안하라 그 어머니는 곧 내 어머니라."고 했습니다. 여기에서 루포는 구레네 시몬의 아들입니다. 그는 로마 교회의 큰 기둥이며, 그 어머니는 로마교회의 중심인물이 되어 사도 바울이 어머니라고까지 칭하게 되었습니다. 구레네 시몬의 12대 자손이 기독교를 공인한 유명한 콘스탄티누스대제라는 기록이 역사가 요세푸스에 의해 밝혀졌습니다. 억지로 진 십자가를 인해 시몬의 가정이 큰 복을 받은 것처럼 축복의 상징임을 믿으시고 이에 동참하시기 바랍니다.

· 함께 읽어요 : 마태복음 27장 32절

"나가다가 시몬이란 구레네 사람을 만나매 그를 억지로 같이 가게 하여 예수의 십자가를 지웠더라."

2. 왜 공교롭게 시몬에게 십자가를 지우게 되었습니까?(롬 5:3-4)

골고다를 올라가던 그 길에는 수많은 사람이 따라가며 구경했을 것입니다. 그러나 왜 하필이면 구레네 시몬입니까? 이것은 구레네 시몬과 그 가족과 그 이웃을 구원하시고, 그 후손들을 통하여 후일 기독교를 로마 국교로 세우셔서 세계복음화의 전초기지가 되도록 하시려는 하나님의 원대한 섭리인 것입니다. 구레네 시몬이 이 사실을 알았더라면 즐겁게 춤을 추며 십자가를 대신 졌을 것입니다. 그러나 당시에 시몬은 이 사실을 몰랐기 때문에 불평불만을 토로했을 것입니다. 이렇게 본인이 원하지 않는 십자가를 억지로 지게 하는 경우도 있습니다. 하나님께서는 까닭

없이 십자가를 지게 하시지 않습니다. 때문에 우리는 순종하는 마음으로 십자가를 져야 합니다. 현재는 고통이 되지만 변하여 복이 되게 하시는 줄 믿으시기 바랍니다. 오늘 여러분에게 주어진 십자가는 고통과 고난의 십자가만이 아닙니다. 잘 감당하여 축복의 주인공이 되시기 바랍니다.

· 함께 읽어요 : 로마서 5장 3-4절
"3 다만 이뿐 아니라 우리가 환난 중에도 즐거워하나니 이는 환난은 인내를,
4 인내는 연단을, 연단은 소망을 이루는 줄 앎이로다."

3. 우리에게도 다 져야할 십자가가 있습니다(히 12:2)

세상을 살다 보면 누구에게나 처지와 형편에 따라 십자가가 다 있습니다. 이것은 개인적인 십자가, 민족적인 십자가, 가정적인 십자가 등 여러 형태로 나타납니다. 그러나 어떤 형태이건 간에 하나님께서 허락하셨으니 십자가를 져야 하는 것입니다. 여러분 이러한 십자가와 고난 뒤에는 축복이 기다리고 있음을 믿으시기 바랍니다. 그래서 찬송가 458장(통일찬송가 513장) 후렴에는 "참 기쁜 마음으로 십자가 지고가라. 네가 기쁘게 십자가 지고 가면 슬픈 마음이 위로 받네."라고 노래합니다.

주님께서는 "이에 예수께서 제자들에게 이르시되 아무든지 나를 따라 오려거든 자기를 부인하고 자기 십자가를 지고 나를 좇을 것이니라."(마 16:24)고 권고하셨습니다. 주님께서는 자기 십자가를 지기를 싫어하는 자와는 아무런 관계가 없다는 것입니다. 우리의 생명인 주님께서도 십자가를 지셨는데, 무슨 할 말이 있습니까? 여러분, 각자에게 지워주신 십자가를 피할 수 없다면, 억지로 질 것이 아니라 기쁨으로 지고 가시기를 바랍니다. 그러면 반드시 큰 복을 받게 것입니다.

· 함께 읽어요 : 히브리서 12장 2절
"믿음의 주요 또 온전케 하시는 이인 예수를 바라보자 저는 그 앞에 있는 즐거움을 위하여 십자가를 참으사 부끄러움을 개의치 아니하시더니 하나님 보좌 우편에 앉으셨느니라."

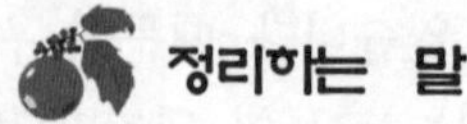

정리하는 말

사랑하는 성도 여러분! 요즈음 십자가 목걸이, 십자가 종탑, 모형물 등, 모두 보기는 좋아하지만 고난을 동반한 십자가를 지기는 싫어합니다. 신앙생활을 한다는 것은 내 고집대로 내 뜻대로 살아가기를 원하는 것이 아닙니다. 하나님께서 기뻐하시는 뜻대로 주님께서 본을 보여주신 그 대로, 고생이 되더라도 하나님의 영광을 위해 십자가를 달게 지시기를 바랍니다. 그리하여 십자가를 통한 축복과 승리의 주인공이 되시기를 바랍니다.

평가와 결심

1. 억지로 십자가 진 시몬이 무슨 복을 받았습니까?
   (롬 16:13, 어머니 아들 모두 훌륭한 신앙인물이 됨)
2. 왜 구레네 시몬에게 억지로 십자가 지게 하셨습니까?
   (그의 가정을 구원하시고, 그들을 복음의 일꾼 삼으시려고)
3. 주님께서 우리에게 주신 명령은 무엇입니까?
   (마 16:24, 자기를 부인하고, 제 십자가를 지고 나를 좇으라)

주간 경건의 시간 <54> · 날마다 말씀과 함께

요일 / 내용	월(Mon)	화(Tue)	수(Wed)	목(Thu)	금(Fri)	토(Sat)
찬송	151/ 138	150/ 135	154/ 139	147/ 136	146/ 146	143/ 141
성경	마 25:	마 26:	마 26:	마 26:	마 27:	마 27:
적용	비유로 가르치심	향유 옥합	최후의 만찬	겟세마네 기도	빌라도 법정에서	십자가상의 예수

* 복음 서신들이 부활을 설명하는 게 아니다, 부활이 복음 서신들을 설명한다.<존S. 웨일>

부 활 절

부활의 산 소망

찬송 / 159, 161, 167/ 통 149, 159, 157
성경 / 고린도전서 15:35-49
요절 / 고린도전서 15:49
"우리가 흙에 속한 자의 형상을 입은 것같이 또한 하늘에 속한 자의 형상을 입으리라."
목표/ 그리스도의 부활을 통해 부활의 산 소망을 가지도록 한다.

시작하는 말

세상 사람들은 예수의 부활에 대하여 잘 믿지 않습니다. 그래서 예수님의 부활 사실을 보고도 기껏 생각해 낸 것이 시체 도난설, 기절설(가사설), 착각설 등, 역사적인 부활 사건에 대하여 부인하고자 하였습니다. 그러나 예수의 부활은 지난 2천 년 동안 수많은 그리스도인들로 하여금 기쁨으로 순교의 길을 걷도록 하는 신앙의 원동력이 되었습니다. 부활의 산 소망을 안고 죽어갈 수 있도록 만들었습니다. 이것은 그 부활의 소망이 오늘 우리에게도 생생하게 살아있기에 아무도 부인할 수 없는 사실입니다. 예수님께서 사망 권세를 이기셨으니 이 생명의 부활을 세계만방에 알려야 할 것입니다.

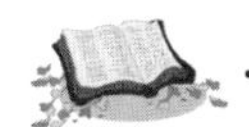

오늘의 말씀

1. 죽은 자의 부활은 확실합니다(고전 15:20)

인류 역사에 예수 그리스도의 부활 사건은 최대의 빅뉴스입니다. 부활이란 말은 이 세상의 개념이 아니라 하나님 나라의 개념입니다. 그렇기 때문에 인간의 지식으로 부활의 사실을 받아들이거나 믿을 수 있는 것이 아닙니다. 오직 하나님이 주시는 믿음으로만 이 사실을 받아들일 수 있는 것입니다(히 11:1). 바울은 "만일 죽은 자가 다시 사는 것이 없으면 하나님이 그리스도를 다시 살리시지 아니하였으리라."(고전 15:15)고 말씀합니다. 이 증언처럼, 주님은 부활의 실체를 증명하시기 위해서 먼저 수많은 사람들 앞에서 부활의 모습으로 나타나셨던 것입니다. 그러므로 죽은 자의 부활은 세상 사람들의 부인에도 불구하고 믿는 자들에게 반드시 일어날 역사적 사건임에 틀림없는 것입니다.

· 함께 읽어요 : 고린도전서 15장 5-8절

"5 게바에게 보이시고 후에 열 두 제자에게와 6 그 후에 오백여 형제에게 일시에 보이셨나니 그 중에 지금까지 태반이나 살아 있고 어떤 이는 잠들었으며 7 그 후에 야고보에게 보이셨으며 그 후에 모든 사도에게와 8 맨 나중에 만삭되지 못하여 난 자 같은 내게도 보이셨느니라."

2. 부활의 실체는 무엇입니까?

성경은 분명하게 증거 해 줍니다. 예수를 믿는 자들의 부활의 실체는 인간이 썩을 것으로 심었지만 썩지 아니할 것으로 다시 살며, 인간이 욕된 것으로 심었지만 영광스러운 것으로 다시 살며, 인간이 약한 것으로 심었지만 강한 것으로 다시 살며, 인간이 육의 몸으로 심었지만 영의 신령한 몸으로 다시 살 것을 증거하고 있습니다. 즉 정리하여 말한다면 부활은 썩지 않을 것이며, 영광스러운 것이며, 강한 것이며, 영의 신령한 몸 그 자체와 함께 임할 실제적인 사건입니다. 그것은 바로 새 하늘과 새 땅 아래서의 사람의 모습인 것입니다. 따라서 부활체의 모습은 "모든 눈물을 그 눈에서 씻기시매 다시 사망이 없고, 애통하는 것이나 곡하는 것이나 아픈 것이 다시 있지 아니하리니 처음 것들이 다 지나갔음 이러라."(계 21:4)라고 사도 요한은 예언한 것입니다. 이와 같이 그리스도의 부활이 우리 자신의 부활임을 믿고 항상 기뻐하시기 바랍니다. 여러분도 이런 부활의 주인공이 되시기 바랍니다.

· 함께 읽어요 : 이사야 25:8, 35:10절
"8 사망을 영원히 멸하실 것이라 주 여호와께서 모든 얼굴에서 눈물을 씻기시며 그 백성의 수치를 온 천하에서 제하시리라 여호와께서 이같이 말씀하셨느니라."
"10 여호와의 속량함을 얻은 자들이 돌아오되 노래하며 시온에 이르러 그 머리 위에 영영한 희락을 띠고 기쁨과 즐거움을 얻으리니 슬픔과 탄식이 달아나리로다."

3. 부활의 소망을 가지게 됩니다(고전 15:12-13)

어떤 신학자는 "죽은 자의 부활을 빼면 기독교는 아무 것도 남지 않는다."는 말을 했습니다. 왜냐하면 죽은 자의 부활을 부인할 때 예수의 모든 복음을 부인케 되기 때문입니다. 그 부활의 생명을 증거 하는 우리 그리스도인들의 전파도 헛것이 되어 거짓 증인이 되기 때문입니다.

또한 우리 자신의 부활에 대한 소망을 상실한 채 예수의 부활만을 인정한다는 것도 모순이 되기 때문입니다. 그럼에도 불구하고 오늘날의 많은 그리스도인들은 썩어질 이 세상에 묶여 주님의 재림과 함께 찾아올 부활의 소망을 망각한 채 살고 있는 것입니다. 그러므로 그런 삶은 사도 바울의 표현대로 '불쌍한 삶'일 뿐입니다. 부활의 첫 열매인 예수 그리스도의 부활과 함께 부활의 산 소망을 소유하셔서 풍요로운 삶을 누리시기 바랍니다.

· 함께 읽어요 : 고린도전서 15장 12-13절
"12 그리스도께서 죽은 자 가운데서 다시 살아나셨다 전파되었거늘 너희 중에서 어떤 이들은 어찌하여 죽은 자 가운데서 부활이 없다 하느냐 13 만일 죽은 자의 부활이 없으면 그리스도도 다시 살지 못하셨으리라."

정리하는 말

사도 요한은 "이것들을 증거하신 이가 가라사대 내가 진실로 속히 오리라 하시거늘 아멘 주 예수여 오시옵소서." (계 22:20)라고 고백했습니다. 이 약속의 소망은 오늘 우리의 신앙고백으로 살아있어야 할 것입니다. 많은 사람들이 이 세상의 것을 즐거워하고, 안주하고자 하는 현실을 볼 때 주님의 재림과 함께 임할 그리스도의 부활에 대한 소망은 강조하고 또 강조해도 부족함이 없을 것입니다. 참으로 그리스도인으로서 예수의 부활을 힘입어 영원한 생명이요, 영원한 안식처로 가는 중차대한 부활의 소망을 잃지 말고 살아가시기를 바랍니다.

평가와 · 결심

1. 예수의 부활은 역사적인 사건입니까? 의미적인 사건입니까?
   (분명한 역사적인 사건입니다.)
2. 인간은 육으로 심고 어떤 모습으로 부활합니까?
   (영의 신령한 몸으로 부활함)
3. 바울은 우리가 이생만 바라고 산다면 어떤 자고 했습니까?
   (고전 15:19, 불쌍한 자라고 했음)

주간 경건의 시간 <54> · 날마다 말씀과 함께

요일 / 내용	월(Mon)	화(Tue)	수(Wed)	목(Thu)	금(Fri)	토(Sat)
찬송	165/ 155	166/ 156	167/ 157	170/ 16	172/ 152	164/ 154
성경	눅 21:	눅 22:	눅 22:	눅 23:	눅 23:	눅 24:
적용	구름을 타고	피로 세운 새 언약	아버지의 원대로	너희와 너희 자녀	의로운 요셉	살아나셨느니라

* 작은 일에 참지 못하는 사람은 큰일에 낭패하고 만다. <미상>

감 사 절

감사절에 진정으로 감사드리자

찬송 / 590, 591, 588/ 통 309, 310, 307

성경 / 민수기 28:26-31

요절 / 민수기 28:26

"칠칠절 처음 익은 열매 드리는 날에 너희가 여호와께 새 소제를 드릴 때에도 성회로 모일 것이요 아무 노동도 하지 말 것이며"

목표/ 성도의 삶속에서 범사에 감사하는 태도를 가지도록 한다.

시작하는 말

성도 여러분! 여러분은 구약의 절기를 지켜야 한다고 생각하십니까? 안 지켜도 된다고 생각하십니까? 이스라엘 남자는 매년 세 번 하나님의 절기를 반드시 지켜야만 했습니다(신 16:16). 이스라엘의 3대 절기는 출애굽 한 것을 기념하여 지키는 무교절이 있고, 수고하여 밭에 뿌린 것의 첫 열매를 드리는 맥추절이 있으며, 수고하여 추수한 것을 연말에 밭에서부터 거두어 저장하는 수장절로 나눌 수 있습니다. 그리고 맥추절은 칠칠절, 초실절, 또는 오순절이라고 칭합니다. 이 기간은 처음 보리 벨 대부터 시작해서 밀 수확을 끝마치는 약 7주 가량의 전체 곡물 수확기간을 말합니다. 이런 결실은 언제나 하나님의 은혜로 이루어지는 것입니다. 따라서 우리는 하나님께 범사에, 진정으로 감사드려야 합니다.

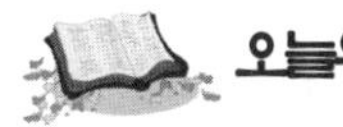

오늘의 말씀

1. 맥추절을 지켜야 합니다(민 28:26-)

구약의 이스라엘 백성들이 지켰던 절기들은 신약에 성취될 하나님의 구속의 예표요, 전형적인 표상입니다. 맥추절이란 처음 익은 열매를 드리는 날입니다(26절). 이때, 자원하는 예물을 드리되 의례적으로 늘어선 곡식 단들 가운데 처음 낫을 대어 벤 곡식 단을 드려야 합니다(신명기 16:9-12). 일반적으로 하나님께 드린다고 할 때 우리는 가장 좋은 곡식 단을 드려야 한다고 하겠지만, 성경에는 가장 좋은 곡식 단을 요구하는 것이 아니라 처음 것을 요구하고 있음을 주목하십시오. 처음 것은 하나님의 것이기 때문입니다. 사람도 처음 난 자는 다 하나님의 것입니다. 하나님께서 애굽 땅에서 처음 난 자를 다 죽이던 날에 이스라엘의 처음 난 자는 사람이나 짐승을 다 거룩히 구별하여 구원시킴으로 그들을 대신하여 레위인을 택하셔서 성전에서 수종들도록 하셨던 것입니다(민 3:12). 처음 열매를 정성을 다하여 감사함으로 드리시기 바랍니다. 그리하면 하나님께서 기뻐 열납하실 것입니다.

· 함께 읽어요 : 민수기 3장 13절

"처음 난 자는 다 내 것임은 내가 애굽 땅에서 그 처음 난 자를 다 죽이던 날에 이스라엘의 처음 난 자는 사람이나 짐승을 다 거룩히 구별하였음이니 그들은 내 것이 될 것임이니라 나는 여호와니라."

2. 하나님께 감사해야 복을 받습니다(시 6:24-26)

우리가 감사생활에서 빼놓을 수 없는 것은 하나님의 축복입니다. 하나님의 백성은 세상의 복이 아니라 하나님의 복을 사모하고, 그에 따른 감사가 넘쳐야 할 것입니다. 맥추절의 다른 이름인 '오순절'에 초대교회는 성령 세례를 받음으로 말미암아 큰 축복을 받았습니다. 또한 구약에서는 하나님의 백성이 받는 축복으로 여호와께서 현현하사 얼굴로 비추이는 은혜와 평강이 약속되어 있습니다. 신약성경에서는 주 예수 그리스도의 은혜와 하나님 아버지의 사랑하심과 성령의 교통하심이 주의 백성들에게 약속되어 있는 것입니다(민 6:23-26, 고후 13:13). 여호와의 말씀을 순종하는 자는 성읍에서도 복을 받고 들에서도 복을 받고, 자기 몸의 소생과 토지의 소산과 짐승의 새끼와 우양의 새끼조차 복을 받고, 집의 광주리와 떡 반죽 그릇도 복을 받을 것이며(신 28:2-6), 그 복은 천대까지 이를 것임을 약속해 주셨습니다. 이 축복이 여러분의 축복이 되기를 바랍니다.

· 함께 읽어요 : 신명기 6장 24-26절
"24 여호와는 네게 복을 주시고 너를 지키시기를 원하며 25 여호와는 그 얼굴로 네게 비취사 은혜 베푸시기를 원하며 26 여호와는 그 얼굴을 네게로 향하여 드사 평강 주시기를 원하노라 할지니라하라."

3. 감사하는 삶을 살 때 풍요롭고 넘치게 합니다(요 4:36)

여러분! '감사'가 무엇입니까? 주신 것에 대한 인간의 수용이 '감사'입니다. 하나님께서는 누르고 흔들어 넘치는 복을 약속하셨고(눅 6:38), 열매를 주시되 30배, 60배, 100배의 결실의 복을 주십니다(마 13:8, 막 4:8). 특별히 올 한해에도 복을 주시되, 먼저 지난 6개월 동안 주신 축복과 은혜에 감사해야 합니다. 남은 6개월도 하나님의 은총과 축복을 주실 것입니다. 주신 것에 대한 감사도 드려야 하지만 앞으로 주실 것에 대한 믿음의 신앙고백으로 감사의 예물을 넘치게 드려야 할 것입니다(신 16:10, 16). 성경에 보면 분명히 감사를 드렸던 단 한명의 한센 병자에게 '가라 믿음이 너를 구원하였느니라.' 하시며 구원의 축복까지 주셨던 것을 압니다. 여러분, 이 축복의 하나님이 오늘도 역사하십니다. 하나님께서 주신 이 사랑에 감사하시기를 바랍니다.

· 함께 읽어요 : 누가복음 6장 38절
"주라 그리하면 너희에게 줄 것이니 곧 후히 되어 누르고 흔들어 넘치도록 하여 너희에게 안겨 주리라 너희의 헤아리는 그 헤아림으로 너희도 헤아림을 도로 받을 것이니라."

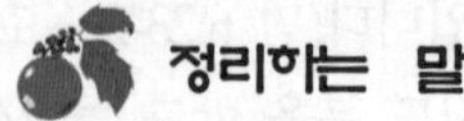

정리하는 말

우리는 보통 하나님으로 인하여 받고 기뻐하는 일에 익숙해 있습니다. 그러나 하나님을 기쁘시게 해드리는 일에는 매우 무관심한 것이 사실입니다. 사실 하나님께 기쁘시게 해드리는 것은 많은 예물도 아닙니다. 먼저 감사하는 마음과 감사하는 노래로 찬양드릴 때 황소를 드림보다 더욱 기쁘시게 함이 될 것이라고(시 69:30-31) 말씀하신 것처럼, 하나님은 여러분 중심을 헤아리시고 축복하실 것입니다. 따라서 진정한 마음과 찬송으로 하나님께 '감사'를 드리시기 바랍니다.

평가와 결심

1. 이스라엘 백성들이 지켰던 3대 절기는 무엇입니까?
   (신 16:16, 무교절, 맥추절, 수장절)
2. 다음에서 맥추절의 명칭이 아닌 것은 어느 것입니까?
   ① 칠칠절 ② 오순절 ③ 초실절 ④ 수장절 (정답 ④)
3. 황소를 드림보다 더욱 기쁘시게 할 것은 무엇입니까?
   (시 69:30-31, 노래로 하나님의 이름을 찬송하며 감사함)

주간 경건의 시간 <55> · 날마다 말씀과 함께

요일 / 내용	월(Mon)	화(Tue)	수(Wed)	목(Thu)	금(Fri)	토(Sat)
찬송	587/ 306	588/ 307	590/ 309	589/ 308	591/ 310	592/ 311
성경	민 28:	민 29:	민 30:	민 31:	민 32:	민 33:
적용	매안식일의 번제	나팔을 불날	서원	발람을 칼날로	여호와를 온전히	신들에게 벌을 줌

* 자연은 격렬하게 자기 위치로 돌아가지만 자기 위치를 조용하게 지킨다.
<프랜시스 베이컨, 1561~1626, 영국 법률가, 과학자, 저술가, 철학자>

성 탄 절

성탄절을 맞는 올바른 태도

찬송 / 116, 117, 118/ 통 116, 117, 118
성경 / 마태복음 2:1-12
요절 / 마태복음 2:6
"또 유대 땅 베들레헴아 너는 유대 고을 중에 가장 작지 아니하도다 네게서 한 다스리는 자가 나와서 내 백성 이스라엘의 목자가 되리라 하였음이니이다 ."
목표/ 성탄절의 참된 의미를 깨닫고 바른 태도로 지키도록 한다.

시작하는 말

성탄절은 우리 구주 예수께서 인간을 구원하시기 위하여 이 땅에 내려오신 역사적인 날입니다. 우리 주님의 이름은 '임마누엘'입니다. 즉 '하나님이 우리와 함께 계시다'는 뜻입니다. 그분이 이 땅에 오실 때 천사들이 부른 노래는 영광송이었습니다. "지극히 높은 곳에서는 하나님께 영광이요 땅에서는 기뻐하심을 입은 사람 중에 평화로다." 이 날은 인간의 구원을 위해 천한 인간의 몸으로 성육신 하신 날입니다. 이날은 구원의 사역이 시작된 영광스런 날이기도 합니다. 여기 본문을 통하여, 예수 그리스도의 탄생을 둘러싸고 벌어지는 갈등과 긴장을 발견할 수 있습니다. 예수 그리스도의 탄생에 대하여 나타난 세 가지 반응들이 있습니다. 그것은 무엇이었습니까?

오늘의 말씀

1. 헤롯왕은 적대적인 반응을 보였습니다(마 2:3-4, 7-8)

헤롯은 당시 유대의 분봉 왕이었습니다. 그는 유대인이 아닌 에서의 후손 이두메인이었으나 정치적인 수완은 발휘하여 37년간 유대를 통치하였습니다. 그는 잔인한 권력가였으며 여러 극장, 원형 경기장, 각종 기념비, 이방신의 제단들, 성체 등을 건축하고 최고의 권력과 영광을 누리고 있었습니다. 이때 동방에서 박사들이 찾아와 "유대인의 왕으로 나신 이가 어디 계시뇨?"(2절)라고 물었습니다. 이때 헤롯 왕과 온 예루살렘이 듣고 소동하였습니다. 그들의 관심은 메시아이신 예수보다 왕인 예수에게 심한 적대감을 가졌습니다. 그는 종교지도자들과 만나 사실 확인하여 '베들레헴에서 나시겠다.'는 말을 듣고, 외관상으로 "나도 가서 경배하리라"(8절)하면서도 속으로는 영아살해계획을 세우게 됩니다.

· 함께 읽어요 : 마태복음 2장 2~3절

"2 유대인의 왕으로 나신 이가 어디 계시뇨 우리가 동방에서 그의 별을 보고 그에게 경배하러 왔노라 하니 3 헤롯 왕과 온 예루살렘이 듣고 소동한지라."

2. 대제사장들과 서기관들은 불신앙과 미온적인 반응을 보였습니다(마 2:5-6)

당시 종교적인 지도자들 격인 대제사장들과 서기관들은 미온적인 반응을 보였으며, 헤롯만큼이나 불행한 부류의 사람들입니다. 이들은 예수 그리스도가 어디서 탄생하겠느냐고 물으니 미가서 5장 2절을 금방 인용할 만큼 성경지식이 탁월했던 인물들이었습니다. 그러나 이런 지식을 소유했지만 메시아의 탄생을 기뻐하고 가서 경배할 만큼 이들에게 신앙이 없었습니다. 그러나 그 지경에 밖에서 양을 지키던 목자들은 그 영광스러운 메시아의 탄생의 자리에 초청을 받게 됩니다(눅 2:9). 예루살렘 출신의 시므온(눅 2:25)과 과부 된지 84년이나 된 바누엘의 딸 안나(눅 2:37)는 아기 예수를 영접하는 놀라운 영광을 누리게 됩니다. 당시 종교적인 지도자들인 대제사장들과 서기관들은 성경의 예언을 손바닥에 놓고도 그 성경지식이 메시아를 영접하는 데는 아무런 도움이 되지 못했습니다. 그렇습니다. 오늘날 교회에서 성경공부와 잦은 예배참석으로 해박한 지식을 가지고 있는 데도, 성탄절의 기쁨과 그리스도 예수를 영접하지 못하는 성도가 있을 수 있습니다. 사랑하는 성도 여러분! 겸손하게 만왕의 왕께서 아기로 오셔서 구유에 탄생하신 구주 예수 그리스도를 나의 주, 나의 하나님으로 영접하시기 바랍니다.

· 함께 읽어요 : 이사야 7장 14절, 갈라디아서 4장 4절

"28 시므온이 아기를 안고 하나님을 찬송하여 가로되 29 주재여 이제는 말씀하신대로 종을 평안히 놓아 주시는 도다. 30 내 눈이 주의 구원을 보았사오니 31 이는 만민 앞에 예비하신 것이요 32 이방을 비추는 빛이요 주의 백성 이스라엘의 영광이니 이다하니."

3. 동방박사들은 참 마음과 정성으로 경배했습니다(마 2:1-2. 9-12)

예수께 경배하러 찾아온 동방의 박사들은 흩어져 살던(디아스포라) 유대인 중 하나일 거라는 견해나 별을 연구하는 이방의 천문학자일 가능성도 있습니다. 그 박사들이 동방에서 멀고 먼 곳에서 자신들의 신앙을 위하여 기꺼이 희생할 각오가 있었습니다. 특히 이 박사들에게 하나님의 '지시하심'(12절)이 있었습니다. 여기에서 '지시하다'(헬-크레마티조-*χρηματίζω*)라는 단어는 '조언을 받다'는 의미입니다. 이것이 아기 예수를 경배할 수 있는 비결이었습니다. 그들의 손에는 가장 귀한 선물용 황금과 유향과 몰약이 있었습니다(11절). 성경은 그 박사들이 "아기께 엎드려 경배하고" 라고 말씀합니다. 그렇습니다. 진정한 성탄절의 의미는 바로 이것이기에 탄생하신 아기 예수님께 경배해야 하는 것입니다.

· 함께 읽어요 : 마태복음 1장 21절

"집에 들어가 아기와 그 모친 마리아의 함께 있는 것을 보고 엎드려 아기께 경배하고 보배 합을 열어 황금과 유향과 몰약을 예물로 드리니라."

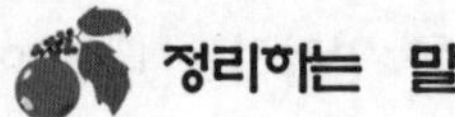

정리하는 말

사도신경을 통해서 신앙을 고백할 때 예수님이 '동정녀 마리아에게서 나시고' '심판하러 오시리라' 이렇게 고백합니다. 구약에서 '오리라'하신 예수께서 예언대로 오셨습니다. '다시 오시리라' 하신대로 다시 오실 것입니다. 히브리서 말씀대로 '두 번째 나타나시리라'하신 대로 다시 오실 그리스도를 동방박사들처럼 참 마음과 정성으로 최선을 다해 준비하여 맞이하시기 바랍니다. 그리하여 하늘의 복과 땅의 복을 누리시기 바랍니다.

평가와 결심

1. 예수 탄생소식을 들은 헤롯 왕의 반응은 어떠하였습니까?
   (마 2:2-3, 헤롯 왕과 예루살렘이 소동하였음)
2. 예수님의 탄생과 관련하여 성경학자들이 인용한 성경은?
   (미가 5:2, 베들레헴 에브라다야…이스라엘을 다스릴 자가 네게서 나올 것이라.)
3. 예수님의 탄생 장소는 어디였습니까?
   (마 2:5, 유대 베들레헴 - 베들레헴이란 떡집이란 뜻)

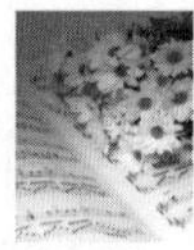

주간 경건의 시간 <56> · 날마다 말씀과 함께

요일 / 내용	월(Mon)	화(Tue)	수(Wed)	목(Thu)	금(Fri)	토(Sat)
찬송	112/ 112	113/ 108	109/ 109	111/ 111	117/ 117	118/ 118
성경	마 2:	눅 1:1-25	눅 1:26-38	눅 1:39-56	눅 1:57-80	눅 2:1-20
적용	땅에는 평화로다	세례 요한 출생	수태 고지	엘리사벳 방문	세례 요한 출생	예수그리스도 탄생

* 고통이 없는 사랑에는 삶이 없다. <토마스 아 켐피스(1380~1471) 독일>

치유하는구역

구역부흥은 교회부흥

제 1 학기 출석부

번호	성 명	1월					2월					3월					계	
		1	2	3	4	5	1	2	3	4	5	1	2	3	4	5		
1																		
2																		
3																		
4																		
5																		
6																		
7																		
8																		
9																		
10																		
11																		
12																		
13																		
14																		
15																		
16																		
17																		
18																		
19																		
20																		

제 2 학기 출석부

번호	성 명	4월					5월					6월					계	
		1	2	3	4	5	1	2	3	4	5	1	2	3	4	5		
1																		
2																		
3																		
4																		
5																		
6																		
7																		
8																		
9																		
10																		
11																		
12																		
13																		
14																		
15																		
16																		
17																		
18																		
19																		
20																		

제 3 학기 출석부

번호	성 명	7월					8월					9월					계	
		1	2	3	4	5	1	2	3	4	5	1	2	3	4	5		
1																		
2																		
3																		
4																		
5																		
6																		
7																		
8																		
9																		
10																		
11																		
12																		
13																		
14																		
15																		
16																		
17																		
18																		
19																		
20																		

제 4 학기 출석부

번호	성 명	10월					11월					12월					계	
		1	2	3	4	5	1	2	3	4	5	1	2	3	4	5		
1																		
2																		
3																		
4																		
5																		
6																		
7																		
8																		
9																		
10																		
11																		
12																		
13																		
14																		
15																		
16																		
17																		
18																		
19																		
20																		

창세기 출애굽기

"이 예언의 말씀을 읽는 자와 듣는 자들과…지키는 자들이 복이 있나니"
계 1:3

Contents of Bible 김종석(C.S.Kim),1978 신소섭(S.S.Shin),1978 성경 목록가

• 설문지 : 독자 앙케이트 •

구역공과를 다루고서

〈각 교회에서 설문지를 그대로 보내주셔도 좋겠고, 통계치만 보내셔도 됩니다 〉

1. 구역공과를 다루고 나서 어떤 방법이 가장 좋았는가?

( ) 1 기존의 방법대로 구역장이 혼자 가르치는 것이 좋겠다.
( ) 2 문답지를 나누어주고 미리 풀어 오도록 하여 토론하는 것이 좋겠다.
( ) 3 성경 문제지를 나누어주고 그날 함께 풀어 가는 방법이 좋겠다.
( ) 4 문답지를 나누어주고 구역장이 설명해 가는 방법이 좋겠다.

2. 성경 공부 문제지를 다루는데 그 정도가 어떠했는가?

( ) 1 문제가 어려워서 손대기가 어려웠다.
( ) 2 문제지는 그런대로 쉬웠으나 묵상과 적용이 잘 안되었다.
( ) 3 문제지도 어려웠고 묵상과 적용도 어려웠다.
( ) 4 문제지는 보통이고 묵상과 적용도 할만했다.

3. 성경 공부 문제의 양이 어떠했는가?

( ) 1 문제가 너무 많았다.
( ) 2 문제가 너무 적었다.
( ) 3 문제가 적당했다.

4. 성경공부 진행 및 내용의 배열은 어떻게 하는 것이 좋겠는가?

( ) 1 시작하는 말, 말씀의 전개, 정리하는 말, 평가와 적용의 순서대로가 좋겠다.
( ) 2 말씀의 전개, 정리하는 말, 평가와 적용으로 줄였으면 좋겠다.
( ) 3 성경본문을 읽고 각자가 느낀 점을 이야기하고 적용하는 방식이 좋겠다.
( ) 4 성경 본문만 읽고 중보(합심)기도를 길게 하는 것이 좋겠다.

5. 구역 모임시간에 대하여 어떻게 했으면 좋겠는가?

( ) 1 찬송을 많이 불렀으면 좋겠다.
( ) 2 성경 공부에 중점을 두었으면 좋겠다.
( ) 3 합심기도에 시간을 많이 할애했으면 좋겠다.
( ) 4 구역원들 간에 이야기하는 시간을 많이 두어야 좋겠다.

6. 성도의 교제 시간 운영 방안에 좋은 방법은 무엇인가?

( ) 1 민속놀이를 했으면 좋겠다(윷놀이 등).
( ) 2 음식 나누어 먹기가 좋겠다.
( ) 3 가정을 위해 특별기도를 해주는 것이 좋겠다.
( ) 4 성경 퀴즈를 했으면 좋겠다.

* 보기에 없으면 적 으시오( )

7. 구역공과교재나 교재출판위원회에 하고 싶은 이야기를 적으시오.

절 취 선

< 보내주시는 교회 선물을 받으실 분 >
(우편번호) 주소는 정확하게, 담임목회자 명

< 보내 주실 곳>
156- 094 서울 동작구 사당4동 254-9
도서출판 아가페문화사 교재편찬위원회 앞

세상을 변화시키는 52주 구역공과

치유하는 구역

2007. 12. 5 초판 인쇄

2007. 12. 10 초판 펴냄

지은이 교재편찬위원회

발행인 김영무

발행처 도서출판 아가페문화사

156-094 서울 동작구 사당4동 254-9

전화 3472-7252, 7253 팩스 523-7254

등록 제3-133호(1987. 12. 11)

보급처 : 아가페문화사

156-094 서울 동작구 사당4동 254-9

전화 3472-7252, 7253 팩스 523-7254

우 체 국 011791-02-004204 (김영무)

값 4,500원

ISBN 978-89-8424-097-1 03230